KB261373

후지산을 어떻게 옮길까?

후지산을 어떻게 옮길까?

후지산을
어떻게 옮길까?

마이크로소프트의 서바이벌 면접

윌리엄 파운드스톤_지음

정준희_옮김

해냄

한 명의 인재가 기업을 좌우한다

공선표 | 경영학 박사, 삼성경제연구소 상무

세계의 기업은 현재 '인재 전쟁(war for talent)'을 치르고 있다. 맥킨지에서 처음 언급한 이 용어는 2000년 이후로 세계적으로 보편적인 용어가 되었다. 기업의 성장과 발전을 위해서 반드시 필요한 것이 핵심인재이고 이러한 천재급 인재가 수백, 수만 명의 사원을 먹여 살리기도 한다.

최근 기업은 최고의 핵심인재를 선발하고 육성하는 데 많은 노력을 투자하고 있다. 채용 후에도 이들을 꾸준히 관리함으로써 보다 한 단계 높은 고부가 인력을 육성하고 있는 것이다. 채용방식 또한 급격히 변화하고 있는데, 채용 시즌에 한꺼번에 서류를 받아 분류하고 처리하는 전통적인 방식보다는 꼭 필요한 때 가장 적합한 인력을 뽑는 수시채용을 선호하고 있다.

면접방식의 변화

면접관의 질문에 "예""아니오"로 대답했던 이전 시대의 면접과 달리, 최근의 기업은 지원자의 순발력과 문제해결능력을 평가하기 위한 질문을 제시한다. 최근 화제가 되었던 "백두산을 옮기는 데 시간과 비용은 얼마나 들겠습니까" 또는 "전쟁에서 살아남는 구체적인 방법은 무엇인가"를 물음으로써 문제해결능력을 테스트한다. 사실 이런 방법은 초일류기업인 마이크로소프트, 휴렛팩커드 등에서 이미 사용해 오고 있는 방법이다. 이들 기업은 수많은 지원자 중에서 확실한 한 명을 뽑겠다는 의도뿐만 아니라, 인재채용에서 발생할 실패가능성을 줄이기 위해 이러한 방법을 선택하고 있다. 회사에 도움이 되는 인재를 뽑는 것도 중요하지만 회사에 해가 되는 인력을 뽑지 않겠다는 의도가 저변에 깔려 있는 것이다.

지난 몇 년 동안 마이크로소프트 및 미국의 하이테크 기업들은 면접전형 시 로직 퍼즐 및 수수께끼를 내는 것으로 채용시장에 새 바람을 일으킨 적이 있다. 사실 이제는 '퍼즐 인터뷰(puzzle interview : 퍼즐 문제를 도입한 면접 방식)'가 미국 채용시장에서는 자리를 잡았다고 해도 과언이 아니다. 퍼즐 인터뷰를 도입한 실리콘밸리의 기업들뿐만 아니라 금융가가 밀집된 월스트리트조차도 지원자들이 대답하기 어려운 문제들을 이용하여 그들의 지능, 상상력, 창의력을 판단하고자 한다. 물론 이는 기업간의 경쟁이 극심한 세계 시장에서 살아남기 위해서 꼭 갖추어야 할 능력들이다.

21세기 선진 기업이 원하는 인재상

인재는 많지만, 새로운 환경에 신속하게 적응하여 훌륭한 결과물을 얻어내는 우수, 핵심인재는 찾기 어렵다. 서류에 기재된 학벌이나 능력이 그 사람의 됨됨이나 인간성을 말해 주지는 않는다. 물론 기업이 요구하는 요건은 한 인물의 도덕성과 더불어 체계적인 사고력, 문제해결능력을 포함하고 있는데, 앞으로의 기업 성공은 이들 인적자원에 달려 있기 때문이다.

이 책은 마이크로소프트가 새로운 신입직원을 어떤 방식으로 맞아들이는지를 설명한다. 물론 이를 알기 위해서는 우선 역사적인 고찰이 필요하다. 예전의 기업들은 무엇을 기준으로 직원을 선발했는가부터 실리콘밸리의 인재선발 방법의 변화, 선발기준에 큰 영향을 미쳤던 IQ의 역사 등이 소개된다.

마이크로소프트의 창업자 빌 게이츠는 인재 채용에 퍼즐을 선호한다. 사실 이 책의 저자가 말한 것처럼, 빌 게이츠가 퍼즐 인터뷰의 창시자는 아니다. 이 시점에서 중요한 것은 여러 기업에서 간간이 사용되어 왔던 면접방식을 상용화한 공로가 크다는 점이다. 그가 왜 퍼즐 인터뷰를 선호하게 되었는지는 프로그래밍에 필요한 알고리즘의 영향이 지대하다. 순차적으로 문제를 해결하는 원리가 퍼즐 인터뷰의 문제풀이와 유사하기 때문이다. 능숙한 프로그래머들은 프로그램의 흐름을 재빨리 알아내야 한다는 점도 간과해서는 안 된다.

최선의 인재를 선발하기 위한 기업의 노력

수많은 인재들이 등장했지만, 우수인재로 두각을 나타낸 인재들이 그리 많지 않다. 기반이 확고한 좋은 회사에 입사한 후 제대로 업무를 처리해 내는 능력을 갖춘 인재가 많지 않았던 것도 한 이유가 된다. 잘 알려진 바대로 동종 기업이라 하더라도 조직의 형태에 따라 업무 성격이

다르기 때문에, 그 조직에의 적응 여부가 관건이 된다. 이 과정에서 이력서만 화려하고 필요한 능력을 갖추지 못한 인력이 많이 발견되고 있는데, 당혹스러운 점은 그를 회사에서 내보내기까지의 인건비가 제대로 된 여러 명의 인력이 벌어들이는 이익과 맞먹는다는 점에 있다.

이것이 바로 마이크로소프트가 비행기값이나 호텔 숙박비 등의 비싼 비용을 들여서까지 지원자들을 세 차례 이상 면접하는 이유이다. 면접을 위해 투자된 하루 동안 지원자는 전통적으로 적어도 세 명의 면접관을 만난다. 오전부터 벌어지는 면접에서 좋은 점수를 받았을 경우에는 마지막 면접까지 치르게 되지만, 그렇지 않은 경우가 대다수이다. 매달 1만 2천 통의 이력서가 도착하고, 그중에서 선발되면 전화 인터뷰를, 거기서 통과하면 본사가 있는 워싱턴 주로 날아가게 되는 지원자 중의 절반이 3차 면접은 치루지도 못하고 집으로 돌아가야 하는 실정이다. 불필요하다고 이미 판단된 지원자를 다시 평가할 필요가 없다는 것이 이유다.

새로운 면접방식이 요구하는 지원자의 요건

단서나 근거가 없는 퍼즐을 풀 때 지원자가 조심할 것은, 주어진 조건을 최대한 활용하는 것이다. 자신이 원하는 조건이 제시되지 않았을 경우에는 얼마든지 가정할 수 있다. 특히 선언명제로 된 질문인 경우에는 적합한 가정을 세워 스스로 실마리를 찾아나가야 한다.

대개 이런 면접은 지원자를 위축시킨다. 면접관은 이런 문제를 제시할 뿐만 아니라 심지어는 지원자를 만나 아무 말도 하지 않거나 만날 때에 맞춰 자고 있기도 한다. 그럴 때 지원자는 어떻게 해야 할까? 먼저 침묵을 깨거나 자고 있는 면접관을 흔들어 깨워야 할까? 아니면 가만히

기다려야 할까? 할 수 있는 일은 무수히 많지만, 그 상황에서 지원자가 어떻게 하느냐는 그 평소 모습을 여실히 보여주는 것이 된다.

이 책은 경제 환경이 급변하는 시대에 핵심인력을 채용하고자 하는 기업의 CEO 및 인사담당자들뿐만 아니라 취업을 원하는 인재들에게 매우 유용하리라 판단한다. 스스로 문제를 만들고 해결해 나가는 훈련을 거듭해야만 앞으로의 취업시장에서 살아남을 수 있지 않을까 생각된다.

HOW WOULD YOU MOVE MOUNT FUJI?

3장 빌 게이츠와 퍼즐 문화

4장 마이크로소프트의 인터뷰 퍼즐

5장 단서는 없다

6장 월스트리트와 압박면접

7장 가장 난해한 인터뷰 퍼즐

Microsoft's Cult of the Puzzle

1

인재 채용의 변천과 마이크로소프트

Microsoft's Cult of the Puzzle

1

대답 불가능한 질문

쇼클리 반도체 연구소(Shockley Semiconductor Laboratory : 캘리포니아 주, 팔로알토 소재)를 설립한 윌리엄 쇼클리(William Shockley)는 1957년 8월, 함께 일할 직원을 뽑았다. 그는 본래 트랜지스터를 개발한 벨 연구소에서 일하다가 자기 회사를 차릴 생각으로 벨 연구소를 그만두고 서부로 이주했다. 그는 지인들에게 100만 달러를 버는 것이 목표라고 말했다. 그의 이야기를 들은 이들은 한결같이 그가 제정신이 아니라고 생각했다. 하지만 쇼클리는 그렇게 생각하지 않았다. 그는 벨 연구소의 다른 많은 연구원들과 달리 트랜지스터가 '큰 돈'이 되리라는 사실을 알고 있었다.

쇼클리는 트랜지스터를 저가에 생산할 방법을 생각해 냈다. 바로 실리콘으로 트랜지스터를 만드는 것이었다. 그는 그 방법을 이용해 트랜지스터를 생산할 생각으로 샌프란시스코 남부, 지금의 실리콘밸리로 이

주했다. 역사적인 측면에서 그는 새로운 시대를 열기 적절한 시기에 적절한 장소에 와 있다고 생각했다. 이제 그에게 필요한 것은 '적절한 인재'뿐이었다. 쇼클리는 인터뷰를 통해 새로운 시대를 함께 열 인재를 찾을 계획이었다.

그날 인터뷰할 이는 짐 기본스(Jim Gibbons)였다. 그는 20대 초반의 젊은이로 케임브리지 대학에서 풀브라이트 장학금으로 학교를 다녔다. 그리고 스탠퍼드 대학에서 박사 학위도 받았다.

쇼클리는 기본스와 마주보고 앉았다. 쇼클리는 스톱워치(stopwatch)를 집어들었다.

쇼클리가 차분한 목소리로 설명하기 시작했다.

"127명의 선수가 테니스 토너먼트 경기를 합니다. 처음에는 126명의 선수가 63번의 경기를 하여 다음 라운드에 출전할 승자를 뽑고 나머지 한 명은 부전승으로 올라갑니다. 그리고 다음 라운드에서는 64명의 선수가 32번의 경기를 합니다. 그렇다면 최종 승자를 가리기까지 총 몇 번의 경기를 해야 합니까?"

쇼클리는 스톱워치의 버튼을 눌렀다.

얼마 지나지 않아 기본스가 대답했다. "126번입니다."

"어떻게 풀었습니까?" 쇼클리는 그가 어떻게 답을 구했는지 알고 싶었다. "혹시 전에 이 비슷한 문제를 들어보았습니까?"

기본스는 선수 한 명을 탈락시키는 데에는 한 번의 경기가 필요하다고 말했다. 그러므로 승자 한 명만 남기고 126명의 선수를 탈락시키려면 126번의 경기가 필요하다고 설명했다.

쇼클리는 화가 치밀었다. 그는 기본스에게 말했다. "나도 그 방법으로 이 문제를 풀었는데⋯⋯." 쇼클리는 다른 사람이 자신과 동일한 방법으로 문제를 푼 것이 못마땅했다. 어쨌든 쇼클리는 자신과 같은 방법으로 문제를 푼 기본스에게서 깊은 인상을 받았다.

쇼클리는 다음 문제를 냈고 스톱워치의 버튼을 눌렀다. 기본스에게는 이번 문제가 더 어려웠다. 그는 오랫동안 아무 말 없이 문제를 생각했다. 그는 면접실의 냉랭했던 분위기가 차츰 풀리는 것을 느낄 수 있었다. 조금 전 기본스의 대답에 발끈했던 쇼클리가 따뜻한 목욕물에 몸을 담근 사람처럼 평정을 되찾고 있었기 때문이었다. 마침내 쇼클리는 스톱워치를 멈추고 기본스에게 말했다. "다른 지원자들보다 두 배나 늦게 대답했습니다." 이렇게 말하는 그의 목소리에 흡족함이 묻어 있었다. 물론 기본스는 채용되었다.

무거운 당구공을 찾아라

그로부터 40년이 흘렀다. 쇼클리 반도체는 오래전 자취를 감추었고 실리콘밸리는 처음의 모습을 찾아볼 수 없을 정도로 변했다. 실리콘 칩 위에 옮겨진 트랜지스터는 쇼클리의 생각처럼 큰 시장이 되었다. 그리고 그에 힘입어 소프트웨어는 더 큰 시장이 되었다. 스탠퍼드에서 취업 박람회가 열렸다. 취업 박람회에 참석한 사람들이 가장 선호하는 기업 가운데 한 곳은 마이크로소프트(Microsoft, MS)였다. 1990년대 닷컴 열풍과 전례 없는 호황에 힘입어 MS는 특별한 공을 세우지 않은 직원들도 서른 번째 생일을 맞이하기 전에 100만 달러의 소득을 올릴 수 있는 기업으로 유명세를 떨치고 있었다. 대학원 졸업생인 진 매케나(Gene McKenna)가 40년 전 기본스가 인터뷰를 받았던 곳에서 몇 마일 떨어지지 않은 스탠퍼드 대학 취업 박람회장에서 MS에 입사하기 위해 인터뷰를 받고 있었다.

면접관이 말했다. "여덟 개의 당구공이 있습니다. 그중 한 개만 약간 더 무겁습니다. 하지만 천칭을 이용해야만 한 당구공이 다른 당구공에 비해 무겁다는 것을 알 수 있습니다. 그렇다면 어떤 공이 더 무거운 공인지 알려면 천칭을 최소한 몇 번 사용해야 합니까?"

매케나는 큰 소리로 설명하기 시작했다. 그의 설명은 합리적이었다. 하지만 면접관에게 깊은 인상을 주기에는 무엇인가 부족했다. 매케나는 암시적인 표현 및 자극적인 표현을 사용하여 당구공의 무게를 측정하는 방법을 설명했고 가까스로 면접관으로부터 동의를 얻어냈다. 그가 이야기한 답은 두 번이었다.

그러자 면접관이 말했다. "자, 이번에는 MS가 가전 사업 진출을 원한다고 가정해 봅시다. 만약 컴퓨터로 전자레인지를 컨트롤하고 싶다면 당신은 어떤 소프트웨어를 사용하겠습니까?"

매케나가 물었다. "왜 그런 일을 하고 싶어하는지 이해가 가지 않습니다. 그렇게 하려면 우선 냉장고에 가서 음식을 꺼내야 하고 그것을 다시 전자레인지에 넣어야 하며 또 컴퓨터로 가서 전자레인지를 작동시켜야 합니다. 그것은 너무 번거로운 일입니다."

"어쨌든, 전자레인지에도 작동 버튼은 있습니다."

"그런데 왜 컴퓨터로 전자레인지를 작동하고 싶겠습니까?"

"컴퓨터로 전자레인지를 작동하도록 프로그래밍할 수도 있지 않겠습니까? 예를 들면 일하다가 칠면조 요리가 먹고 싶을 때 바로 컴퓨터로 전자레인지를 작동시킨다면 편리하지 않겠습니까?"

매케나가 물었다. "하지만 일하는 동안 칠면조 같은 음식을 전자레인지에 넣어두는 것은 좋은 생각이 아닙니다. 냉동 칠면조라면 일하는 동안 칠면조가 녹아 전자레인지가 물바다가 될 테니까요."

면접관이 물었다. "그렇다면 다른 방법을 사용할 수는 없겠습니까? 예를 들면 컴퓨터로 요리법을 다운로드해서 요리법을 바꾸면 어떻겠습니까?"

"그것은 지금도 가능한 일입니다. MS가 컴퓨터와 전자레인지를 접목시키고 싶어하는 이유가 도대체 무엇입니까?"

"이 문제를 그렇게 심각하게 받아들이실 것은 없습니다. 이것은 어디까지나 가정입니다. 그리고 당신이 할 일은 컴퓨터로 전자레인지를 작동시킬 방법을 생각해 내는 것입니다."

매케나는 잠자코 생각하기 시작했다.

면접관이 말했다. "그 경우 요리법이 매우 복잡해질 것입니다. 예를 들면 '2분 동안 700와트로 조리하고 300와트로 2분 더 조리한다. 하지만 조리 온도가 300도를 넘지 않도록 한다'처럼 말입니다."

"이 방법을 좋아할 사람이 있기는 하겠지만 이렇게 사용방법이 복잡하면 대부분의 사람들이 이용하지 못할 것입니다."

MS의 면접관은 그에게 악수를 청했다. "만나서 반가웠습니다. 좋은 일자리를 구하길 빌겠습니다."

매케나가 말했다. "예, 감사합니다."

대답 불가능한 문제

컴퓨터 업계에서는 인터뷰 때 전통적으로 로직 퍼즐, 수수께끼, 가정 문제, 함정 문제 등을 이용했다. 여기에는 제품 생산에 필요하다면 주당 70시간씩 일할 정도로 의욕적이고 논리적인 직원을 바라는 신생기업들의 심리가 반영되어 있다. 또한 첨단기술 산업은 불확실하고 안정적이지 못하며 보다 빠르게 변한다는 점에서 '구(舊) 경제'와는 다르다는 믿음도 반영되어 있다. 첨단기술기업에 몸담고 있는 이들은 가정에 이의를 제기하고 새로운 시각으로 대상을 볼 수 있어야 한다. 그리고 퍼즐과 수수께끼는 그러한 능력을 측정하기에 좋은 잣대인 것이다.

최근 들어 첨단기술 산업과 구(舊) 경제 산업 간의 격차가 줄어들고 있다. 급변하는 글로벌 시장의 불확실성으로 인해 신생기업들의 심리가 비즈니스 세계 전반으로 확산되고 있다. 따라서 많은 기업들이 예전에는 불확실하고 굶주린 기술기업들만이 사용했던 독특한 면접 방식을 점점 차용하고 있다. 《포천》 선정 500대 기업과 러스트 지대(Rust belt : 구식 산업 공장들이 남아 있는 미국의 중서부 및 북동부의 중공업 지대)의 기업들, 예를 들면 법률회사, 은행, 컨설팅회사, 보험사, 항공사, 언론사, 광고회사, 그리고 심지어는 군수산업도 퍼즐 인터뷰를 하고 있다. 면접에 사용되고 있는 어려운 퍼즐 문제들 가운데 상당수가 이탈리아, 러시아, 인도에서 건너온 것들이다. 어쨌든 퍼즐과 수수께끼가 직원 채용에 있어 '뜨거운 현안'으로 떠오르고 있는 것만은 분명하다.

퍼즐과 수수께끼가 거의 모든 산업에 빠르게 확산되고 있다. 따라서 차후 면접을 본다면 당신 역시 퍼즐을 풀게 될 것이다. 면접에 응하기 전, 다음과 같은 질문에 대답할 준비를 하라.

이 세상에는 피아노 조율사가 몇 명이나 있습니까? 스타트랙 운송기가 현실화된다면 운송 산업은 어떤 영향을 받겠습니까? 거울이 위아래가 아니라 좌우로 대칭되어 보이는 이유는 무엇입니까? 미국의 50개 주 가운데 1개 주를 없앨 수 있다면 당신은 어떤 주를 없애겠습니까? 양끝으로 갈수록 맥주 캔이 가늘어지도록 만든 이유는 무엇입니까? 후지산을 옮기는 데 시간이 얼마나 걸리겠습니까?

인력 시장에서 이러한 문제들은 일명 '대답 불가능한 문제'로 유명하다. 면접관들은 오늘날의 치열한 경쟁 사회에서 살아남는 데 필요한 지능, 지략, 혹은 '틀에서 벗어난 사고'를 측정하는 데 도움이 된다는 생각에서 진지하게 이런 문제들을 묻는다. 따라서 지원자들 역시 요즘 최고의 기업들이 직원을 채용함에 있어 그러한 요소들을 중요시한다는 것을 명심하고 이러한 문제에 진지하게 대답해야 한다. 21세기 초의 채용 방식을 연구하는 인류학자들이 이러한 대답 불가능한 문제들과 관련해 가장 생소해 하는 부분은 아무도 그 답을 알지 못한다는 것이다. 나는 인터뷰 때 이런 문제를 이용하는 면접관들과 이야기를 나누어보았다. 그들은 자신도 '정답'을 알지 못할 뿐 아니라, 정답을 아느냐 모르느냐는 중요하지 않다고 말했다. 나는 이 세상에 피아노 조율사가 얼마나 되는지 알아보기 위해 인터넷으로 피아노 조율사에 대한 공식 자료들을 두어 시간 검색했다. 그 결과 얻어낸 결론은 피아노 조율사가 얼마나 되는지 공식적으로 집계된 자료는 존재하지 않는다는 것이었다. 피아노 조율사 협회들도 이 세상에 피아노 조율사가 몇 명이나 있는지 모르고 있었다.

하지만 비즈니스 세계에서 구직자들은 이러한 대답 불가능한 질문에 얼마나 적절히 대답하느냐에 따라 채용 기회를 얻기도 하고 놓치기도 하고 있다.

러시아식 룰렛 게임

대답 불가능한 문제는 채용 시장에 점점 확산되고 있는 트렌드 가운데 하나다. 요즘 면접 방식은 보다 공격적이고 보다 소모적이며 보다 계략적이고 보다 치졸해지고 있다. 근로자와 고용주 쌍방이 서로를 탐색하던 예전의 솔직한 면접 방식이 점점 일방적이 되어가고 있다. 즉 고용자가 일방적으로 지원자의 마음속을 포크로 찔러보고 꼬챙이로 쑤셔보며 지원자를 냉정히 평가하고 있다는 얘기다. 고용자들은 면접 시간 동안 지원자들이 자신의 능력을 입증해 보이길 원한다. 지원자들은 인위적으로 조성된 긴장된 분위기 속에서 문제 안에 감춰진 함정들을 요리조리 피해가며 주어진 문제를 풀어내야 한다.

월스트리트의 투자 은행들을 위하여 전문적으로 면접시험을 대행하는 면접 전문가는 이렇게 말한다. "러시아식 룰렛 게임을 해봅시다. 당신은 현재 의자에 묶여 있고 자리에서 일어날 수 없습니다. 여기 총이 한 자루 있습니다. 총의 총열에는 여섯 개의 약실이 있고 모두 비어 있습니다. 이제 나를 쳐다보십시오. 자, 총에 두 개의 탄알을 넣습니다. 어느 약실에 두 개의 탄알을 나란히 넣는지 보십시오. 이제 총열을 닫고 총열을 돌립니다. 자, 당신의 머리에 총을 겨누고 방아쇠를 당깁니다. 찰칵. 오, 이런, 축하합니다. 아직 살아 있군요. 자, 당신의 이력서를 보기 전에 나는 한 번 더 방아쇠를 당길 것입니다. 내가 방아쇠를 바로 당기면 좋겠습니까, 아니면 총열을 한 번 돌린 다음 방아쇠를 당기면 좋겠습니까?"

다행스러운 점은 그 총은 상상속의 총이라는 것이다. 면접관은 상상속의 총을 들고 총열을 돌리고 방아쇠를 당기는 시늉을 하는 것이다. 유감스러운 점은 상상의 총을 휘두르고 있는 누군가에 의해 당신의 채용 여부가 결정된다는 사실이다.

이 문제는 '로직 퍼즐'이다. 이 문제에는 정답이 있고(제2부 3장 참조) 면접관은 그것을 알고 있다. 채용되길 원한다면 정답을 맞히는 것이 좋다. 면접에서 이와 같은 퍼즐을 푸는 데는 논리적인 추리력 못지않게 스트레스 관리 능력이 필요하다. 러시아식 룰렛 문제에는 이러한 면접을 하는 이유, 즉 긴장감이 팽배한 상황에서 퍼즐을 풀 수 있는 지원자가 그렇지 못한 지원자보다 일을 잘 할 것이라는 믿음이 잘 반영되어 있다.

오늘날 퍼즐 인터뷰 및 압박면접이 널리 인기를 얻게 된 것은 미국 최고의 성공 기업인 MS의 영향이 크다. 이 소프트웨어 회사에는 매달 1만 2천통의 이력서가 접수된다. MS의 전체 근로자수가 5만 명이고 이직률이 업계 평균 이직률의 3분의 1밖에 되지 않는다는 사실을 감안한다면 그것은 실로 놀라운 수치라 할 수 있다. 따라서 MS는 다른 대부분의 기업들보다 직원 채용 절차가 복잡할 수밖에 없다. MS의 면접 과정을 보면 그것을 쉽게 확인할 수 있다.

우선 MS에 접수된 이력서는 사람의 손을 거치지 않고 바로 스캔되어 데이터베이스에 입력된다. 이 과정에서 발탁된 지원자는 보통 전화로 예비 면접을 본다. 그리고 예비 면접을 통과한 지원자는 워싱턴 주의 레드몬드 본사에서 하루 종일 어렵기로 소문난 일련의 면접을 보게 된다.

MS의 웹 사이트 한 구석에는 대학생 연령의 젊은이들의 지원을 독려하는 문구가 적혀 있다. "당사는 독창적이고 창의적인 인재를 찾습니다. 당사의 인터뷰 과정은 그런 인재를 발굴할 수 있게끔 되어 있습니다." 그리고 최근 채용된 여섯 명의 신입사원들의 사진이 실려 있다. 그들 중 세 명은 여성이고 세 명은 흑인이다. "면접 과정에는 향후 여러분이 참여하게 될 프로젝트의 기술적인 측면에 대한 토론, 혹은 원론적인 설계 문제, 일반적인 퍼즐 문제, 난해한 수수께끼 등이 포함되어 있습니다. 여러분이 받게 될 질문의 유형은 지원 분야에 따라 달라지겠지만, 여러분의 능력과 성장 가능성을 측정하겠다는 목적만은 같습니다. 여러분이 이루어낸 기존의 성과뿐 아니라, 향후 이루어낼 잠재적인 성과를 찾아내는 것이 우리에게는 중요합니다."

또다른 인쇄물에서는 이렇게 조언하고 있다. "함정 문제에 대한 두려움을 극복하십시오. 여러분은 아마도 한두 개의 질문을 받게 될 것입니다. 한두 개의 질문으로 사람을 평가하는 것은 엄밀히 따지면 공정하지 않을 수도 있습니다. 하지만 그것은 어려운 상황에 대처하는 여러분의 능력을 보려는 것뿐입니다."

어려운 수수께끼와 스핑크스

'엄밀히 따지면 공정하지 않을 수도 있다고?' 일부 사람들은 이런 면접 방식을 신고식, 세뇌, 혹은 고문에 비유한다. 한 구직자는 이렇게 말했다. "면접관이 언제 괴상한 옷을 입은 괴물을 등장시킬지 당신은 결코 알 수 없습니다."

또 어떤 이는 이런 면접 방식을 비디오 게임에 비유한다. 일련의 갇힌 공간에서 일련의 괴물을 만나 퍼즐을 풀면 다음 공간으로 이동할 수 있는 비디오 게임 말이다. 이 게임에서 최고 단계까지 가는 이는 드물다. 대부분의 경우 서너 번 정도 괴물을 만나면 탈락하고 만다.

고전학자들이 지적한 것처럼 그러한 비디오 게임들은 고대 그리스의 오이디푸스와 스핑크스 신화를 현대화한 것이다. 스핑크스는 "아침에는 네 발, 낮에는 두 발, 저녁에는 세 발로 걷는 것이 무엇이냐?"는 수수께끼를 내고 그 답을 맞히지 못하면 사람들을 잡아먹었다.

오이디푸스는 "인간"이라고 대답하여 그 문제를 맞혔다. 아기였을 때는 네 발로 기어다니고 젊어서는 두 발로 걸어다니고 늙어서는 지팡이에 의지하여 다니기 때문이었다. 다시 말해 이것은 함정 문제였던 것이다.

요즘에도 스핑크스 이야기는 사람들을 당황케 한다. 많은 대학생들이 이렇게 대답한다. "스핑크스를 그냥 쏘아죽이면 되잖아요." 오이디푸스와 스핑크스 신화의 원천인, 소포클레스의 「오이디푸스왕(Oedipus Rex)」은 사실주의 비극이다. 심리학적 측면에서 이 비극은 심오한 의미를 포함하고 있다. 사실 그 비극에서 인간을 잡아먹는 괴물의 등장은 코폴라 감독의 〈대부〉 3부작에 고질라가 등장하는 것만큼이나 어울리지 않는 설정이다. 하지만 이 이야기는 그것을 통해 우리는 모두 테스트를 받으며 인생을 살고 있다는 것을 암시하고 있다. 우리는 다른 모든 이들이 실패한 일에서 성공할 수도 있다. 물론 그렇지 않을 수도 있다. 하지만 분명한 것은 적어도 그것은 우리 모두가 꿈꾸는 그 무엇이라는 것이다. 수수께끼의 평범함 속에도 그리고 수수께끼 문제를 내는 괴물의 섬뜩함 속에도 낯익은 무엇인가가 있다. 요컨대 그것은 인생을 살며 우리가 겪는 테스트가 항상 합리적이거나 공정하지는 않다는 사실을 일깨워주고 있다.

수수께끼를 풀고 기개를 입증해 보인 영웅들의 이야기는 세계 각국에 존재한다. 불가해한 수수께끼(선불교에서는 일명 '선문답')를 최고의 경지로 끌어올린 이는 일본 선불교의 수도승들이다. 선불교의 선문답은 서구세계의 로직 퍼즐에 비할 수 있다. 비록 선문답을 틀에서 벗어난 극단적인 사고라 비난하는 사람들도 있긴 하지만 말이다. 선불교의 수도승들은 불가해한 문제에 터무니없을 정도로 비논리적인 대답을 함으로써 자신의 탁월함을 입증해 보이기도 한다. 일례로 선불교의 수산(Shuzan) 스님은 죽비를 내밀며 제자에게 말했다. "네가 이것을 죽비라 부르면 너는 사물의 본질을 왜곡하는 것이다. 만약 이것을 죽비라 부르지 않는다면 너는 현실을 무시하는 것이다. 그렇다면 너는 이것을 어떻게 부르겠느냐?" 선불교에서는 어리석은 대답을 하면 죽비로 머리를 세게 얻어맞는 벌을 받았다.

그러므로 MS의 '엄밀히 따지면 공정하지 않은' 퍼즐 문제는 엄밀히 따지면 새로운 것이 아니다. 그들은 전통적인 '어려운 문제를 푸는 고통'을 현시대에 맞게 재포장했을 뿐이다. MS는 직원 채용에 퍼즐을 사용함으로써 기존의 계층구조에 반대하는 디지털 세대의 가치관에 더욱 어필하고 있다. MS의 직원들은 출신학교, 경력, 옷차림 등을 중요시하지 않는다는 점에서 퍼즐이 인류 평등을 실현하고 있다고 주장한다. 퍼즐에서 중요한 것은 그저 당신의 추리력, 상상력, 그리고 문제해결능력뿐인 것이다.

MS는 인류평등의 능력주의 사회다. 그들은 '상위 10퍼센트 가운데 상위 10퍼센트'에 속하는 최고의 인재들을 채용한다. MS의 인터뷰는 MS가 원하는 수준의 경쟁력과 창의적인 문제해결능력을 갖추지 못한 '평범한' 수재를 '솎아내기' 위한 것이다. 레드몬드 본사에서 인터뷰를 받는 네 명의 수재 가운데 일자리 제의를 받는 이는 한 명이 채 안 된다. 스핑크스의 수수께끼에서처럼 MS의 수수께끼 관문을 무사히 통과하는 생존자는 극소수인 것이다.

백지 같은 사람들

MS는 위험한 곳이다. MS에는 오늘날 미국 기업들의 생존 방식 가운데 최선의 측면과 최악의 측면이 공존하고 있다. 빌 게이츠(Bill Gates)와 폴 앨런(Paul Allen)이 설립한 이 소프트웨어 회사는 20세기 말 최고의 성공 신화 가운데 하나다. 독점금지법을 위반한 MS에 대한 연방법원의 제재도 그 명성을 잠재우지 못했다. 오히려 MS의 명성을 한층 높이는 결과를 낳았다. 연방법원과의 싸움으로 MS는 이제 '나쁜' 기업이 되었다. 하지만 우리 모두 알다시피 '나쁘다'는 것이 때로는 좋은 것을 의미하기도 한다. 사람들은 이스라엘군과 아메리칸 스태포드셔 테리어(유명한 미국산 싸움개)를 염려하듯 MS를 걱정한다. 사람들은 또한 MS가 이런 식으로 직원을 채용한다면 전통적인 직업윤리는 설자리를 잃게 될 것이라는 사실을, 그리고 그것이 더욱 바람직한 변화라는 사실을 알고 있다.

MS는 인터뷰 관행을 변화시키는 기폭제 역할을 하고 있다. 이로 인해 비즈니스 세계 전반에 걸쳐 직원 채용 기준에 변화가 일고 있다. 부적절한 직원을 채용함으로써 부담해야 하는 비용이 과거 어느 때보다 높기 때문에 기업들은 그 어느 때보다 인터뷰를 중요시하게 되었다.

인터뷰가 대화의 시간이던 때가 있었다. 지원자들은 과거 자신이 거둔 성과를, 그리고 미래의 목표를 이야기했다. 면접관은 그들의 목표가 어떤 식으로 기업의 목표에 부합되는지 혹은 부합되지 않는지 설명했다. 자신이 저지른 최악의 실수를 이야기하는 경우를 제외하고는 면접에서 지원자를 탈락시키는 일은 거의 없었다.

면접관과 지원자 쌍방이 편하게 이야기를 나누는 이러한 대화식의 면접은 많은 기업에서 이제 설 자리를 잃고 있다. 그 이유는 여러 가지다. 그중 한 가지는 한때 '건전한' 채용 관행의 토대였던 신용조사가 소송을 즐기는 사회에서 절멸 위기를 맞고 있기 때문이다. 지금은 부정적인 신용평가를 받은 지원자가 기업을 상대로 100만 달러의 명예훼손 소송을 제기하는 시대이다. 이것은 1984년 한 사건에서 비롯되었다. 텍사스 법원이 보험회사인 프랭크 B. 홀 사(Frank B. Hall and Company)가 보험 영업사원의 신용조회서 발급 요청에 그의 신용을 '0'으로 평가하여 발급함으로써 그의 명예를 훼손했다고 판단, 회사 측이 그에게 190만 달러의 손해배상금을 지불해야 한다는 판결을 내렸던 것이다.

고용법 전문 변호사들은 그런 거액의 손해배상 판결은 유례없는 일이라고 말한다. 그들은 이론적으로는 법이 올바른 신용평가를 보호하고 있음을 인정한다. 하지만 올바른 평가든 아니든 누군가의 신용을 평가하는 것은 주의를 요하는 일임에 틀림없다. 미국법조협회 노동법 및 고용법 분과의 전(前) 위원장인 빈센트는 이렇게 말했다. "우리는 고객들에게 어떤 종류의 신용평가도 하지 말라고 조언합니다. 그저 특정 기간 동안 특정 직원의 고용을 찬성하는지 반대하는지만 판단하라고 말합니다. 그렇게 하면 적어도 법정 소송에 연루될 위험은 피할 수 있으니까요."

오늘날의 고용주들에게는 긍정적인 신용평가서 역시 문제가 되기는 마찬가지다. 일부 기업들은 법정 소송에 연루될 것을 두려워하여 신용평가서를 발급할 때에 무조건 긍정적인 평가서를 발급한다. 하지만 다른 누군가가 긍정적인 신용평가서를 바탕으로 부적격한 근로자를 고용할 경우, 긍정적인 신용평가서를 발급한 기업 역시 소송에 연루될 수 있다.

신용평가서의 유용성에 의문이 제기되고 그 이용률이 점차 줄어들고 있기 때문에 고용주들은 지원자에 대한 정보를 다른 곳에서 수집할 수밖에 없다. 이런 상황에서 인터뷰는 지원자를 가장 직접적으로 평가할 수 있는 방법 가운데 하나이다. 하지만 인터뷰의 기본 법칙들이 지난 몇십 년 동안 상당히 바뀌었다. 미국에서는 면접관이 지원자에게 나이, 체중, 종교, 정치관, 인종, 결혼 유무, 성적 성향, 혹은 재정상태를 묻지 못하도록 법으로 규제하고 있다. 면접관은 또한 지원자에게 자녀의 유무, 음주 여부, 투표 여부, 자선활동 여부, 전과 여부(보안이 무엇보다 중요한 자리의 경우에는 예외)를 물을 수 없다. 이러한 법칙들 때문에 과거에는 일상적으로 물었던 많은 질문들을 할 수가 없다. 예를 들면 "시애틀로 전근을 가야 한다면 가족들이 어떻게 생각할까요?" 같은 질문을 할 수 없다. 또한 긴장감을 완화시키기 위해 주고받았던 가벼운 대화들 가운데 상당부분도 이제는 규제의 대상이 되고 있다.

채용 과정은 구직자에 대한 확신을 얻는 과정이라 할 수 있다. 고용주는 구직자가 직원으로서 자신의 역할을 훌륭히 해낼지 확신을 얻고 싶어한다. 그러기 위해서는 다양한 각도에서 지원자를 평가해야 한다. 여러 가지 측면에서 오늘날의 구직자들은 '백지'라고 할 수 있다. 사회적 배경도, 과거도 없이 지금 이 순간에만 존재하는 새로운 사람이기 때문이다. 때문에 고용주들은 직원 채용에 더욱 어려움을 겪을 수밖에 없다.

한 인기 있는 MBA 졸업자 알선 사이트는 '채용기업을 위한 사회보장번호(우리나라의 주민등록번호에 해당하는 번호로 미국 사회에서의 신분확인 방법이다 –옮긴이) 해독기'를 제공한다. 그것은 사회보장번호 앞자리 세 자리를 토대로 지원자가 사회보장번호 발행 당시 어디에 살았는지를 알려준다. 이것은 지원자가 자신의 과거와 관련해 거짓말을 하고 있는지 확인하는 방법이자, 면접관이 무엇인가를 직접 물어볼 수 없을 때 지원자의 이야기에 모순이 있는지 판별하는 방법이 될 수 있다.

단 2초 만에 결정된다

사람들이 미국 기업들의 채용방식에 우려를 보이는 또다른 이유들이 있다. 지난 10년 동안 과학적인 측면에서 전통적인 면접 방식에 대한 연구가 이루어졌고 많은 이들이 전통적인 면접 방식에 혹평을 가했다. 그리고 면접관들의 어리석음을 비난하는 연구 결과들이 점점 증가하고 있다.

하버드 심리학자인 날리니 암베이디(Nalini Ambady)와 로버트 로젠탈(Robert Rosenthal)은 한 가지 '곤혹스런' 실험을 했다. 암베이디는 본래 효율적인 교수법을 연구했다. 그녀는 학생들을 가르치는 데 있어

몸짓 같은 비언어적인 요소들이 중요한 역할을 한다고 생각했다. 그녀는 이를 테스트하기 위해 하버드 대학 교수들의 수업 장면을 녹화했다. 그녀는 사람들에게 녹화한 자료를 보여주고 교수들의 교수 능력을 평가하도록 요구할 작정이었다.

암베이디는 교수 한 명당 녹화 분량을 1분으로 편집하려 했다. 하지만 시간제약을 고려하지 않고 촬영하는 바람에 교수가 강의하는 모습뿐 아니라, 교수와 학생들 간의 상호작용 장면까지 촬영되었다. 이것이 문제가 되었다. 평가자들이 교수를 평가하는 데 있어, 학생의 등장 여부가 무의식적으로 영향을 미칠 수 있기 때문이었다. 암베이디는 동료 교수를 찾아가 효율적인 교수법을 평가하기 어렵게 되었다고 말했다.

그런 다음 암베이디는 다시 테이프를 돌려보며 학생이 등장하는 장면을 삭제하고 교수당 녹화 분량을 10초로 단축시켰다. 그녀는 교수당 수업 장면을 10초로 편집한 비디오테이프로 다시 실험을 했다. 교수당 10초 가량의 수업 장면을 토대로 평가자들은 교수들을 15개 항목으로 나누어 평가했다.

만약 당신이 10초 분량의 비디오테이프를 보고 누군가를 평가해야 한다면, 그렇게 할 수는 있을 것이다. 하지만 가치 있는 평가를 기대하기는 어려울 것이다.

다음에는 교수당 수업 장면을 5초로 편집하여 동일한 실험을 했다. 하지만 이번에는 10초로 편집된 비디오테이프를 보고 교수들을 평가했던 사람들이 아니라 완전히 다른 사람들이 평가를 했다. 그들의 평가는 10초 분량의 비디오테이프를 본 평가자들의 평가와 비슷했다.

그런 다음 암베이디는 또다른 평가자들에게 교수당 수업시간을 2초로 편집한 비디오테이프를 보여주고 각 교수를 평가하도록 요구했다.

그들 역시 비슷한 평가를 했다.

마지막으로 암베이디는 비디오테이프만을 보고 교수를 평가한 사람들의 평가와 한 학기 동안 동일한 교수로부터 수업을 들은 학생들의 평가를 비교했다. 물론 학생들은 비디오테이프만을 본 평가자들보다 교수를 훨씬 잘 알고 있었다. 그럼에도 불구하고 학생들의 평가는 단 몇 초짜리 비디오테이프만을 본 사람들의 평가와 비슷했다. 교수를 전혀 알지 못하는 낯선 이가 2초 분량의 비디오테이프만을 보고 내린 평가가 한 학기 동안 수업을 들은 학생들이 내린 평가와 거의 같았던 것이다.

이 실험을 통해 알 수 있는 것처럼 사람들은 상대방이 하는 이야기를 듣고 상대방을 평가하는 것이 아니라, 상대방을 만나 단 몇 초 동안에 받은 인상을 토대로 상대방을 평가하는 것 같다. 그리고 처음 몇 초 동안 받은 인상은 차후 어떤 일이 일어나도 쉽게 바뀌지 않는 것 같다.

물론 이 연구에 동원된 평가자들은 자발적으로 연구를 돕겠다며 나선 대학생들이었다. 그러므로 그들은 교수를 평가하는 특정한 잣대를 갖고 있었을지도 모른다. 혹은 평가에 앞서 일련의 평가연습을 했을지도 모른다.

보다 최근에 이루어진 실험은 채용 상황을 보다 직접적으로 반영하고 있다. 로젠탈의 제자 프랭크 버니어리(Frank Bernieri : 현재 톨레도 대학에 재직 중)는 대학원생인 네하 가다 제인(Neha Gada-Jain)과 공동으로 한 가지 실험을 했다. 이 실험을 위해 그들은 두 명의 면접관에게 면접 기술을 6주 동안 교육했다. 그런 다음 두 사람에게 다양한 배경을 지닌 98명의 지원자를 인터뷰하도록 시켰다. 지원자 한 명당 인터뷰 시간은 15분에서 20분이었고, 인터뷰 과정 전체를 녹화했다. 인터뷰가 끝난 뒤 교육을 받은 면접관들은 지원자 각각을 평가했다.

그런 다음 또다른 제자 트리샤 프리켓(Tricia Prickett)이 녹화 내용을 지원자당 15초로 편집했다. 15초로 편집된 인터뷰 테이프에는 주로 지원자들이 인터뷰 장소에 들어와 면접관과 악수를 나누고 의자에 앉는 모습이 담겼다. 그 이상의 장면은 거의 없었다. 그럼에도 불구하고 지원자가 면접관과 악수를 나누는 모습만이 담긴 테이프를 보고 지원자를 평가한 평가자들의 평가가 15분에서 20분 동안 인터뷰를 실시한, 교육받은 두 명의 면접관의 평가와 흡사했다.

이것은 비극이 아닐 수 없다. 혹은 코미디가 아닐 수 없다. 이 연구 결과에 따르면 인터뷰는 한마디로 면접관과 면접응시자가 서로를 속고 속이는 허식이기 때문이다. 면접관은 면접응시자가 의자에 앉는 순간 이미 평가를 내린다. 이것은 아마도 지원자의 외모나 몸짓을 토대로 한 평가일 것이다. 여기서 한 가지 분명한 사실은 그것이 면접응시자의 사고를 토대로 한 평가는 아니라는 것이다. 결국 인터뷰 동안의 질문과 대답은 모두 형식적인 것이다. 그것은 자신의 채용 결정이 이성적인 판단에 입각한 것임을 면접응시자에게 그리고 스스로에게 납득시키기 위한 방편인 것이다. 실질적으로는 너무도 피상적인 근거들을 토대로 이미 면접응시자에 대한 평가를 내렸음에도 불구하고 말이다.

전통적인 면접 질문의 딜레마

인사 전문가들은 인터뷰 질문을 '전통적인 질문'과 "행동에 관한 질문'처럼 조건별로 구분한다. 전통적인 질문에는 미국의 구직자들 대부분이 알고 있는 일반적인 질문들이 포함된다. 예를 들면 "5년 뒤 당신은 어떤 위치에 있고 싶습니까?" "휴일에 무엇을 합니까?" "가장 최근에 읽은 책은 무엇입니까?" "무엇을 가장 자랑스럽게 생각합니까?" 같은 질문들 말이다.

전통적인 인터뷰 질문은 사실을 은폐하려는 측과 폭로하려는 측 사이의 팽팽한 대결이라 할 수 있다. 면접관은 종종 지원자가 자신에게 불리한 무엇인가를 이야기하도록 유도한다. 이것은 지원자의 성실함보다는 '수완'을 엿보기 위한 것이다. "무엇을 가장 자랑스럽게 생각합니까?"라는 질문은 일종의 코미디라고 할 수 있다. 면접관이 반드시 듣고 싶어 하는 대답이 아닐 수는 있지만 지원자가 대답해야 하는 방법은 정해져 있기 때문이다. 즉 지원자는 "무엇인가를 이루어내고 맛본 '성취감'입니다" 같이 안전한 답변을 해야 하는 것이다. 전통적인 인터뷰 질문이 갖고 있는 문제는 양측 모두 게임 방식을 너무 잘 알고 있다는 것이다. 그러므로 면접응시자 모두가 안전한 대답을 한다. 그리고 면접관은 면접응시자의 대답을 믿지 않으면서도 만족스러운 답변을 들은 듯 고개를 끄덕여야 한다.

전통적인 질문이 갖고 있는 이런 문제점 때문에 등장한 것이 바로 '행동에 관한 질문'이다. 이것은 지원자들에게 성격 및 업무 능력과 관련해 자신의 경험을 설명하도록 요구한다. 예를 들어 MS에서는 "어떤 문제에 부딪혔을 때 문제를 성공적으로 해결한 경험을 이야기해 보십시오"라는 요구를 한 바 있다. "시간이 부족하여 마감시간을 맞추기 어려웠던 경험을 이야기해 보십시오"라는 요구 역시 '행동에 관한 질문'이라 할 수 있다. 이처럼 행동에 관한 질문을 하는 것은 한 문장을 꾸며내는 것보다 하나의 이야기를 꾸며내는 것이 더 어려운 일이기 때문이다.

불행히도 전통적인 질문과 행동에 관한 질문은 2초 만에 이루어지는 순간적인 평가를 뒤엎을 힘을 갖고 있지 못하다. 그런 질문들은 너무 애매하고 '너그러운' 질문이라 채용 여부를 좌우할 결정적인 답변을 기대하기 어렵다. 그러므로 인터뷰에 이런 문제를 이용할 경우 면접관은 지원자를 판단함에 있어 주로 직감에 의존하게 된다.

이렇게 스스로에게 물어보라. '전통적인 질문에 답변 한 번 잘했다는 이유만으로 누군가를 채용할 수 있을까? 그리고 과연 그런 답변이 있을까? 반대로 답변 한 번 잘못했다는 이유만으로 누군가를 채용하지 않을 수 있을까? 그리고 과연 그런 답변이 있을까?'

물론 구직자가 아닌 당신은 정상적인 사고에 반하는 충격적인 답변을 생각해 낼 수도 있다. 하지만 구직자들은 대부분 면접관의 의도를 고려해 신중히 답변하기 때문에 그들이 충격적인 답변을 하는 일은 좀처럼 있을 수 없다. 면접관이 구직자에게서 받은 자신의 첫인상을 합리화하는데 구직자의 답변을 무의식적으로 이용할 수는 있다. 하지만 구직자의 답변으로 구직자에 대한 면접관의 첫인상이 극적으로 바뀌는 경우는 거의 없다.

이 때문에 일부 면접관들은 면접에 큰 부담을 느끼지 않는다. 전통적인 질문과 행동에 관한 질문을 이용한 면접 방식은 결코 최선의 채용 방식이 아니다. 또한 그것은 제한된 면접 시간을 적절히 활용하는 방법도 아니다.

미래에 입각한 인재 채용

MS의 인터뷰 방식은 첨단기술시장의 치열한 경쟁의 산물이다. 소프트웨어는 조립 싸움이 아니라 아이디어 싸움이다. 그리고 소프트웨어 아이디어는 수시로 변하고 있다. 따라서 소프트웨어 기업의 최고 자산은 유능한 인재일 수밖에 없다. MS의 CEO 스티브 발머는 이렇게 말했다. "우리의 일 가운데 가장 중요한 일은 유능한 인재를 채용하는 것입니다."

하지만 유능한 인재를 어떻게 판별할 수 있을까? 일련의 기술을 갖춘 사람이 유능한 인재일까? 그렇지 않다. 요즘은 하루가 다르게 기술이 변하고 있다. 오늘의 최신 기술도 내일이면 진부한 기술이 될 수 있다. 그것은 사업계획 역시 마찬가지이다. 그러므로 MS는 지금으로부터 5년 혹은 10년 뒤의 MS를 만들어낼 인재를 찾아야 한다는 것을 알고 있다.

MS는 인재를 채용할 때 미래에 초점을 맞춘다. 대부분의 대기업들과 달리 MS는 '백지 상태'의 지원자를 환영한다. 이것은 채용의 잣대가 지원자의 과거경력이 아니라, '미래의 가능성'이기 때문이다.

프로그래밍은 젊은 감각이 필요한 분야이다. 따라서 MS는 많은 직원들을 대학에서 뽑는다. 대학생들은 채용 여부를 판가름할 정도로 결정적인 경력들을 갖고 있지 않다. 그렇다고 MS가 학교나 성적을 잣대로 직원을 채용하는 것은 아니다. MS의 한 수석 간부는 이렇게 말했다. "대학원 졸업장이 그리 중요하지 않다는 것은 우리 모두 잘 알고 있는 사실이죠." 이런 태도가 요즘 들어 다소 바뀌기는 했다. 하버드 대학 중퇴자인 빌 게이츠가 대학생들에게 학교를 졸업하도록 독려하고 있기에 하는 말이다. 하지만 MS가 명문대학 졸업자라는 이유만으로 누군가를 채용하는 곳이 아닌 것만은 분명하다.

MS는 또한 극히 배타적인 곳이다. MS는 선(Sun), 오라클(Oracle), IBM, 그리고 여타 기업에는 잘난 척하는 게으름뱅이들이 득실되고 있다고 생각한다. 그들이 MS에서의 경험만을 중요시하는 것도 이 때문이다. 그러므로 경력자를 뽑을 때도 그들은 미래의 가능성에 초점을 맞춘다.

하지만 지원자들이 10년 뒤 일을 얼마나 잘 하고 있는지 볼 수 있는 타임머신이 MS에 있는 것은 아니다. 그러므로 그들은 어쩔 수 없이 인터뷰에서 지원자가 한 대답을 토대로 그들의 가능성을 평가해야 한다.

MS의 전(前) 프로그램 개발자 애덤 데이비드 바(Adam David Barr)는 이렇게 말했다. "MS는 1시간짜리 인터뷰를 네다섯 번 함으로써 사람을 올바르게 판단할 수 있다고 믿고 있습니다." 바는 인터뷰 과정을 미국프로풋볼리그의 신인선수 선발제도에 비유했다. 일부 팀은 대학 풋볼 성적을 기준으로 선수를 선발하고 일부 팀은 대학 선수들을 보다 정확히 테스트할 수 있는 개별 트레이닝을 통해 선수를 선발한다. MS는 개별 트레이닝(인터뷰)을 통해 선수를 선발하는 미국프로풋볼리그 팀이라 할 수 있다.

그렇다면 인터뷰에 로직 퍼즐, 난해한 수수께끼, 그리고 대답 불가능한 문제들을 이용하는 이유는 무엇일까? MS의 인터뷰 목적은 특정 직무능력보다 일반적인 문제해결능력을 평가하려는 것이다. MS에서, 그리고 요즘의 많은 기업들에서는 퍼즐을 푸는 추리력이 급변하는 시장에서 발생하는 실질적인 문제들을 해결하는 사고력과 관련이 있다고 생각한다. 퍼즐을 푸는 사람과 기술적인 혁신을 이루어내는 사람은 모두 잘못된 상황을 바로잡는 데 필요한 요소를 포착해 내는 능력을 갖고 있어야 하기 때문이다. 그리고 문제를 푸는 데 어떤 식의 추리가 필요한지, 혹은 문제가 갖고 있는 정확한 한계가 무엇인지는 분명하지 않아도 타당한 결론을 도출해 낼 때까지 분석에 분석을 계속하는 끈기를 갖고 있어야 하기 때문이다.

이 책의 구성

이 책은 내용상 크게 다섯 부분으로 나뉜다. 첫째 퍼즐 인터뷰의 길고도 놀라운 역사를 추적할 것이다. 그리고 그 과정에서 취업용 지능 테스트, 실리콘밸리의 기원, 빌 게이츠의 강박관념, 월스트리트의 문화를 살펴볼 것이다.

그리고 이런 질문을 던질 것이다. "퍼즐 인터뷰가 생각만큼 효과적인가?" 고용주들은 퍼즐 인터뷰를 높이 평가한다. 하지만 구직자들은 퍼즐 인터뷰를 못마땅하게 생각한다. 여기서 나는 퍼즐 인터뷰에 대한 찬반론을 균형 있게 다룰 것이다.

이 책에는 MS와 여타 기업들에서 실질적으로 사용하고 있는 인터뷰 질문들이 다량 제시되어 있다. 취업을 눈앞에 두고 있지 않다면 당신은 이 책에 제시되어 있는 많은 퍼즐과 수수께끼를 풀면서 커다란 재미를 맛볼 것이다. 많은 독자들이 MS의 똑똑한 사람들의 재치와 자신의 재치를 비교해 보는 즐거움도 누릴 것이다. 퍼즐을 풀고 싶어하는 독자들을 위해 4장에 MS의 퍼즐, 수수께끼, 그리고 함정 문제들을 수록하고 있다. 그중 대부분은 다른 기업에서도 널리 이용하고 있는 인터뷰 문제들이다. 그리고 이와 별도로 7장에는 여타 기업들에서 인터뷰 때 이용하는 어려운 퍼즐들을 소개하고 있다. 4장과 7장에는 일부러 퍼즐 문제와 그 문제를 푸는 데 사용할 수 있는 간단한 테크닉만 싣고 답은 뒷부분(제2부 3장)에 따로 실어놓았다.

마지막 두 장에는 각각 구직자를 위한 조언과 고용주를 위한 조언이 실려 있다. 논리적이고 냉정한 적들이 상대방을 지혜로 제압하려고 다투는 곳이 바로 로직 퍼즐이라는 장르이다. 로직 퍼즐은 퍼즐 인터뷰의 좋은 모델이다. 8장은 퍼즐 인터뷰를 받는 구직자들의 입장을 반영하고 있다. 거기에는 퍼즐 인터뷰에 임할 때 기억해야 할 조언들이 간단하게 소개되어 있다. 9장에는 반대의 시각, 즉 함정 문제들에 현명하게 대처하는 구직자들을 상대해야 하는 면접관들이 기억해야 하는 조언들이 실려 있다. 그리고 구직자들을 보다 공정하게 평가할 일련의 방법들이 소개되어 있다.

퍼즐 인터뷰는 준비가 어려운 혹은 불가능한 인터뷰이다. 따라서 책을 읽으며 퍼즐 인터뷰를 준비한다는 것은 어불성설일 수 있다. 하지만 대부분의 로직 퍼즐에 이용되고 있는 함정들은 상대적으로 조그만 심리적 함정이다. 따라서 이러한 함정들을 알고 퍼즐 문제를 내는 면접관의 의도를 이해한다면 구직자는 보다 효과적으로 인터뷰에 임할 수 있을 것이다.

반대로 고용주는 구직자의 인터뷰 준비 가능성을 인지하고 그에 맞춰 인터뷰를 조직화할 필요가 있다. 면접장의 분위기가 진지하지 않을 경우, 그리고 답이 간단하여 쉽게 답을 기억할 수 있는 함정 문제를 사용할 경우 퍼즐 인터뷰는 종종 진가를 발휘하지 못한다. 9장에는 혁신적인 기업들이 활용할 수 있는 바람직한 인터뷰 방법들이 소개되어 있다. 채용 결정에 결정적인 역할을 할 정보를 얻어내려는 인터뷰 본래의 목적을 재조명함으로써 나는 이런 퍼즐 인터뷰를 개선시킬 방법 역시 제시할 것이다.

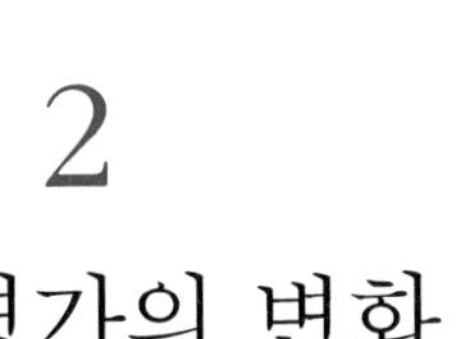

2
직능 평가의 변화

빌 게이츠가 열정적인 기업인으로 유명세를 떨치기 시작하면서 IQ만이 중요하다는 그의 주장 역시 관심을 모았다. IQ는 복고적이고 함축적이를 숭배하듯 비(非) PC적인 개념이었다. 시가(cigar), 마티니, 설익은 두꺼운 스테이크를 숭배하듯 IQ를 숭배하는 게이츠의 태도가 유행처럼 퍼져나갔다. 그는 스마트한 사람에게는 무엇이든 가르칠 수 있다는 고용철학을 갖고 있었다. 그러므로 MS에서는 직원채용 시 지능을 무엇보다 중요하게 생각했다. 반면 기술이나 경험은 상대적으로 덜 중요한 것이 되었다.

이것은 지금까지도 MS의 고용철학 자리를 지키고 있다. MS에서는 인터뷰 때 이따금 이런 전통적인 질문을 한다. "'지능'을 정의하십시오. 당신은 지적입니까?" 이에는 MS의 고용철학이 반영되어 있다.

이것은 결코 함정 문제가 아니다. 물론 "지능을 정의하라"는 첫번째

질문에 당신이 제대로 답변하지 못해놓고, "당신은 지적입니까?"라는
두 번째 질문에 "예"라고 대답하여 설득력을 상실하는 경우는 예외일 것
이다. 어쨌든, 지능이란 무엇일까?

터먼과 IQ 테스트

스탠퍼드 심리학자 루이스 터먼(1877~1956)은 지능을 정의했을 뿐
아니라, 심리평가가 구직자를 평가하는 기준이 되는 데 크게 기여했다.
그는 IQ(Intelligence Quotient : 지능 지수) 개념을 일반화하고 전통적
인 IQ 테스트를 개발하고 그것을 꾸준히 장려했다. 터먼은 모든 학생,
그리고 모든 근로자가 IQ 테스트를 받아야 한다고 생각했다. 그의 전성
기에 실질적으로 미국의 대부분의 기업과 학교에서 그의 뜻에 동조하여
IQ 테스트를 실시했다.

터먼과 그의 아들 프레드릭(Frederick)은 하이테크 천국인 실리콘밸
리의 조성, 인종차별 혹은 성차별 합리화의 수단으로 IQ 테스트가 사용
됨으로써 생겨난 IQ 테스트에 대한 불신, 그로 인한 고용주들의 IQ 테
스트 금지, 그리고 오늘날 우리가 알고 있는 퍼즐 인터뷰와 밀접한 관련
이 있다.

루이스 터먼은 인디애나 주에서 농부의 아들로 태어났다. 그는 어려
서부터 매우 영리했다. 그의 나이 열 살 때 어떤 골상학자가 그의 영특
함을 알아보고 훗날 대성하리라 예언했다.

터먼은 뛰어난 지적 능력 때문에 소외감을 느껴야 했고 그 가운데 '지
능'이라는 개념에 매료되기 시작했다. 그는 어떻게 하면 지능을 측정할
수 있을지 연구하게 되었다. 직장을 따라 여기저기 떠돌던 그는 1910년
서부해안에 정착하여 스탠퍼드에서 교편을 잡았다. 당시 역사가 19년밖

에 되지 않았던 릴랜드 스탠퍼드(Leland Standford : 스탠퍼드 창립자)의 학교는 지금같이 유명하지 않았다. 스탠퍼드에서 교편을 잡기 시작한 지 몇 년 만에 터먼은 스탠퍼드 최초의 '스타 교수'가 되었다. 그리고 터먼 덕에 지식 세계로부터 스탠퍼드와 스탠퍼드가 자리한 살구나무 무성한 계곡(실리콘밸리)이 주목을 받기 시작했다.

그것은 그가 지능을 테스트하는 혁신적인 방법을 찾아냈기 때문이었다. 터먼은 프랑스 교육자 알프레드 비네가 개발한 지능 테스트를 영어로 번역했다. 번역 과정에서 종종 발생하는 일이지만, 그는 비네(Alfred Binet)의 지능 테스트를 본래와 다른 각도에서 해석했다.

비네 테스트는 본래 정신 지체아를 판별해 내기 위한 것이었다. 하지만 터먼은 '재능을 타고난(gifted : 이것은 그가 만들어낸 용어다)' 아동들에게 보다 많은 관심을 기울였다. 또한 그는 성인들을 대상으로 지능 테스트를 하길 원했다. 그러므로 그는 비네가 사용했던 테스트 항목들에 '보다 난이도가 높은' 항목들을 추가했다. 결국 그는 비네의 테스트를 극적으로 수정·보완한 일명 '비네 IQ 테스트의 스탠퍼드 개정판'(지금은 줄여서 '스탠퍼드 비네 IQ 테스트'라 부른다)을 선보였다. 그로 인해 스탠퍼드는 커다란 명성을 얻게 되었다. 1916년『스탠퍼드 비네 IQ 테스트』가 처음으로 출간되었다. 비록 상당히 수정·보완되긴 했지만, 그것은 지금도 여전히 사용되고 있다.

IQ 테스트의 허상

터먼은 지능을 '이론적으로 추론하는 능력'이라 정의했다. 당신은 이 정의만으로는 지능을 충분히 설명할 수 없다고 생각할 수도 있다. 그럼에도 불구하고 20세기 지능 테스트 관련 간행물들에는 그 정의가 종종 인용되었다. 오늘날 MS 지원자가 지능의 정의로서 이 정의를 사용한다면 아마도 MS의 면접관 역시 그것에 만족할 것이다. 요컨대 터먼이 지능을 이렇게 정의한 것은 지능이 사실적 지식이 아니라, '발상능력'임을 강조하고 싶었기 때문이다.

발상능력을 테스트하기 위해 터먼은 유추 문제, 동의어와 반의어 문제, 독해 문제, 그리고 로직 퍼즐을 이용했다. 사실 지능 테스트가 유명해진 것은 이러한 문제들 덕이라 할 수 있다.

20세기에 접어들어 약 20년 동안 로직 퍼즐, 단어 퍼즐, 그리고 숫자 퍼즐이 미디어 포화 시대에 이해할 수 없을 정도로 인기를 누렸다. 이것은 1913년 크로스워드 퍼즐(crossword puzzle : 일명 가로세로 낱말 퍼즐)이 개발된 이래 처음 있는 일이었다. 주요 일간지뿐 아니라, 퍼즐이 실릴 것 같지 않은 《우먼즈 홈 컴패니언》 같은 잡지에도 로직 퍼즐 칼럼이 마련되었다. 그리고 퍼즐 칼럼니스트(대표적인 인물로 미국인 샘 로이드와 영국인 헨리 어니스트 두드니를 꼽을 수 있다)가 대중문화를 대변하는 스타가 되었다. 1917년 퍼즐 마니아가 점점 증가하고 있음을 지적한 한 책에서 두드니는 이렇게 말했다.

한 남자가 "살면서 퍼즐을 풀어본 적이 없어요"라고 말한다면 우리는 그 말의 의미를 정확히 이해하지 못한다. 왜냐하면 모든 지식인은 매일같이 퍼즐을 풀고 있기 때문이다. 정신병원 입원자들이 정신병원에 입원하게 된 것은 퍼즐을 풀 수 없기 때문이다. 즉 그들은 추리력을 상실했기 때문에 정신병원에 입원한 것이다. 만약 풀어야 할 퍼즐이 없어진다면 질문거리도 사리지게 될 것이다. 만약 질문거리가 사라진다면 이 세상이 어떻게 되겠는가!

터먼은 지능 테스트에 퍼즐을 추가함으로써 테스트를 보편화시켰고 퍼즐은 인생과 같다는 시각을 강화시켰다.

최초의 스탠퍼드 비네 IQ 테스트는 인터뷰처럼 구두로 실시되었다. 다음은 1916년판 지능 테스트에 실렸던 퍼즐 가운데 일부이다.

한 어머니가 아들에게 강에 가서 정확히 7파인트의 물을 떠오도록 시켰다. 그녀는 아들에게 3파인트 물통 한 개와 5파인트 물통 한 개를 주었다. 두 개의 물통만을 사용하여 정확히 7파인트의 물을 뜰 방법을 설명하라. 한 가지 힌트를 준다면 5파인트 물통을 채우는 것에서부터 시작해야 한다는 것이다. 그리고 5파인트의 물통 한 개와 3파인트의 물통 한 개를 갖고 있으며 정확히 7파인트의 물을 떠야 한다는 사실을 기억하라.

한 인디언이 생애 처음으로 도시에 왔다. 그는 거리를 지나는 백인을 보았다. 그는 백인이 지나가고 난 다음 이렇게 말했다. "백인은 게으르군. 앉아서 걸어 다니는 것을 보면 말이야." 백인이 무엇을 타고 있었기에 인디언이 '백인은 앉아서 걷는다'고 했을까?

두드니와 로이드의 칼럼에 실렸던 유사한 문제를 차용한 것이 분명함에도 불구하고 터먼은 첫번째 퍼즐을 자신이 개발했다고 주장했다. 어쨌든 이 퍼즐 문제에는 정확한 답이 있다. 하지만 두 번째 퍼즐 문제의 경우에는 다양한 창의적인 답변이 가능하다. 사람들이 지능 테스트를 비판하는 이유 가운데 하나도 이 때문이다. 터먼은 두 번째 퍼즐의 정답은 단 한 가지, '자전거'뿐이라고 주장했다. 그는 사람들이 가장 흔히 말하는 오답은 '말'이라고 설명했다. 분명 그것은 틀린 답이었다. 인디언들도 말은 잘 알고 있을 터이기 때문이다. 터먼은 또한 자동차, 휠체어, (다소 틀에서 벗어난 대답인) 다른 사람의 등에 업힌 사람도 답이 될 수 없다고 주장했다.

터먼의 테스트가 인기를 끈 이유 가운데 하나는 테스트 결과가 현혹적인 수치, 즉 IQ로 표시된다는 것이다. 심리학자인 윌리엄 스턴(William Stern)은 일찍이 아동의 '정신 연령'을 ('정신 지수'를 획득한) '실제 연령'으로 나누면 아동이 얼마나 스마트한지 알 수 있다고 주장한 바 있다. 터먼은 이 아이디어를 차용하여 아동의 정신연령을 실제연령으로 나눈 값에 100을 곱한 값을 '지능 지수'라 불렀다.

이 방법은 성인들에게는 효과적이지 못하다. 실제 연령은 30인데 정신 연령이 50이라면 어찌 되겠는가? 터먼은 단순히 테스트 점수를 조정함으로써 이 연령문제를 해결했다.

하지만 그가 조정한 것은 그것만이 아니었다. 터먼은 IQ 테스트 결과를 보고 몇 가지 흥미로운 사실을 발견했다. 그중 한 가지는 소녀들이 소년들보다 높은 점수를 받는다는 사실이었다. 그리고 또 한 가지는 백인이 흑인, 멕시코인, 그리고 이주민들보다 높은 점수를 받는다는 사실이었다.

그는 첫번째 사실을 테스트에 결함이 있다는 증거로 해석했다. 반면 두 번째 사실은 인류의 현실을 대변하는 증거로 해석했다. 그는 어떤 문제에서 성별에 따른 차이가 가장 크게 나타나는지 살펴보았다. 그는 성별에 따른 점수 차이가 사라질 때까지 소녀들에게 유리한 문제들을 빼거나 소년들에게 유리한 문제들을 추가했다. 그런 식의 조정은 공정한 것이었다. 그로 인해 심리 테스트의 완성도는 분명 크게 높아졌다.

IQ 점수에서 '인종적 차이'는 성별에 따른 차이보다 몇 배나 더 컸다. 하지만 터먼은 테스트를 조정하여 인종에 따른 점수 차이를 좁힐 생각은 하지 않았다. 그 이유는 두 가지로 해석이 가능하다. 한 가지 해석은 그가 백인 남자였기에 백인이 더 스마트하다는 테스트 결과를 그저 1916년 미국의 백인 남성들 대부분이 갖고 있는 믿음을 뒷받침해 주는 하나의 증거로 생각하고 싶어했다는 것이다. 또다른 한 가지 해석은, 터먼은 인종적 차이가 실존한다고 믿고 싶어했다는 것이다. 지능 테스트는 교육, 사회적 지위 혹은 문화와 상관없이 '진짜' 지능을 특정 임무로 혹은 퍼즐로 평가한다는 가정을 토대로 하고 있었다. 그런데 인종에 따라 지능 테스트 결과가 달라진다면 그것은 지능을 측정하는 일이 사실상 어렵다는 이야기, 다시 말해 지능 테스트 자체가 부적합하다는 이야기가 되기 때문이었다.

어쨌든 터먼은 인종에 따른 점수 차이를 인류의 현실이라 생각했다. 그것은 대부분의 미국인들 역시 마찬가지였다. 그러므로 스탠퍼드 비네 IQ 테스트는 지금까지 계속되고 있는 IQ 테스트로 국가적 망상을 선도했다고 할 수 있다.

일터에서의 IQ 테스트

오래지 않아 일터에도 IQ 테스트가 적용되기 시작했다. 하버드 심리학자로 동물의 행동을 전공한 로버트 M. 여키스(Robert M. Yerkes)는 IQ 테스트로 신병을 뽑도록 군부대를 설득했다. 1917년 터먼, 여키스, 그리고 뜻을 같이 하는 많은 심리학자들이 뉴저지 주 바인랜드에 모였다. 신병을 뽑는 데 적합한 IQ 테스트를 만들기 위해서였다. 그들은 비네와 터먼의 IQ 테스트 문제에서 차용한 문제들을 이용해 6주 만에 군부대용 IQ 테스트를 만들었다. 1차 세계 대전 동안 약 175만 명의 지원병들이 그 테스트를 받았다. 군부대에서는 IQ 테스트 결과를 점수가 아니라, 성적표처럼 알파벳 등급(즉 A에서 E로) 으로 표시했다. IQ 테스트 결과를 토대로 지원병들에게 적절한 책임이 맡겨졌다. 훗날 여키스는 지능 테스트가 전쟁에서 승리하는 데 기여했다고 주장했다.

군부대에 IQ 테스트를 적용함으로써 지능 테스트는 애국적인 테스트라는 명성을 얻게 되었다. 그후 몇 년 사이에 미국의 거의 모든 학교들이 지능 테스트를 실시하게 되었다. 엘리스 섬 이주민들 가운데 IQ 테스트를 받은 이주민은 신세계에서 환영을 받았다. 기업들은 채용 및 승진 평가에도 IQ 테스트를 이용하기 시작했다.

이것은 터먼의 영향이 컸다. 그는 직원이 500명에서 1000명인 사업체는 직원들의 IQ 점수를 관리하고, 그를 토대로 직원들에게 업무를 분담하는 심리학자를 정식 직원으로 두어야 한다고 주장했다. (이것이 바로 '인사부'의 시작이었다.) 사람과 일자리를 짝짓는 데 IQ 점수를 이용하는 방법과 관련해 터먼은 매우 '가혹한' 잣대를 들이댔다. 그는 어떤 업무든 그것을 수행하는 데 필요한 최소한의 IQ 점수가 있다고 믿었다. 그리고 그는 그 최소의 IQ 점수가 몇 점인지 알아내기 위해 많은 노력을 기울였다.

터먼과 그의 동료들은 상점의 여점원, 소방관, 일일노동자들의 IQ를 테스트하기 위해 팔로알토를 부지런히 누비고 다녔다. 그 결과 1919년 터먼은 최적의 근로자는 필요한 최소한의 지능을 갖고 있어야 하며 그보다 너무 높은 것도 바람직하지 않다는 결론을 내렸다. 그는 이렇게 말했다. "이발사의 경우 IQ가 85를 넘으면 그것은 불필요한 낭비이다. 특정 직종에 종사하기에는 너무 머리가 좋은 사람들은 반사회주의자나 과

격한 불평분자가 되기 쉽기 때문이다."

터먼의 꿈은 미국을 이상적인 능력주의 사회로 만드는 것이었다. IQ 테스트를 통해 저능아에서 천재에 이르기까지 모든 이가 자신의 능력에 맞는 일을 하며 사는 능력주의 사회 말이다. 터먼의 명성에 힘입어 스탠퍼드는 세계적인 수준의 심리학과를 만들 수 있었다. 스탠퍼드의 심리학과는 특히 '(테스트를 통해 인간의 특성을 수치화하는) 심리측정학'으로 유명해졌다. 그리고 시간이 흐름에 따라 터먼은 지능 테스트로 부자가 되었다.

물론 IQ 점수가 학교 성적 혹은 업무 성과를 예측하는 잣대로 부적절하다는 연구 결과가 심심찮게 발표되었다. 하지만 그러한 결과들은 대중의 의식에 혹은 터먼의 의식에 별다른 영향을 미치지 못했다.

스푸트니크(Sputnik : 옛 소련의 인공위성으로 1957년에 1호가 발사되었다-옮긴이) 시대를 맞아 다른 어떤 교육보다 과학 교육이 강조되었고 지능 테스트에 대한 미국인들의 관심 역시 한층 뜨거워졌다. 베이비붐 세대들은 교실에서의 IQ 평가라는 새로운 트렌드에 휩싸였다. IQ 테스트로 미래의 과학 천재, 수학 천재를 일찌감치 찾아내어 그들에게 특별 교육을 시키는 것이 (먼저 인공위성을 쏘아올린) 소련에 맞서는 길이라고 생각하게 되었다.

쇼클리의 실리콘밸리 연구소

이제 화제를 루이스 터먼의 아들 프레드릭에게로 옮겨보도록 하자. 오늘날 당신은 스탠퍼드 건물에서 '터먼'이라는 이름을 쉽게 찾을 수 있다. 여기서의 터먼은 다름 아닌 프레드릭 터먼이다. 그는 죽어서도 여전히 명성을 떨치고 있다. 전기 공학도 프레드릭은 스탠퍼드의 교수를 거처 학장, 그리고 총장대리 자리까지 올랐다. 프레드릭은 스탠퍼드가 오늘날과 같은 명성을 쌓는 데 지대한 공을 세웠다.

프레드릭은 아버지만큼이나 미국 문화에 독창적인 영향을 미쳤다. 산학협동을 활성화시키기 위해 그는 스탠퍼드 대학 근처 팔로알토에 산업단지를 조성하기 시작했다. 1938년 그는 전기공학과 제자였던 윌리엄 휴렛(William Hewlett)과 데이비드 팩커드(David Packard)를 설득하여 팔로알토의 한 차고에 사무실을 차리도록 했다. 그들의 첫번째 생산품은 음향발진기였다. 그것은 월트 디즈니 스튜디오에서 '판타지아(Fantasia)'의 사운드트랙에 사용하기 위해 여덟 대를 구입할 정도로 완성도가 높은 제품이었다.

그는 또한 다른 학생들과 교수들이 사업을 시작할 수 있도록 사용하지 않는 학교 부지를 개방하도록 스탠퍼드에 요구했다. 프레드릭은 그것이 학교뿐 아니라 지역 산업체들에도 커다란 도움이 되리라 생각했다. 사실 그것은 당시로서는 매우 획기적인 발상이었다.

1956년 터먼은 또다른 유명 사업가, 즉 윌리엄 쇼클리를 끌어들였다. 쇼클리는 자신이 벨 연구소에서 진가를 발휘하지 못하고 있다고 생각했다. 그는 직접 회사를 차려 트랜지스터 기술을 상업화하겠다는 포부를 갖고 있었다. 터먼은 쇼클리의 사업 아이디어가 커다란 사업이 될 수 있다는 것을 알았다. 그래서 그는 가능한 한 모든 인맥을 동원하여 쇼클리가 스탠퍼드 근처에 연구소를 차리도록 설득했다. 또한 터먼은 쇼클리가 탁월한 능력을 지닌 엔지니어들을 채용할 수 있도록 적극 협조했다. 그들은 대부분 동부 출신이었다.

전기 작가 조엘 슈어킨(Joel Shurkin)은 이렇게 말했다. "쇼클리에게 관리 능력이 있었다면 그는 오늘날 세계 최고의 부자가 되었을 뿐 아니라, 빌 게이츠에 버금가는 인물이 되었을 것입니다." 실질적으로 쇼클리는 게이츠에 버금가는 경쟁력을 갖고 있었다. 하지만 게이츠와 같은 사업 감각을 갖고 있지는 못했다.

쇼클리는 열정적인 사람이었다. 그리고 그는 특이한 취미를 갖고 있었다. 그중 하나가 개미 기르기였다. 그는 처음에는 개미를 마치 소년 다루듯 했다. 그리고 개미가 어느 정도 자라면 중년 남성 다루듯 했다. 그는 개미들을 열심히 훈련시켰다. 쇼클리는 기술 기업을 일종의 개미 농장처럼 생각했다. 기술기업을 운영함에 있어 그가 중요하게 생각한 것은 규제와 투명성이었다. 그는 극히 미시적인 시각을 가진 관리자였다. 그는 철저히 직원들을 감시하고 규제해야 한다고 생각했다.

로직 퍼즐이 도입된 쇼클리의 인터뷰

쇼클리의 직원 관리는 채용 인터뷰에서부터 시작되었다. 그는 지원자 모두가 지능 테스트를 받아야 한다고 주장했다. 그는 동부 출신의 지원자들 가운데 일부는 뉴욕의 테스트 업체에 의뢰해 지능 테스트를 받게 했다. 하지만 대부분의 경우 사무실에서 쇼클리가 직접 지원자들의 지능 테스트를 실시했다. 지원자들은 현지 신문의 구인광고를 보고 찾아온 사람들이 아니었다. 그들은 세계에서 가장 유능한 엔지니어와 과학자들 가운데서 엄격히 선발된 사람들이었다. 고든 무어(Gordon Moore : 인텔의 공동 창립자이자 '무어의 법칙' 개발자) 같은 사람들은 면접 당시 쇼클리가 직접 시간을 재는 가운데 테스트를 받아야 했다고 당시를 회고했다. 그리고 쇼클리는 무어를 채용해도 될 만큼 스마트한 사람으로 평가했다.

쇼클리의 인터뷰에는 로직 퍼즐이 포함되어 있었다. 쇼클리는 가능한 한 빨리 대답하여 새로운 기록을 세우는 것을 중요하게 생각했다. 하지만 그것이 허세만은 아니었다. 일례로 결정학자인 제이 래스트(Jay Last)의 사례를 들 수 있다. 그는 쇼클리 반도체에서 인터뷰를 받던 중 쇼클리에게 한 가지 질문을 했다. 그것은 MIT 대학원 연구과정 때 그를 괴롭혔던 문제였다. 쇼클리는 잠시 생각하더니 이내 해결책을 제시했다. 물론 적절한 해결책이었다.

래스트는 벨 연구소에서도 인터뷰를 받은 적이 있었다. 그곳에서 그는 이런 '친절한' 충고를 받았다. "'빌 쇼클리'와 함께 일하고 싶은 것은 아니겠죠?"

쇼클리 반도체에 입사한 기쁨은 잠시뿐이었다. 입사하고 나면 이내 쇼클리의 편집증적인 직원 관리에 시달려야 했다. 그는 정기적으로 회의를 녹화해 두었다가 여유가 있을 때마다 돌려보았다. 직원 가운데 자신의 뜻을 거스르는 이가 있는지 찾아내기 위함이었다. 쇼클리의 아내 에밀리는 정신과 간호사였다. 그녀는 노트처럼 마담 드파지(Madame Defarge)를 갖고 다녔고 연구소 한구석에 조용히 앉아 있곤 했다.

어느 날 한 사무보조원이 사무실 문에 박힌 작은 금속에 손가락이 긁혀 피가 나는 일이 발생했다. 쇼클리는 누군가 회사를 파괴하기 위해 폭탄을 장치하려 했다고 생각했다. 그는 직급이 낮은 직원 두 명을 불러 거짓말 탐지기 테스트를 받게 했다. 모두가 쇼클리를 말렸다. 그의 아내도 쇼클리가 억지를 부린다고 생각했다. 어쨌든 거짓말 탐지기 테스트 결과 두 사람은 아무런 잘못도 없는 것으로 밝혀졌다.

그러자 쇼클리는 다른 이들도 모두 거짓말 탐지기 테스트를 받아야 한다고 주장했다. 엔지니어들은 테스트를 단호히 거부했다. 그들 가운데 한 명이, 즉 셸던 로버츠(Sheldon Roberts)가 현미경을 가져와 문에 박힌 작은 금속을 조사했다. 그것은 머리부분은 부러지고 몸통만 남은 압정이었다.

쇼클리의 감시에 숨막혀 하던 엔지니어들이 1957년 집단으로 회사를 그만두었다. 다행히 그곳의 지역적인 가치 때문에 그들은 멀지 않은 곳에 둥지를 틀었다. 그후 이 '8인의 배반자들' — 쇼클리는 그들을 그렇게 불렀다 — 은 페어차일드 반도체, 인텔, 그리고 실리콘밸리 초창기의 여타 기업들을 설립했다.

인재들을 잃은 쇼클리의 회사는 내리막길을 걷기 시작했다. 쇼클리 반도체는 성공적인 제품을 선보이지 못했다. 여생 동안 쇼클리는 전(前) 직원들이 자신이 꿈꾸었던 모든 것들을 이루는 모습을 지켜보기만 해야 했다. 그들은 실리콘 아이디어, 그리고 쇼클리가 높이 평가했던 여타 아이디어들을 이용해 반도체 기술을 놀라울 정도로 발전시켰다. 미국 자본주의 역사상 그들은 개인으로서 가장 많은 부를 축적했다. 반면 쇼클리는 점점 부에서 멀어져갔다. 1963년 쇼클리는 사업을 정리하고 스탠퍼드에서 교편을 잡았다. 그곳에서 그는 창의력과 문제해결능력을 가르쳤다.

또한 쇼클리는 IQ와 인종 간의 관계를 연구했다. 1964년부터 그는 인종에 따른 IQ 점수 차이는 아프리카계 미국인과 여타 소수 민족들이 지적인 측면에서 백인들보다 열등하다는 증거라고 주장하기 시작했다. 그것은 새로운 주장은 아니었다. 지능 테스트 초기부터 극렬한 백인우월주의자들은 그 주장을 적극적으로 지지했다. 루이스 터먼은 처음에는 인종에 따른 IQ 점수 차이를 지능상의 실질적인 차이라고 믿었다. 여키스는 유대인들의 미국 이민을 저지하고 싶어했다. 그는 영어가 서툴러 낮은 점수를 받은 것에도 불구하고 낮은 IQ 점수를 유대인의 미국 이민을 저지하는 이유로 이용했다.

하지만 스탠퍼드 비네 IQ 테스트 1937년판이 소개될 즈음 루이스 터먼은 백인우월주의자적인 발언을 삼가기 시작했다. 그의 생각이 정말로 바뀐 것인지 아니면 자신과 IQ 테스트와 스탠퍼드를 위해 솔직한 생각을 밖으로 드러내지 않기로 결심한 것인지는 확실치 않았다. 어쨌든 당시는 나치주의가 맹위를 떨치면서 인종적 우월성을 '과학적으로' 입증하려던 미국인들의 열정이 급속히 식을 수밖에 없는 시기였다.

하지만 쇼클리만은 시류에 역행했다. 즉 그는 루이스 터먼이 1920년대에 주장했던 바를 민권 운동의 절정기인 1960년대에 떠들고 다녔던 것이다. 그로 인해 쇼클리는 언론의 주목을 받았다. 언론의 입장에서 노벨상 수상자인 그를 단순히 '미치광이'로 치부할 수는 없었다. 쇼클리는 오히려 언론의 관심을 즐기는 눈치였다. 언론의 속성을 너무도 잘 알고 있었던 그는 언론의 관심이 식을 즈음 기삿거리가 될 만하며 시류에 역행하는 또다른 사건을 터뜨림으로써 언론의 관심을 유지해 나갔다.

한번은 IQ가 낮은 사람들이 불임 수술을 받으면 정부가 보상금을 지급해야 한다는 주장을 했다. 그리고 보상금의 액수는 IQ 100 이하인 사람 한 명당 1000달러가 되어야 한다고 말했다. 하지만 바보는 그 정책을 이해하지 못할 것이니 IQ가 낮은 사람이 불임 수술을 받도록 설득하는 사람에게 장려금을 지급해야 한다고 주장했다. 그리고 장려금 마련을 위해 기금을 조성해야 한다고 말했다.

또한 쇼클리는 우생학적인 측면에서 자신이 갖고 있는 우수한 형질을 내버려두지 않았다. 즉 쇼클리는 노벨상을 수상한 사람의 정자를 적절한 젊은 여성에게 공급하면 천재를 낳을 수 있다고 주장하는 캘리포니아의 한 정자 은행에 자신의 정자를 기증했던 것이다. 참고로 정자를 공급받는 여성까지 노벨상 수상자일 필요는 없다고 했다.

1989년 쇼클리가 세상을 떠날 즈음 대중들은 그로 인해 IQ 테스트와 인종차별주의를 동일시하게 되었다. 그를 알고 있는 거의 모든 이들이 그를 멀리했다. 그의 자식들도 마찬가지였다. 쇼클리와 연락을 끊고 지냈던 자식들은 신문을 읽고 비로소 그의 죽음을 알았다. 결국 쇼클리는 사람들의 기억 속에 트랜지스터 개발자라기보다는 인종차별주의자로 남게 되었다.

IQ 테스트 금지 조치

쇼클리 사건은 미국 사회가 지능 테스트에 대한 환상에서 점진적으로 벗어나는 과정에서 발생한 황당한 에피소드였을 뿐이다. 1930년부터 학교와 기업들은 터먼의 주장과 달리 IQ 테스트가 만병통치약이 아님을 깨닫기 시작했다.

1964년 뉴욕시는 학교에서 IQ 테스트를 하지 못하게 했다. 그 주요 이유는 IQ 테스트와 관련해 인종차별 논란이 끊이지 않았기 때문이다. 교육자들은 테스트를 만든 백인들과 테스트를 받는 소수민족 간의 문화적 차이 때문에 소수민족 학생들은 IQ 테스트에서 낮은 점수를 받을 수밖에 없다고 불평했다. 그 결과 지능 테스트는 소수민족 학생들에게 IQ가 낮다는 오명을 씌움으로써 커다란 불이익을 주고 있다고 주장했다. 예를 들어 IQ 점수가 낮은 학생들은 특별반에 들어가 특별 교육을 받았고 그들의 학부모들은 자녀에게 많은 기대를 하지 말라는 말을 들음으로써 테스트 점수가 일종의 자기 충족적 예언(self-fulfilling prophecy : '어떻게 행동할 것이라는 주위의 예언이 행위자에게 영향을 주어 결국 그렇게 행동하도록 만든다'는 이론) 역할을 했다. 뉴욕 시 학교에서의 IQ

테스트 금지 조치는 다른 도시로 확산되었다.

기업들 역시 직원 채용 시 IQ 테스트를 실시하지 않았다. IQ 테스트를 할 경우 인종차별주의적인 테스트를 했다는 소송에 휘말릴 위험이 있었기 때문이다. 1971년 마침내 대법원은 직원 채용 시 IQ 테스트를 하지 말라는 판결을 내렸다.

당신은 지능 테스트를 20세기의 유물이라 생각할 수도 있다. 이제 그런 테스트를 할 시기는 지났다고 생각할 수도 있다. 정말 그럴까? 아니, 그렇지 않다.

현재 지능 테스트는 교육 현장에서 그리고 일터에서 그 어느 때보다 널리 이용되고 있다. 다만 지능 테스트라 불리지 않고 있을 뿐이다. 가장 보편화한 효율적인 지능 테스트는 SAT(Scholastic Aptitude Test : 대학진학적성검사)다. 고등 교육을 받는 데 필요한 적성이 지능이 아니라면 무엇이겠는가? SAT는 1차 세계 대전 때 부대에서 시행된 테스트에서 비롯된 것이다. 여키스는 부대에서 신병 모집에 사용할 테스트를 만들기 위해 위원단을 구성한 바 있고, 그 위원단의 일원이었던 프린스턴의 심리학자인 칼 브리검(Carl Brigham)이 신병 테스트를 모델로 SAT를 처음으로 만들었기 때문이다. SAT는 미국에서 가장 널리 이용되고 있는 지능 테스트일 뿐 아니라, 학원 산업의 토대이기도 하다. 적성 테스트 준비를 하는 학생들을 교육시키는 학원 산업 말이다.

"예비 사원 테스트가 적법한 것입니까?" 이것은 기업들에게 지능 테스트를 서비스하는 업체인 원더릭(Wonderlic) 웹 사이트의 질의응답 코너에 올라 있는 첫번째 질문이다. 한마디로 그들의 대답은 "예"이다. 그들은 고용에 이용되는 테스트는 공정하고 타당하며 일과 관련이 있어야 한다는 고용기회평등위원회의 규정을 인용하며 자사의 테스트는 그

세 가지 조건 모두를 충족시키고 있다고 주장한다. 다양한 기업들이 이에 뜻을 같이하고 있다. 심지어는 NFL(북아메리카프로미식축구리그)도 선수를 뽑는 데 지능을 중요하게 생각한다. 얼마 전 언론에 원더릭의 NFL용 인성 테스트에 실렸던 문제가 보도되었다. 문제는 이러했다.

$$8\ 4\ 2\ 1\ \tfrac{1}{2}\ \tfrac{1}{4}$$

그리고는 이렇게 물었다. "다음에 어떤 숫자가 오겠습니까?" 샌프란시스코 포티나이너즈(San Francisco 49ers)의 대표인 카르멘 폴리시(Carmen Policy)는 말했다. "운동선수도 이 정도 문제는 풀 수 있어야죠."

본질적으로 지능 테스트보다 더 의심스러운 개념인 IQ, 즉 지능 지수는 미국 문화의 일부로 완전히 자리를 잡았다. IQ 퀴즈는 웹 사이트 및 잡지에서 가장 인기 있는 칼럼이다. IQ 테스트 고득점자들의 모임인 멘사(Mensa)는 남극대륙을 제외한 각 대륙의 IQ 테스트 고득점자 10만 명을 회원으로 확보하고 있다고 주장한다. 조지 W. 부시의 대통령 취임 직후 역대 미국 대통령들의 IQ 정보를 제공한다는 장난 메일이 인터넷에 떠돌았다. 그 메일에 따르면 부시의 IQ는 바보 수준이었다. 사람들은 그 메일을 곧이곧대로 받아들였다. 그 메일은 『둔스버리』의 만화가 개리 트루도(Garry Trudeau)처럼 IQ가 높아보이는 사람들조차 IQ가 바보 수준이라고 주장했다.

온도계와 미인대회

다른 많은 심리학적 도구들과 마찬가지로 과학 세계는 지능 테스트를 대중들과 다르게 해석했다. 또다른 예로 쇼클리가 지능 테스트 못지않게 귀중하게 생각했던 '거짓말 탐지기'를 들 수 있다. 즉 과학 세계는 IQ 테스트를 불신했고 터먼이 지능 테스트를 개발한 이래 IQ에 대한 과학 세계의 불신은 점점 증폭했다는 얘기다.

터먼에게 지능 테스트는 온도계 같은 것이었다. 온도계가 발명되기 전만 해도 온도는 전적으로 '주관적인 개념'이었다. '나만 그런 건가, 아니면 여기가 정말 더운 건가?' 사람들의 주관적인 판단과 실질적인 온도를 구분지을 방법이 없었다. 따라서 온도에 대해 사람들의 주장이 엇갈리는 경우가 빈번했다.

하지만 온도계의 발명으로 상황이 달라졌다. 온도계는 누군가 얼마나 덥다고 혹은 춥다고 느끼는 것을 물리적으로 설명할 수 있는 근거가 되었다. 예를 들어 잭은 '후끈하다'고 하고 제인은 '으실으실하다'고 주장한다고 하자. 두 사람은 온도계를 체크해 본다. 두 사람이 느끼는 체감온도는 다르지만, 온도계가 20℃를 가리키고 있다면 두 사람은 현재 온도가 20℃라는 데 더 이상 이의를 제기하지 않을 것이다. 온도계는 또한 우리가 이해하고 있는 '핫(hot)'과 '콜드(cold)'의 의미를 재정리했다. 예를 들어 온도계를 '레드 핫 페퍼 소스(Red-Hot Pepper Sauce)' 병에 넣어보자. 온도계의 눈금은 소스 병에 넣어도 올라가지 않을 것이다. 이것은 페퍼 소스의 '핫'이 '뜨겁다'는 의미의 '핫'과 의미가 다름을 말해준다.

터먼은 지능적인 측면에서 IQ 테스트가 온도계와 같은 역할을 하길 원했다. 터먼은 IQ 테스트가 우리의 추상적인 생각 근저에 확실하고 사실적인 무엇인가가 있다는 것을 보여주기를 바랐다. 1916년에 그것은 터무니없는 바람이 아니었다.

하지만 바람과 달리 지능 테스트는 온도계가 아니라 미인대회를 닮아갔다. 물론 IQ 테스트에서 높은 점수를 받은 사람은 영리한 사람이다. (그리고 미인대회에서 수상한 모든 미스 아메리카는 매력적이다!) 다소 주관적이지만 널리 공유되고 있는 지능 개념들을 요약함으로써 IQ 테스트는 (미인대회가 아름다움의 정도를 판별해 내는 것처럼) 지능 정도를 성공적으로 판별해 낼 수 있다. 하지만 IQ 테스트가 그 아래 감춰진 객관적인 본질을 입증해 보이지는 못한다. IQ 테스트가 시행되기 시작한 지 1세기가 지났지만 지능 테스트는 지능과 관련해 우리가 모르고 있는 새로운 무엇인가를 알려준 적이 없다. 미인대회를 시행한 지 1세기 이상이 지났지만 미인대회가 아름다움과 관련해 새로운 무엇인가를 알려준 적 없는 것처럼 말이다. 아름다움처럼 지능은 매우 유용한 단어이다. 사용하는 사람의 목적에 따라 자유롭게 그리고 부정확하게 얼마든지 응용 가능한 단어이기 때문이다.

불확실한 지능 개념

이런 내적인 모호함 때문에 지능을 과학적으로 측정하는 것은 더욱 어려울 수밖에 없다. 따라서 심리학적 테스트를 고안하는 사람들은 테스트의 '유효성'에 의문을 제기해야 한다. 당신은 자신이 만든 테스트가 본래의 목적대로 측정하고자 하는 바를 제대로 측정하고 있다는 것을 어떻게 알 수 있는가? IQ 테스트가 본래의 목적대로 지능을 제대로 측정하고 있다는 것을 증명하는 유일한 방법은 테스트에서 고득점을 받은 사람이 테스트의 점수만큼 자신이 영리하다는 것을 입증해 보이는 것이다. 하지만 테스트를 사용하지 않고 당신은 지능을 어떻게 '양적으로' 측정할 수 있는가?

물론 IQ 측정기로 사람의 머리를 측정하여 측정기에 나타난 수치를 읽을 수 있다면 그것만큼 좋은 방법이 없을 것이다. 그런 측정기가 있다면 IQ가 실질적으로 존재하는 것임을 명확히 증명할 수 있을 것이다. 그리고 사람들은 IQ 테스트에서 받은 점수와 IQ 측정기 상에 나타난 수치를 비교함으로써 지능 테스트의 유효성을 평가할 수 있을 것이다. IQ 측정기가 있다면 면접에 이용되는 로직 퍼즐 같은 문제들의 IQ 변별력 역시 평가할 수 있을 것이다. 그리고 문화는 서로 다르지만 IQ 측정기로 측정한 IQ가 같은 사람들이 IQ 테스트에서 동일한 점수를 받을 수 있도록 IQ 테스트 문제를 조정함으로써 문화에 따른 IQ 점수 차이 역시 해소할 수 있을 것이다.

그렇지만 IQ 측정기는 희망사항이지 실존하는 도구가 아니다. 그러므로 아직까지는 지능을 양적으로 측정하는 방법은 테스트 점수뿐이다. 역사적으로 대부분의 IQ 테스트들이 터먼의 스탠퍼드 비네 IQ 테스트 점수와 그것의 IQ 테스트 점수가 일치하는 것으로 테스트의 유효성을 증명했다. 한마디로 유효성이 의심되는 테스트로 또다른 테스트의 유효성을 입증했던 것이다.

지능 테스트의 유효성은 어려운 문제에 대답한 사람이 그렇지 못한 사람보다 스마트하다는 상식적인 가정을 토대로 하고 있다. 그것이 틀린 생각인가? 만약 지능 테스트를 미인대회처럼 주관적인 개념을 주관적으로 측정하는 수단이라 생각한다면 그것은 결코 틀린 생각이 아니다. 다만 문제는 터먼을 포함하여 모든 이들이 지능 테스트에 그 이상의 의미를 부여하고 있다는 것이다. 즉 사람들은 지능 테스트를 '과학적 측정법'으로 선전했던 것이다. 그리고 일반적인 의미의 지능 테스트에 비상식적인, 혹은 그릇된 여타 많은 가정들을 덧씌웠던 것이다.

그중 한 가지가 측정하고자 하는 바를 지능 테스트로 '공정하게' 측정할 수 있다는 가정이다. 터먼은 성별에 따른 점수 차이를 해소하려고 테스트를 수정한 바 있다. 하지만 인종 간의 점수 차이를 해소하려는 노력은 기울이지 않았다. 그는 인종차별주의적인 질문을 사용하지 않았기 때문에 인종에 따른 점수 차이를 개선하기 위해 테스트 문제를 수정할 이유는 없다고 생각했다. 지능을 객관적으로 측정할 방법이 없는 상황에서 그의 그런 생각이 올바른 것인지 아닌지 가려낼 방법은 없다. 하지만 터먼이 모든 인종의 평균 지능이 동일하다는 생각을 갖고 있었다면 그는 자신의 테스트가 백인에게 유리하게 되어 있다고 판단했을 것이고 테스트 문제를 수정하거나 아예 일부 문제를 삭제했을 것이다. 쇼클리 사건은 단순히 한 개인의 불행한 파멸로 끝나지 않았다. 쇼클리 사건은 지능 테스트가 갖고 있는 심각한 이론적인 문제를 부각시켰다. 테스트 개발자가 공정함을 잃지 않도록 뒷받침해 주는 객관적인 잣대가 없다면 지능은 테스트 개발자가 바라는 무엇인가가 될 수밖에 없다. 따라서 누가 테스트 문제를 만드느냐에 따라 지능도 달라지게 될 것이다.

또한 IQ 테스트는 불확실한 지능 개념을 선전하고 있다. 터먼 그리고 많은 동시대 심리학자들은 모든 유용한 사고의 근저에 단 하나의 '총괄적인 지능'이 자리하고 있다고 믿었다. 그리고 이러한 믿음을 뒷받침하는 다양한 통계학적 논거들이 경합을 벌였고 많은 대체 모델들이 제시되었다. 그 가운데 널리 알려진 모델이 하워드 가드너(Howard Gardner)의 다중 지능 이론이다. 1983년 하워드 가드너는 일곱 개의 다른 지능이 존재한다고 주장했다. '언어적 지능', '논리적·수리적 지능', '공간적 지능', '신체적 지능', '대인 관계적 지능', '개인 이해적 지능', '음악적 지능'이 그것이다. 그러므로 무용가라면 신체적 지능 점수는 높지만 SAT 수학 점수는 끔찍할 수 있다.

경험적인 측면에서 보면 터먼의 시각보다는 이 이론이 훨씬 타당하게 들린다. 다양성을 높이 평가하는 시대에 단일 지능 모델보다는 가드너의 다중 지능 모델이 받아들이기 더 쉬울 것이다. 사실 스탠퍼드 비네 IQ 테스트 최신판 역시 총괄적인 IQ 점수와 더불어 네 개의 영역별 점수를 별도 제공함으로써 시류에 편승하고 있다. 하지만 기존의 모델들과 마찬가지로 가드너의 모델 역시 유효성을 증명하기 어렵다. 따라서 여러 가지 측면에서 지능을 측정하려는 시도는 '젤로(Jell-O: 물에 푼 다음 얼려서 푸딩을 만들거나 과일, 요구르트, 버터, 우유 등의 다른 재료를 섞어 파이를 만드는 일종의 디저트 재료)'를 벽에 박으려는 시도와 같다 할 수 있다.

멘사의 모순

멘사(Mensa)로 인해 지능 테스트의 허점이 여실히 드러났다. 1946년 영국에서 결성된 이 단체는 회원가입을 원하는 이들에게 스탠퍼드 비네 IQ 테스트나 여타 지능 테스트에서 상위 2퍼센트에 속하는 점수를 받았다는 공식적인 증명서를 제출하도록 요구했다. 하지만 당신은 '멘사의 모순'에 대해 들어본 적이 있을 것이다. 즉 상위 2퍼센트에 속하는 사람들로 이루어진 이 단체의 회원들 가운데 상당수가 보통의 일을 하는 보통 사람들이었던 것이다.

그 단체의 웹 사이트에는 이런 문구가 실려 있다. "멘사의 회원 중에는 생활보호대상자도 있고 백만장자도 있습니다. 그리고 교수, 트럭 운전사, 과학자, 소방관, 컴퓨터 프로그래머, 농부, 예술가, 군인, 음악가, 일일노동자, 경찰도 있습니다."

거의 모든 매체들이 멘사 회원들의 평범한 성공을 비웃었다. 그렇게 스마트한 사람들이 왜 유명인사도, 부자도, 노벨상 수상자도 되지 못했는가? 왜 특정 분야에서 더 큰 성공을 거두지 못했는가?

IQ 테스트 고득점자들이 패배자라는 주장은 IQ 테스트만큼이나 오래된 것이다. 루이스 터먼은 IQ가 높은 1,528명의 아동들을 뽑아 그들을 대상으로 연구를 실행함으로써 그러한 주장에 맞서려 했다. 즉 터먼은 1,528명의 우수한 아동들을 연구대상으로 선정하고 그들의 일생을 조명함으로써 그들이 어쩌다 시험을 잘 본 것이 아니라, 실질적으로 훌륭한 리더가 될 자질을 타고난 사람들이라는 것을 입증하고 싶었던 것이다. 80년이 지난 뒤에도 터먼의 연구는 계속 이어지고 있다. 스탠퍼드 대학에 있는 그의 후임자들이 터먼의 연구를 이어받아 터먼의 '우수 아동'들을 계속 관찰하고 있기에 하는 말이다. 그들은 마지막 한 사람이 세상을 떠날 때까지 그 연구를 계속할 것이다.

IQ 테스트 고득점자 중에는 하수도 청소부, 위조범, 의사, 변호사, 그리고 텔레비전 프로그램 〈아이 러브 루시(I Love Lucy)〉의 크리에이터도 있었다. 아이러니하게도 윌리엄 쇼클리의 아들은 터먼 연구의 '우수 아동'에 선정될 정도로 높은 점수를 받지 못했다. 참고로 말하면, 노벨상을 받은 이들 중에 '우수 아동'으로 뽑힌 이는 단 한 사람도 없었다.

멘사의 모순은 IQ 테스트 고득점자 자체보다 지능을 지나치게 강조하는 사회 풍조와 관련해 시사하는 바가 크다. 루이스 터먼부터 빌 게이츠에 이르기까지 많은 이들이 지능의 중요성을 강조했다. 하지만 이러한 믿음이 흔들리는 것을 보며 사람들은 희열을 느끼고 있다. 런던의 《인디펜던트》에 이런 헤드라인이 실렸다. "멘사 회원 실패하다." 기사 내용인즉, 도둑질을 한 멘사 회원이 자신의 집 현관문에 진흙 발자국을 남기는 바람에 경찰에 체포되었다는 것이다.

1968년 한 연구가는 IQ가 높은 사람들이 성공하지 못하는 이유를 알아내기 위해 터먼의 '우수 아동'들을 이용했다. 즉 터먼의 동료인 멜리타 오든(Melita Oden)은 터먼이 뽑은 우수 아동들 가운데 '가장 성공하지 못한 사람' 100명을 골라 그들을 '가장 성공한 사람' 100명과 비교했다. 물론 성공은 지능보다도 더 주관적인 개념이다. 어쨌든 오든은 성공한 사람들은 사회적으로 가치를 인정받고 있는 무엇인가를 이루어내는 일, 예를 들면 시트콤 기획에 자신의 지적인 능력을 이용한 반면, 가장 성공하지 못한 사람은 하수도 청소처럼 자신이 갖고 있는 지적인 능력을 일에 이용하지 않았다는 결론을 도출했다. 오든은 IQ 테스트 고득점자들 가운데 성공한 사람과 실패한 사람 간에 IQ 차이는 거의 없음을 발견했다. 그들 간에 차이가 있다면 그것은 성공한 사람들은 실패한 사람들에 비해 유년기 때 부모로부터 많은 격려를 받으며 자랐다는 것, 그리고 자신감과 끈기를 갖고 있었다는 것이었다.

이런 연구 결과는 사람들이 익히 알고 있는 상식과 크게 다를 바 없는 것이다. 그럼에도 불구하고 이것은 멘사의 모순을 분명히 드러내고 있다. 이것은 무엇인가를 이루어내려는 의욕이 지능과는 다른 무엇인가임을 시사하고 있다. 당신은 의욕 혹은 지능을 갖고 있을 수 있다. 아니면 두 가지 모두를 갖고 있거나 두 가지 모두를 갖고 있지 않을 수도 있다. 연구 결과를 파워 포인트로 작성하면 원의 일부가 겹쳐지는 두 개의 원을 만들 수 있다. 두 개의 원 가운데 한 원에는 지적인 사람들이, 다른 한 원에는 자신감 있고 끈기 있고 의욕적인 사람들이 들어 있다. 그리고 이 두 원이 겹쳐지는 부분에 바로 '성공한' 사람들이 있다.

문제해결 과정을 평가하는 퍼즐 인터뷰

퍼즐 인터뷰는 IQ 테스트 이후 세계의 산물이다. 인터뷰 문제를 논할 때 MS 사람들은 '지능'이라는 표현을 사용하지 않는다. 지능이라는 표현에는 과거 인종차별주의의 망령이 도사리고 있을 뿐 아니라, IQ 테스트에서 고득점을 받았어도 하수도 청소밖에 하지 못하는 부끄러운 현실이 존재하고 있기 때문이다. MS의 인터뷰 퍼즐은 지능이 아니라 보다 진취적이고 보다 매력적인 다른 요소들을 측정하기 위한 것이다. 정보 처리능력, 창의력, 독창적인 문제해결능력, '틀에서 벗어난' 사고 같은 요소들 말이다. 다양성을 무엇보다 존중하는 MS의 인터뷰는 지능 테스트같이 진부한 무엇인가보다는 비즈니스 세계에 보다 적합한 인터뷰 방식으로 인정받고 있다.

그러나 퍼즐 인터뷰를 포장하고 있는 갖가지 미사여구를 제거하고 나면 퍼즐 인터뷰는 지능 테스트와 상당히 비슷하다. 예를 들어 MS의 면접관들은 지원자들에게 5갤런 물통과 3갤런 물통으로 물의 양을 측정하는 방법을 묻는 퍼즐을 낸다. 이것은 스탠퍼드 비네 IQ 테스트 초판에 실렸던 퍼즐과 극히 비슷한 퍼즐이다. 일명 '도전(Challenge : 다음 장에서 보다 자세히 살펴보도록 하자)'으로 유명한 MS의 인터뷰 기술 역시 스탠퍼드 비네 테스트 초판에 사용된 기술이다. MS의 인터뷰와 스탠퍼드 비네 IQ 테스트 간의 세세한 공통점을 차치하더라도 전반적인 문제해결능력을 테스트하겠다는 MS의 생각과, 지능을 추리능력이라 정의한 터먼의 개념부터가 우선 비슷하다.

하지만 MS의 퍼즐 인터뷰와 스탠퍼드 비네 IQ 테스트 사이에는 커다란 차이점이 있다. 바로 MS의 퍼즐 인터뷰는 IQ 테스트와 달리 '동기'를 중요시한다는 것이다. MS는 IQ 테스트에서 고득점을 받은 사람이 일도 잘할 것이라 생각하지 않는다. MS는 자사의 인터뷰는 구직자의 동기와 끈기를 테스트하고 있다는 것을 자랑으로 여기고 있다. 로직 퍼즐을 포함하여 MS의 인터뷰 문제들은 문제 풀이 시작 과정, 문제 풀이 중간 과정, 그리고 문제 풀이 마무리 과정 같이 문제를 해결하기까지 일련의 노력을 요하고 있다. 따라서 이러한 문제를 풀어내려면 지원자는 장해물에 부딪히고 뛰어넘고를 수차례 반복해야 한다. 요컨대 MS의 문제를 성공적으로 풀려면 스마트할 뿐 아니라, 끈기도 있어야 한다. 그런 면에서 로직 퍼즐이 향후 일터에서의 성공 여부를 측정함에서 있어 유추를 요하는 문제, 동의어를 찾는 문제, 문장을 완성하는 문제 같은 여타 지능 테스트 문제들보다 효과적이라 할 수 있다.

신고식에 비유되는 MS의 퍼즐 인터뷰

실리콘밸리를 설립한 사람들은 쇼클리가 퍼즐 문제를 이용해 채용했던 인재들이다. 그리고 퍼즐로 채용된 또다른 인재들은 오늘날의 소프트웨어 산업을 일구어냈다. 퍼즐 인터뷰가 인기를 얻고 있는 것도 부분적으로는 이 때문이다. 하지만 모든 이들이 퍼즐 인터뷰로 채용되는 것은 아니다. 그리고 MS의 인터뷰 스타일에 대한 논란이 많은 곳에서 계속되고 있다.

"퍼즐 맞추기를 좋아해요. 그런데 퍼즐 맞추기와 전혀 상관없는 일자리를 구하는 데 퍼즐을 풀어야 한다면 퍼즐에 대한 흥미를 잃게 될 거예요." kuro5hin.org 뉴스그룹에 이런 메시지가 게재되었다. "그것은 납치된 공주를 구할 FBI 요원을 뽑으면서 그가 평소 슈퍼마리오 게임을 잘 하는 사람인지 아닌지 확인하는 것만큼이나 바보 같은 짓이에요."

퍼즐 인터뷰에 대한 불만 가운데 자주 제기되는 불만은 퍼즐 문제가 부적절하다는 것이다. MS 인터뷰 문제를 전문적으로 다루고 있는 웹 사이트의 운영자 크리스 셀즈(Chris Sells)는 이렇게 말한다. "일반적으로 로직 퍼즐은 특정인이 로직 퍼즐을 얼마나 잘 푸는지 평가하는 데나 효과적이라고 생각합니다."

2000년 구직자 가이드 《프로그래밍 인터뷰 폭로(Programming Interviews Exposed)》에서 존 몬건(John Mongan)과 노아 수오자넨(Noah Suojanen)은 이렇게 말했다. "어려운 퍼즐 문제로는 지원자가 수학 퍼즐을 얼마나 많이 풀어보았는지 알 수 있을 뿐입니다. 그것으로는 결코 지원자가 얼마나 가치 있는 근로자인지 알 수 없습니다." 몬건과 수오자넨은 MS의 퍼즐 인터뷰를 '무엇 하나 제대로 입증하지 못하는 부당한 플레이'라고 비난했다.

또다른 불만은 '신고식' 같다는 것이다. 즉 퍼즐 인터뷰는 능력을 측정하는 것이 아니라, 지원자가 특정 집단의 문화에 얼마나 잘 어울리는지 측정하는 일종의 신고식 같다는 것이다. 셀즈는 말한다. "MS에서 일하고자 하는 모든 지원자는 그러한 문제들에 대답해야 합니다. 그리고 (신고식처럼) 옆에 나란히 앉아 있는 지원자들 역시 그 바보 같은 문제들에 대답해야 합니다."

MS의 인터뷰는 힘든 관문을 통과하지 못한 사람보다 통과한 사람에게 훨씬 호의적이라는 측면에서 신고식과 상당히 흡사하다. 마이크로소프트 오피스의 프로그램 관리자인 제크 코흐(Zeke Koch)는 입사 당시 아홉 시간의 '호된' 인터뷰를 받았다. 그는 그때를 이렇게 회상했다. "정말 끔찍한 경험이었죠. 하지만 좋았어요. 나는 스릴을 느꼈죠. 나는 퍼즐 맞추기를 좋아해요. 즉석에서 묻고 즉석에서 생각하여 대답하는 것을 좋아하죠."

물론 MS의 프로그램 관리자였던 조엘 스폴스키(Joel Spolsky)의 말처럼 이러한 인터뷰는 질문을 하는 사람들, 즉 면접관들에게는 훨씬 재미있는 일이다. 면접관들은 퍼즐 인터뷰를 좋아한다. 퍼즐 인터뷰를 이용하면 면접관은 자신이 어떤 기준에서 특정 구직자를 채용하기로 결정했는지 판단의 근거를 고용주들에게 보다 사실적으로 설명할 수 있기 때문이다. 게다가 다른 사람이 곤혹스러워하는 모습을 지켜보기만 하면 되는 편한 입장에 있다. 구직자들이 퍼즐 인터뷰를 반길 이유는 없다. 퍼즐 인터뷰는 다른 인터뷰보다 훨씬 어렵다. 사실 퍼즐 인터뷰로 일자리를 얻을 확률은 전통적인 인터뷰로 일자리를 구할 확률보다 낮다. 특히 매주 '구직자 부대'를 공수 받고 있는 MS의 경우에는 더욱 그렇다.

셀즈는 말한다. "MS의 인터뷰 과정은 사실 그들이 얼마나 다른지 자랑하고 있는 것일 뿐입니다. 그들은 정확히 자사가 찾고 있던 사람들을 채용하고 싶어합니다. 바로 어려서부터 로직 퍼즐을 푸느라 뇌를 혹사시켰던 사람들 말입니다. 사실 MS가 정말로 찾고 있는 것은 특정한 사고방식, 특정 수준의 기술 지식, 그리고 MS의 기업 문화에 맞는 여타 특징들입니다."

채용·불채용의 구분 필요성

일반적으로 퍼즐 인터뷰는 심리학자 및 인지심리학자들처럼 의혹을 사고 있다. 퍼즐 인터뷰가 지능 테스트와 마찬가지로 유효성을 알 수 없는 문제들을 제시하고 있기 때문이다. 이런 상황에서 MS가 자사의 인터뷰 기술의 유효성을 입증하는 유일한 방법은 프린스턴의 필립 존슨 레어드(Philip Johnson-Laird)의 말처럼 퍼즐 및 가정 문제를 얼마나 잘 푸는지와 상관없이 일련의 지원자를 뽑는 것이다. 그런 다음 몇 년 정도 일을 시켜보고 퍼즐을 잘 풀었던 근로자와 퍼즐을 잘 풀지 못했던 근로자 각각의 업무 성과를 비교하는 것이다. 물론 그때도 각 근로자가 거둔 성공을 어떻게 '양적'으로 측정하느냐 하는 문제가 있긴 하겠지만 말이다.

IQ 테스트에서처럼 퍼즐 인터뷰의 논리적 근거는 어떤 과학적인 증거가 아니라 '사리에 맞느냐 맞지 않느냐' 하는 것이다. 그리고 로직 퍼즐을 잘 푸는 사람이 스마트하고 업무 중에 발생하는 문제들도 효과적으로 해결하리라 기대하는 것은 '사리에 맞는' 생각이다. 아니 적어도 많은 이들이 그것을 '사리에 맞는' 생각이라 여긴다.

그렇다고 과학적 근거를 내세워 퍼즐 인터뷰의 무가치함을 입증할 수도 없는 입장이다. IQ 테스트는 처음부터 지능을 과학적으로 측정하겠다는 목표 아래 개발된 것이다. 그러므로 IQ 테스트는 비과학적인 테스트로 과학적인 측정을 하겠다는 태생적 모순을 갖고 있다. 한마디로 IQ 테스트는 스스로 쓸모없는 테스트임을 입증하고 있는 셈이다. 그러나 MS의 퍼즐 인터뷰는 과학적인 측정이 아니라 효과적인 측정을 목표로 하고 있다. 이것은 IQ 테스트와는 다른 '유연한' 요구인 것이다.

모든 인터뷰 기술은 지원자를 두 가지 리스트, 즉 '채용할 사람' 리스트와 '채용하지 않을 사람' 리스트로 구분하기 위한 것이다. 면접관 입장에서는 이 두 가지 리스트 가운데 한 가지 리스트, 즉 '채용할 사람' 리스트가 훨씬 더 중요하다. 그러므로 특정 인터뷰 기술을 이용해 채용한 사람들 모두가 유능한 일꾼임이 입증된다면, 그리고 기업에 어울리지 않는 사람이 없는 혹은 거의 없는 것으로 밝혀진다면 그 인터뷰 기술은 효과적이라 할 것이다.

'채용하지 않을 사람' 리스트에 어떤 사람이 포함되어 있는지는 중요하지 않다. 인터뷰 기술상의 오류로 많은 유능한 재원들이 '채용하지 않을 사람'으로 잘못 분류될 수 있다. 그러나 그것은 문제가 되지 않는다. '채용할 사람' 리스트에 있는 사람들만으로도 빈 자리를 충분히 메울 수 있다면, 그리고 그 인터뷰 방식이 고용기회평등법에 위배되지 않을 정도로 '공정'하다면 적어도 면접관 입장에서 그것은 문제가 되지 않는다. 반면 구직자들은 너무 많은 사람들을 '채용하지 않을 사람'으로 잘못 분류하고 귀중한 시간을 낭비하도록 만든 그 인터뷰 기술에 적대감을 드러낼 수 있다.

인터뷰 기술의 유효성을 테스트하는 현실적인 방법은 다른 인터뷰 기술들과 비교해 보는 것이다. 채용은 결코 과학적인 과정이 아니다. 대부분의 기업에서 직관 및 경험을 토대로 직원을 채용한다. 만약 MS가 퍼즐 및 수수께끼를 푸는 능력에 입각하여 구직자를 판단하지 않는다면 그들은 다른 무엇, 즉 전통적인 질문 및 행동에 관한 질문에 대한 구직자들의 대답, 인터뷰 과정에서 주고받은 이야기, 그리고 악수를 할 때 상대방의 손을 꽉 잡는 정도 등으로 그들을 판단하게 될 것이다. 그것이 퍼즐 인터뷰보다 공정하고 효과적인 채용 방식인지 아닌지 판단하기는 어렵다.

사실 "당사가 당신을 채용해야 하는 이유가 무엇입니까?" 같은 전통적인 면접 질문에 이의를 제기하는 사람은 거의 없다. 그러한 질문들이 반감을 사지 않는 이유는 알 수 없다. 물론 암베이디, 버니어리, 가다 제인, 그리고 프리켓 같은 사람들이 전통적인 인터뷰 방식을 연구하기는 했지만 그 이유를 밝혀내지는 못했다.

몬건, 수오자넨, 그리고 셀즈 같은 프로그램 관리자들은 코드화 능력을 평가하는 최선의 방법은 인터뷰에서 지원자들에게 프로그램을 직접 짜도록 요구하는 것이라 생각한다. 그들의 생각이 옳을 수도 있다. 코드화 능력을 직접 평가할 수 있다면 기업들이 왜 굳이 코드화 능력을 직접 평가하지 않고 퍼즐 풀이 능력을 이용해 코드화 능력을 간접적으로 평가하겠는가? 물론 MS는 인터뷰 때 프로그램 개발 지원자들에게 코드를 짜도록 요구한다.

하지만 퍼즐이 코드화 능력을 간접으로 테스트하는 방법으로 이용되어서는 안 된다. 그것은 상상력과 논리력, 즉 프로그램 관리자, 변호사, 투자 은행가, 기업 간부, 그리고 코드화를 필요로 하지 않는 여타 수백 가지 직종에 종사하는 사람들이 필요로 하는 것을 동원하여 문제를 해결하는 능력을 테스트하기 위한 것이기 때문이다.

퍼즐 인터뷰와 관련해 의미 있는 질문은 퍼즐 인터뷰로 채용된 사람들이 다른 인터뷰 방식으로 채용된 사람들보다 우수한 근로자가 될 수 있느냐 없느냐 하는 것이다. 인터뷰로 일련의 기술을 측정할 수 없다는 가정 아래, 문제 풀이 능력을 측정하는 데 전통적인 인터뷰보다는 퍼즐 인터뷰가 낫다는 주장에 대부분의 사람들은 동의할 것이다. 그러나 이것은 퍼즐 인터뷰가 효과적임을 말해 주는 것이 아니라, 전통적인 인터뷰 방식이 비효과적임을 말해 줄 뿐이다. 퍼즐 인터뷰를 반대하는 가장 큰 이유는 퍼즐 인터뷰로 알 수 있는 것은 문제 풀이 능력뿐, 다른 것은 아무것도 없다는 것이다.

많은 이들이 퍼즐 인터뷰를 꺼려 하는 것은 퍼즐 인터뷰의 방식 때문이 아니라 퍼즐 인터뷰의 목적 때문이다. 스톱워치로 지원자가 퍼즐 푸는 시간을 쟀던 쇼클리의 모습을 떠올릴 때 우리는 이런 의문을 갖지 않을 수 없다. '그렇게 하여 정말 원하는 것(목적)을 얻을 수 있을까?' 가장 똑똑한 최고의 인재를 뽑는 일이 기업들에게 너무도 중요한 일이기 때문에 채용 인터뷰가 퍼즐 풀이 경쟁으로 전락하는 것을 우리는 그대로 보고 있어야 하는가?' 하는 의문 말이다.

이것은 각 기업들이 스스로에게 물어야 하는 질문이기도 하다. 오늘날 기업 운영은 균형을 요하는 힘든 일이다. 글로벌 경제는 기민하고 민첩한 움직임을 요구한다. 기업들은 단순한 자본주의 기계가 아니다. 그것은 기업들이 인간적인 측면을 갖고 있기 때문이다. 기업은 근로자 및 잠재 근로자에 대한 대우와 관련해 일정 수준의 기대를 갖고 있는, 사회의 축소판이다. 혁신 중심의 산업에서 인간적인 측면은 기업의 주요 자산이다. 그러나 다른 한편에서는 경쟁 우위를 점하고 싶다면 전통적인 '사회적 예의' 개념에 도전하라는 압력이 거세지고 있다. 빌 게이츠 같은 사람들은 급변하는 글로벌 시장에서 우리 모두가 느끼고 있는 위협을 끊임없이 강조하고 있다. 힘겨운 싸움을 벌이고 있는 신생기업들, 혹은 차세대 기술에의 주도권을 놓칠까 끊임없이 두려워하고 있는 4천억 달러 규모의 대기업 MS에서는 목적만이 중요한 경우가 종종 발생한다. 목적을 이룰 수만 있다면 어떤 수단을 사용해도 괜찮은 것이다. 그리고 그런 환경 속에서 생겨난 것이 퍼즐 인터뷰이다. 어떤 측면에서 퍼즐 인터뷰는 필사의 절규라 할 수 있다.

퍼즐 인터뷰의 선사시대

구직 인터뷰에서 로직 퍼즐이 언제 처음 사용되었는지 추적하기는 어렵다. 이 책을 집필하는 과정에서 인터뷰했던 사람들은 대부분 상대적으로 나이가 어렸고 역사가 길지 않은 기업들에서 근무했기 때문이다. 따라서 어느 누구도 퍼즐 인터뷰가 어디에서 시작되었는지 혹은 어디서 유래되었는지 설명해 주지 못했다.

분명한 사실은 MS가 퍼즐 인터뷰를 '고안한' 것은 아니라는 것이다.

1957년에 이미 쇼클리가 퍼즐 인터뷰를 한 바 있기에 하는 말이다. 뿐만 아니라 인터뷰에 로직 퍼즐을 이용한 사례는 1979년에도 발견되었다. 스티브 아벨(Steve Abell : 소프트웨어 컨설팅 업체인 brising.com의 현 사장)은 1979년 휴렛팩커드에서 인터뷰를 받을 당시 로직 퍼즐을 풀라는 요구를 받았다고 했다. 그것은 퍼즐 인터뷰가 실리콘밸리의 산물임을 말해 주는 것이기도 하다.

휴렛팩커드 인터뷰에서 아벨이 제일 먼저 받은 질문은 이러했다. "동전이 여덟 개 있고 그중 하나만이 다른 동전들보다 가볍다. 천칭을 두 번 사용하여 가벼운 동전을 찾아내시오." 약간 다르기는 하지만 이것은 오늘날 MS의 인터뷰에 이용되고 있는 질문이기도 하다. 1979년 MS는 스물세 살의 꼬마가 15명의 직원과 함께 운영하는 작은 회사였다. 그러니 휴렛팩커드가 MS의 채용 방법을 차용했을 리는 만무하다. 그 반대라면 모르지만 말이다. 다른 많은 경우에서와 마찬가지로 퍼즐 인터뷰의 경우에도 MS는 이미 세상에 알려져 있는 아이디어를 차용하여 그것을 스타 자리에 올려놓았다.

3
빌 게이츠와 퍼즐 문화

시애틀의 변호사 가문의 윌리엄 게이츠 2세는 '조직화된 재미'를 신봉했다. 그의 아내, 메리는 일요일 저녁이면 가족극, 브리지 게임, 패스워드 게임, 혹은 다른 가벼운 게임을 준비했다. 게이츠 2세는 《타임》에서 이렇게 말했다. "모두가 게임에 진지하게 참여했어요. 이기는 것이 중요했죠." 게이츠 3세가 좋아하는 게임 가운데 하나는 '리스크'이다. 이 게임의 게임판은 세계지도이다. 리스크 게임의 목표는 세계지도 상의 나라들을 하나씩 정복하여 결국 세계를 지배하는 것이다. 어릴 적 게이츠는 고등학교에서 컴퓨터를 발견했을 때 제일 먼저 리스크 게임을 할 수 있는 프로그램부터 개발했다.

저녁 식사 시간에 윌리엄 게이츠는 가족들의 정신 함양을 위해 당시 화제가 되고 있는 현안들을 함께 분석하곤 했다. 그는 빌과 그의 여동생들에게 질문을 했고 그들은 그 질문에 논리적으로 대답해야 했다. 그들은 성적표에 A학점 하나당 25센트의 상금을 받았다. 만약 올 A를 받으면 주중 저녁에 텔레비전을 볼 수 있는 특권을 부여받았다.

빌 게이츠는 게임과 퍼즐에 항상 흥미를 보였다. 사실 빌과 그의 아내 멜린다는 저녁시간에 집에서 조각 그림 맞추기를 했다. 그들이 사용하는 조각 그림 퍼즐은 종종 고가의 희귀 목재로 수공 제작된 것이었다. 게이츠 부부는 때때로 똑같은 퍼즐을 두 개 구입해서 각각 하나씩 갖고 누가 더 빨리 맞추는지 시합하곤 했다.

한번은 디너파티 때 식사가 서비스 되지 않는 틈을 이용해 빌 게이츠가 파티 참석자들에게 깔고 앉은 방석을 뒤집어 그 위에 미국 지도를 그리는 시합을 제안했다. 물론 미국 지도를 가장 정확히 그리는 사람이 승자가 되는 것이었다. 이 시합에서 승리를 거둔 이는 스티브 발머(Steve Ballmer)였다. 그는 비행기를 타면 종종 지도를 그리곤 한다. (1926년 터먼의 제자인 플로렌스 구디너프는 아동들을 대상으로 '사람을 그려 보아요' 테스트를 고안했다. 그는 그림의 정확성과 IQ 점수 간에 밀접한 관련이 있다고 주장했다. 이것은 1940년대 가장 널리 이용된 심리 테스트 가운데 하나였다.)

1986년 빌 게이츠는 퓨젯 사운드(Puget Sound)의 후드 운하(Hood Canal)에 위치한 휴양시설을 구입했다. 휴양시설에는 네 채의 집이 딸려 있었다. 거기서 MS의 직원들과 가족들은 '마이크로 게임'을 했다. 그것은 게임이라기보다는 이기는 것이 무엇보다 중요한 일종의 시합이었다. '노래 잇기 게임'의 경우 어떤 단어를 제시받으면 그 단어가 빈번히 등장하는 노래를 이야기해야 했다. 한번은 제시어가 '바다(sea)'였다. 게이츠의 오랜 친구 앤 윈블라드(Ann Winblad)의 표현을 빌면 빌이 게임 도중 어두운 해변에서 모습을 감췄다. 잠시 후 어둠 속에서 낯익은 목소리가 들렸다. "마법의 용, 퍼프(Puff, the magic dragon : 피터, 폴, 그리고 메리가 부른 노래 제목. 이 노래 코러스에 'Puff, the magic drag-on lived by the sea'라는 가사가 있어 'sea'라는 단어가 계속 언급된다-옮긴이)……."

MS 사람들은 출장을 다닐 때 외국인과 사귄다거나 관광을 즐긴다거나 하지 않는다. 대신 MS는 직원들이 경쟁이 심한 게임을 즐길 수 있도록 준비한다. 제네바에서 열린 1989년 세계 간부 회의를 위해 MS가 준비한 게임은 스캐빈저(scavenger : 썩은 고기를 먹는 동물) 사냥이었다. 각 팀은 스캐빈저를 찾아 말이 끄는 마차를 타고 시내 전체를 돌았다. 게이츠 역시 다른 이들과 마찬가지로 게임에 참여했다. 그는 갑자기 회사에서 제공하는 마차 대신 택시를 이용하면 좋겠다는 생각을 했다. 팀원들을 몇 대의 택시에 나누어 태웠다. 그리고 결국 게이츠 팀은 3등을 했다.

게이츠는 비즈니스 게임보다 친선 게임에서 지는 것을 더 싫어한다. 한번은 제스터 게임(charade : 몸짓을 보고 단어를 한 자씩 알아맞히는 게임)을 한 적이 있다. 게이츠는 그 게임에 참여한 어떤 참가자가 사기를 쳤다며 화를 냈다. (물론 게이츠가 게임에서 지고 있었다.) 한번은 워렌 버펫(Warren Buffett)과 친선 게임을 했다. 종목은 인터넷 브리지 게임이었다. 그런데 갑자기 게임이 중단되었다. 훗날 버펫은 이렇게 말했다.

"그 야비한 사기꾼이 지지 않으려고 컴퓨터의 플러그를 뽑아버린 게 분명해."

수학 캠프 MS

MS 사람들은 승리를 무엇보다 중요하게 생각한다. 반독점금지법 위반 소송 이후 널리 쓰이고 있는 표현을 빌자면, MS 사람들은 한마디로 '강경파'들이다. 게이츠 및 MS의 여타 간부들의 이메일을 보면 MS가 승리만을 중요시하는 빈스 롬바드(Vince Lombard : 일명 승부의 마술사로 불리는 미식축구 감독)식 기업임을 확인할 수 있다. MS의 목표는 경쟁사에 물품이 공급되지 않도록 물품 보급로를 차단하고 경쟁사를 상대로 성전을 벌이는 강경파가 되는 것에 있는 것처럼 보인다. 소프트웨어 사업은 대규모 게임에 비유할 수 있다. 그리고 돈이 바로 이 게임에서 점수를 올리는 방법이다. 경쟁사의 한 간부는 이렇게 불만을 토로했다.

"궁극적으로 MS가 원하는 것은 1비트의 정보를 전송할 때마다 돈을 받는 것이다. 1비트의 정보를 전송하는 순간 그들은 당신에게 일정 요금을 부과할 것이다."

반독점금지법 위반 소송 이후 MS는 다소 바뀌었다. MS 사람들은 전보다 훨씬 말을 가려 하고 있다. 특히 이메일 상에서는 더욱 그렇다. MS는 근로자들에게 이메일에 외설적인 표현을 삼가고 그들만이 알 수 있는 약어를 사용하도록 규제하고 있다. 그리고 일부 유능한 인재들이 MS를 떠났고 게이츠가 경영 일선에서 물러났다.

하지만 경쟁 풍토는 여전하다. MS의 내부인사의 표현을 빌자면 MS는 '수학 캠프'다. IQ 높은 남성들이 모여 다른 모든 이들은 바보이고 그들만이 모든 문제의 정답을 알고 있다는 주장을 일삼는 곳 말이다. 빌 게이츠의 유명한 말 가운데 "그것은 내가 들은 말 중에 가장 바보 같은 말입니다. 1등이 못될 바에는 스톡옵션을 포기하고 평화봉사단에 합류하는 것이 어떻겠습니까?"라는 말이 있다.

남보다 한 발 앞서 가는 것을 중요하게 생각하는 이런 태도는 MS의 퍼즐, 게임, 그리고 장난에서도 찾을 수 있다. 역설적이게도 이러한 오락거리는 비즈니스 압력으로부터의 탈출구인 동시에 비즈니스 압력의 구심점이다. 휴가에서 돌아온 MS의 직원들은 사무실이 놀랍게 바뀌어 있으리라 기대한다. 사무실은 스티로폼 땅콩, 반쯤 물이 채워진 종이컵, 1만 개의 청량음료 캔, 혹은 맥도날드랜드 플레이 룸에 들어 있는 형형색색의 플라스틱 공으로 가득 차 있을 때도 있다. 사무실 전체에 잔디가 깔려 있을 때도 있다. 사무실이 '농장'으로 바뀌어 있을 때도 있다. 닭, 말, 혹은 돼지 같은 진짜 가축들이 살고 있는 농장으로 말이다. 사무실 바닥을 높여 높이가 창문과 같아지도록 만들어놓을 때도 있다. 그리고 사무실을 욕실로 개조해 놓을 때도 있다. 가장 황당한 일을 당한 이는 프로그램 관리자 제이브 블루멘탈(Jabe Blumenthal)이었다. 휴가에서 돌아와 보니 그의 사무실이 통째로 사라진 것이다. 동료들이 인조 벽판을 세우고 페인트칠을 하여 문을 '지웠던' 것이다.

1998년 친구들과 여행 중에 게이츠와 그의 일행은 캘리포니아 주 카멜의 한 작은 고급 레스토랑에 들렀다. 레스토랑 지배인이 게이츠에게 예약에 다소 문제가 발생했다고 알렸다. 이야기인즉 20년 전 그곳에서 결혼한 콜로라도 주의 한 부부가 결혼 20주년에 그곳을 다시 찾겠다고 약속했고, 지배인은 그 약속을 까맣게 잊고 있었는데 약속대로 부부가 레스토랑을 찾았던 것이다. 레스토랑 주인은 그들을 돌려보내고 싶어하지 않았다.

게이츠는 문제없다고 말했다. 그는 자신의 일행과 함께 식사를 할 수 있도록 그 부부를 초대했다.

그러나 그것은 게이츠의 실수였다. 그 부부는 한마디로 '폭탄'이었다. 남자는 술에 취해 그들 모두에게 어디 출신인지 물었다. MS 영업 및 마케팅 부문 부사장인 제프 레이크스(Jeff Raikes)가 말했다. "네브래스카에서 태어났습니다."

그러자 그가 말했다. "죄수들에게 축구를 시키는 고장 말이군요." 그
러더니 네브래스카의 축구 감독 톰 오스본(Tom Osborne)이 얼마나 끔
찍한 사람인지 이야기했다. 유감스럽게도 톰 오스본은 레이크스의 우상
이었다. 레이크스가 40세 생일 파티 때 '깜짝 게스트'로 초대했던 사람
이기도 했다. 게이츠의 일행은 잘난 체하는 그 남자를 골탕 먹일 요량으
로 자신들을 배우라고 속였다.

레드몬드는 디즈니랜드와 비슷하다. 레드몬드는 테마 파크처럼 깨끗
하고 조직적인 대규모 공동체이다. 그리고 미국이 제공할 수 있는 최고
의 것들만을 제공하는 유토피아로 공동체 곳곳에 창립자의 특성이 배어
있다. 디즈니랜드와 다른 것이 있다면 MS에서는 청량음료와 사탕뿐 아
니라, 게임도 모두 공짜로 즐길 수 있다는 것이다.

레드몬드에는 82개의 건물이 있다. 건평만도 17만 평이 넘는다. 그것
은 루브르 박물관의 아홉 배이고, 거의 미국 국방부에 맞먹는 규모다.
레드몬드에는 24개의 카페테리아가 있고 그중 7곳에서는 아침, 점심,
저녁 모두를 서비스한다. 그곳에는 또한 MS 통신 서비스 센터, 도서관,
텔레비전 스튜디오, 박물관, 매점, 축구장, 미술관도 있다.

MS의 직원들은 일에 지장을 주지 않는 범위 내에서 마음껏 자유를 누
릴 수 있다. 다른 곳에서는 '가식'으로 생각되는 일이 이곳에서는 일상
으로 통용되고 있다. 한 소프트웨어 테스터가 빅토리아 지사에서 일하
게 되었다. 프로그램 개발자 J 알라드가 그곳을 방문했다. 그는 일명 엑
스박스(Xbox)의 영적 대행자(Minister of Soul)로 불리는 인물이었다.
당시 한 남자 간부가 디지털 포르노 자료를 많이 보유하고 있었다. 소프
트웨어 테스터는 알라드가 방문한 날 남자 간부가 보관하고 있는 포르

노 자료로 장난을 쳤다. 즉 사람들이 컴퓨터를 켜는 순간 바탕 화면에 포르노 사진이 뜨도록 했던 것이다. 재미있는 일은 그 범죄자는 포르노 중독자가 아니라, 여자 책임자였다는 것이다.

헝그리 정신

자유분방한 척하는 태도는 MS뿐 아니라, 소프트웨어 산업 전체의 특징이다. 하이테크 기업들이 승승장구할 때 MS는 신비의 워비곤 호수(Lake Wobegon : 이곳에 사는 사람들은 남녀노소를 막론하고 다 잘생겼고 똑똑하며 모든 가정의 살림 형편도 한결같다. 그러니 싸울 일도 없고 만사가 그지없이 편하고 좋다. 온 동네 사람들이 모두 잘났고 빈부의 차이가 없기 때문에 질투도 시기도 존재하지 않는 가상의 마을이다) 같았다. MS의 사람들은 2등석과 비싸지 않은 편안한 호텔을 이용했다. MS에는 간부 전용 식당이 없다. 거의 모든 사무실의 크기는 270×360센티미터로 일정하고 일하기 편하도록 적절히 가구가 배치되어 있다. 게이츠의 사무실은 일반 사무실보다 약간 크다. 하지만 그의 사무실을 방문한 저널리스트들의 표현을 빌리면 평범하지 그지없다. 대리석으로 만들어진 것도, 비싸 보이는 것도 없기 때문이다.

MS에서 스톡옵션으로 챙길 수 있는 부에 비하면 연봉은 극히 소액이다. 소프트웨어 개발자의 초임은 연 8만 달러 정도이다. 1999년 빌 게이츠의 연봉도 36만 9000달러밖에 되지 않았다. MS에서는 샐러드를 다 먹어야 디저트를 서비스 받을 수 있는 것이다.

소도시처럼 MS 공동체는 지역 행사 참여를 중요하게 생각한다. 흔히 이러한 행사들은 이메일로 전달된다. 장기 근무자들은 MS의 절약 정신을 여실히 드러낸 사건으로 1993년 '새우와 프랑크 소시지 메모' 사건을 꼽는다. 사건인즉 최고 기술 책임자인 네이선 마이어볼드(Nathan Myhrvold)가 특정 지역 행사에 참여하여 "요즘은 프랑크 소시지보다 새우가 더 많다"는 말을 했고 이 말을 전해 들은 인사부 책임자 마이크 머레이(Mike Murray)가 그 음식에 나타난 '낭비의 어리석음'을 비난하는 글을 올렸던 것이다. 그 음식에 들어 있던 새우의 양이 향락 문화의 상징인 IBM, 그리고 안락함에 젖어 있는 여타 소프트웨어 대기업들의 음식에 들어 있는 새우의 양과 비슷했던 것이다. MS 창립 25주년을 기념하는 뜻에서 발간된 《인사이드 아웃》에는 MS의 이러한 가치관이 이렇게 설명되어 있다.

잊어버리지 않도록 상자에 붙여놓아야 할 문구는 '뚱뚱해지지 말라'가 아니라, '배고픈 상태를 유지하라'이다. 모든 것이 너무 편하면 창의적인 생각이 떠오르지 않는다. MS에서 창립 이래 자원의 현명한 이용을 비즈니스 전통으로 삼고 있는 것도 이 때문이다. 솔직히 말해 창립 초기 자원을 아꼈던 것은 달리 선택의 여지가 없었기 때문이다. 하지만 오늘날에도 그 전통이 여전히 명맥을 유지하고 있다. 그것은 지혜로 먹고 살지 않고 부에 의존해 살기 시작하면 자신이 갖고 있는 경쟁 우위를 상실할 위험이 있기 때문이다.

《인사이드 아웃》에서는 더 간략히 이렇게 표현하기도 했다. "과도함은 성공을 파괴한다."

외부 사람들의 입장에서 편안함을 두려워하는 MS의 이런 태도는 가장 이해하기 어려운 MS의 문화 가운데 하나이다. MS의 리더들은 MS가

곧 무너질 수도 있다는 이야기를 자주 한다. 빌 게이츠는 창립 25주년 기념일에 이렇게 경고했다. "잘못된 판단을 하면 지난 25년 동안 우리가 일군 모든 것이 하루아침에 역사 속에 묻히게 될 수도 있습니다."

게이츠는 자신의 저서 『빌 게이츠@생각의 속도(*Business @ the Speed of Thought*)』에 이렇게 적었다. "누군가 언젠가는 방심하고 있는 우리를 기습할 것이다. 열정적인 신생기업이 언젠가는 MS를 시장에서 밀어낼 것이다."

이것은 단순히 게이츠만이 갖고 있는 강박관념이 아니다. 스티브 발머는 이렇게 말했다. "우리의 차기 경쟁자는 아무도 모르는 곳에서 갑자기 나타나 하룻밤 사이에 우리를 시장에서 밀어낼 것이다." 그리고 제프 레이크스는 이렇게 말했다. "소비재 니즈(needs) 및 기술 발전을 따라잡기 위해 혁신을 계속해야 한다. 그렇게 하지 않으면 언제라도 자리를 빼앗길 수 있다." MS는 자부심이 강한 기업이다. 특히 자만하지 않는 기업이라는 사실에 커다란 자부심을 갖고 있다.

외부 사람들은 MS의 이런 태도를 비웃는다. MS는 매우 커다란 풍선이다. 따라서 누군가 풍선에 구멍을 낸다고 해도 풍선 안의 공기가 모두 빠지려면 상당한 시간이 걸릴 수밖에 없다고 생각하기 때문이다. 그러나 역사적으로 볼 때 게이츠와 발머의 생각이 절대적으로 옳다. 업계 상위 기업들의 수명이 생각처럼 길지 않았기에 하는 말이다. 요컨대 혁신으로 흥한 기업은 혁신으로 망하는 법이다.

MS의 문화에서 하버드 비즈니스 스쿨의 클레이턴 M. 크리스튼슨(Clayton M. Christensen)은 '록 스타' 같은 존재이다. 사람들은 중요한 회의를 하러 갈 때 크리스튼슨의 저서 『이노베이터의 딜레마(*Innovator's Dilemma*)』를 갖고 간다. 그 책을 인용해야 할 긴급한 상황에 대비해서 말이다. 크리스튼슨은 기업에 성공을 가져다준 비즈니스 계획들은 기업이 특정 유형의 혁신적인 변화에 대처할 수 없도록 발목을 붙잡는 족쇄가 되기도 한다고 주장한다. 이러한 '파괴적인' 기술 덕에 신생기업인 다윗이 대기업인 골리앗을 쓰러뜨릴 수도 있는 것이다. 요컨대 그 책은 알려지지 않은 기업의 기습에 대한 MS의 공포를 온전히 대변하고 있다.

『이노베이터의 딜레마』는 디스크 드라이브 생산 사업을 대표적인 예로 들고 있다. 1976년 하드 드라이브 생산 업체 17곳 가운데 1995년까지 명맥을 유지한 곳은 단 한 곳(바로 IBM)뿐이었다. 나머지 기업들은 파산하거나 인수됐다. 역설적으로 들리겠지만 크리스튼슨은 그 기업들이 실패한 것이 '훌륭한 경영' 때문이라고 말한다. 그들은 고객 및 투자자들의 니즈를 충족시키기 위해 너무 열심히 노력한 나머지 핵심적인 기술 변화에 적절히 대응하지 못했다는 것이다.

그는 아무리 현명한 사람이라도 파괴적인 기술이 향후 어떤 식으로 전개될지 예측할 수는 없다고 생각한다. 따라서 기업들은 고객과 더불어 파괴적인 기술들을 이용할 방법을 모색해야 한다. 기업들은 새로운 기술을 응용할 방법을 다각적으로 모색하고 있다. 그리고 궁극적으로 그중 일부만이 성공을 거두고 있다.

『이노베이터의 딜레마』에 이런 일화가 실려 있다. 쇼클리 팀이 트랜지스터를 개발하기 몇 년 전, 일본인 사업가가 뉴욕의 싸구려 호텔에 머물며 벨 연구소의 모(母)기업인 AT&T와의 접촉을 시도했다. 그는 트랜지스터 기술을 라이선싱하길 원했다. AT&T 측에서는 계속 그를 피했다. 그러나 그는 끝까지 포기하지 않았고 결국 트랜지스터 기술 사용허가를 따냈다. 라이선스 계약 체결 후 AT&T의 한 간부가 그에게 그 기술을 이용해 무엇을 하려고 하는지 물었다. 그는 소형 라디오를 만들 것이라고 말했다.

"소형 라디오 따위에 누가 관심을 기울이겠소?" AT&T 간부는 물었다.

그는 이렇게 대답했다. "그거야 두고 보면 알게 되겠죠." 그 사업가는 다름 아닌 소니의 아키오 모리타(Akio Morita)이다. 소니의 휴대용 트랜지스터 라디오는 트랜지스터 기술을 응용한 최초의 소비재였다.

트랜지스터 기술을 응용할 방법을 모색함에 논리는 그야말로 무용지물이었다. 논리적으로 생각한다면 음악을 듣는 기계에 있어 무엇보다 중요한 것은 음질인데, 최초의 트랜지스터 라디오의 음질은 엉망이었기 때문이다. 그렇다면 '세탁기 크기의' 우수한 음질의 라디오가 거실 한 자리를 이미 차지하고 있는 상황에서 사람들이 트랜지스터 라디오를 구입할 이유가 무엇이겠는가?

크리스튼슨은 자신의 저서에 이렇게 적고 있다. "존재하지 않는 시장을 분석하는 것은 불가능한 일이다. 공급자와 소비자는 새로운 시장을 함께 발견한다. 파괴적인 기술을 응용함으로써 탄생하는 시장은 개발 당시에는 알려져 있지 않을 뿐 아니라, '알 수도 없는' 시장이다."

등불을 따라가다

물론 크리스튼슨이 이야기하고자 하는 요지가 비즈니스맨은 논리를 거부해야 한다는 것은 아니다. 그의 주장은 퍼즐을 풀 때 사람들이 듣는 조언과 비슷하다. 대부분의 경우에 효과적인 추론 방식이라 해도 특정 상황에서는 효과가 없을 수도 있다는 사실을 인정해야 한다는 말이다. 그런 상황에서는 논리가 오히려 퍼즐을 푸는 이를 오도할 수 있다. 그럴 때는 뒤로 한 걸음 물러나 모든 가능성을 생각해 보고 방법론적으로 문제에 접근하는 자세가 필요하다. 이때 필요한 것은 논리에 창의력과 유연한 사고를 접목시키는 것이다. 다양한 접근 방식을 생각해 보고 (그들 중 대부분이 실패할 것이기 때문에) 너무 많은 자원을 투자하지 않으면서 그 방법들을 하나씩 시도해 본다. 이것은 비즈니스 혁신을 이룰 때도 그리고 퍼즐 문제를 풀 때도 효과적인 방법이다.

MS에서 '창의력'과 '혁신' 같은 단어들은 함축적인 의미로 쓰이고 있다. 우리는 모두 이런 식의 비판을 들어본 바 있다. 이것은 제임스 글레이크(James Gleick)가 《뉴욕 타임스》에 기고한 글에서 발췌한 것이다. "MS는 훌륭한 제품을 만들 수 없다. MS에는 천재가 없다. 그들은 혁신을 이루어내는 방법을 모른다. MS의 제품에는 버그가 끊이지 않는다. 그러므로 지속적으로 버그를 손보다 보면 소프트웨어가 갖고 있던 본래의 특성은 완전히 사라져서 처음 소프트웨어와 완전히 다른 소프트웨어가 탄생하게 된다. 요컨대 MS가 필요로 하는 것은 그들이 따라갈 일련의 등불이다."

MS 사람들은 당연히 이러한 비난을 못마땅하게 생각한다. MS는 혁신적인 기업으로 사랑받길 원한다. (단순히 네스케이프의 물자 보급을 차단시켰다는 이유로 당신을 사랑할 사람은 없을 것이다.) 채용 책임자인 데이비드 프리차드(David Pritchard)는 《포천》에서 이렇게 불만을 토로한 바 있다. "사람들은 MS에서 이뤄낸 모든 혁신적인 일들이 여기서 진행된 것을 항상 모릅니다. 우리는 그러한 사실을 언론에 이야기하지 않기 때문입니다."

MS는 (혹은 다른 기업들도) 그들이 채용하는 사람들만큼만 창조적이고 혁신적일 수 있다. MS는 자사가 원하는 사람들을 영입할 방법을 다각도로 모색할 뿐 아니라, 원하는 인재를 영입하는 데 필요한 재력도 충분히 갖고 있다.

채용의 제1목적

　뉴욕 시에서 MS는 보다 규모가 작은 경쟁업체들보다 중대한 문제들에 먼저 부딪히는, '좋다고만 할 수는 없는' 영광을 얻었다. MS에서 프로그래머들, 즉 일명 '개발자(developer)' 혹은 '소프트웨어 설계 기술자(software design engineer, SDE)'는 항상 기업의 심장이었다. 과거 그들이 회사의 전부였던 시절도 있었다. MS의 설립 초기에는 직원 모두가 프로그래머였기에 하는 말이다. 당시 빌 게이츠는 직원을 직접 채용했다. 그는 자신의 집에서 '채용 행사'를 열었다. 그는 미래가 촉망되는 모든 지원자들을 인터뷰했다. 그는 프로그래머를 평가하는 가장 좋은 방법 가운데 하나가 그들이 개발한 코드를 직접 보는 것이라 생각했다.

　게이츠는 프로그래머가 아닌 사람을 채용하길 꺼렸다. 그는 MS의 발전이 프로그래밍과 유능한 프로그래머 채용에 달려 있다고 생각했다. 폴 앨런은 하드웨어 생산으로 사업을 확장시키길 원했다. 게이츠는 그에 반대했다. 스티브 발머는 프로그래머가 아닌 사람들을 채용하고 싶어했다. 예를 들면 영업사원 같은 사람들 말이다. 그의 그런 생각을 게이츠는 의아해 했다. "뭐요, 나를 파산시킬 작정이요?!"

　프로그래머를 채용하는 일은 위험한 일이었다. 그리고 지금도 위험한 일이다. MS가 개발한 첫번째 제품은 알테어(Altair) 8800에 사용되는 베이직(BASIC) 언어였다. MS는 곧 알테어 8800의 플랫폼을 독점하게 되었다. 그것은 MS가 이루어낸 첫번째 독점 시장이었다. 그러나 그것은 그리 오래가지 않았다. 알테어가 차세대 거물, 일명 (완전 조립품인) 컴퓨터에 밀려 역사의 뒤안길로 사라졌기 때문이다.

　한동안 프로세서와 프로세서의 명령어들이 몇 년마다 계속 바뀌었다. 그것은 소프트웨어 개발에 사용되는 고급 프로그래밍 언어도 마찬가지였다. 따라서 한 가지 프로그래밍 언어로 프로그래머의 능력을 테스트하는 것은 소용없는 일이었다. 소프트웨어 개발에 맞추어 머지않아 다른 프로그래밍 언어를 사용하게 될 터였기 때문이다. 그런 환경에서 무엇보다 중요한 능력은 '유연성'이었다.

MS에서 직원 채용 제1의 목적은 '빌 복제인간'을 찾아내는 것이다. '빌 복제인간'이란 MS의 은어로 게이츠처럼 뛰어난 재능과 경쟁력을 갖고 있지만 경험은 부족한 혹은 전무한 젊은이를 의미한다. MS의 면접관들은 과거 훌륭한 업적을 이루어낸 사람보다 향후 훌륭한 업적을 이루어낼 사람을 찾아낼 수 있는 것을 자랑으로 생각한다.

이들의 채용 철학은 한마디로 MS의 근로자와 다른 모든 사람 사이에 침투 불가능한 장벽을 구축하는 것이다. MS는 자사를 매우 스마트한 사람들만으로 이루어진 일류 집단이라 생각한다. 그리고 그 집단의 두 가지 상징은 난해한 퍼즐 인터뷰와 스톡옵션이다. 레드몬드에서 일하고 있는 모든 이가 MS의 직원인 것은 아니다. 청소, 안내, 보안, 우편물관리, 카페테리아, 그리고 CD제조는 모두 외주를 주고 있다. 따라서 이러한 업무에 종사하는 이들은 "시계의 짧은 바늘과 긴 바늘은 하루에 몇 번 겹쳐집니까?" 같은 퍼즐 문제에 대답한 적 없는 사람들이다. 또한 그들은 스톡옵션을 받을 수 없는 사람들이다.

MS는 직원 채용에 항상 신중을 기한다. 게이츠는 채용된 모든 이들이 향후 업무를 훌륭히 수행할지 확신을 얻고 싶어한다. 그러므로 프로그래밍 지원자는 인터뷰 동안 코드를 직접 짜는 테스트를 받아야 한다. 또한 그들은 퍼즐 문제를 풂으로써 보다 비형식적인 방식으로 자신의 능력을 입증해야 한다.

한때 그것은 쇼클리의 지능 테스트만큼이나 이례적인 일이었다. 많은 구직자들이 인터뷰 동안 코드를 작성하고 퍼즐을 푸는 것은 자존심 상하는 일이라 생각했다. 게임 프로를 본 적이 있는 사람이라면 누구나 알겠지만, 누군가 거액을 준다면 사람들은 다소 자존심이 상하더라도 그것을 기꺼이 감수한다. MS 지원자들은 MS의 '호된' 인터뷰를 기꺼이 참아낸다. MS의 근로자 가운데 상당수가 중년이 되기도 전에 백만장자가 된 사실을 잘 알고 있기 때문이다. MS의 영향으로 인터뷰 동안 코드를 작성하고 퍼즐을 푸는 일은 이제 소프트웨어 업계에서 일상적인 일이 되었다.

업무 세분화

MS의 입장에서 퍼즐은 지능뿐 아니라, 경쟁력을 테스트하기 위한 것이다. 사업이나 축구에서처럼 로직 퍼즐은 세상을 '승자'와 '패자'로 이분한다. 당신이 얻을 수 있는 결과는 단 둘뿐이다. 즉 답을 구하여 승자가 되거나 아니면 답을 구하지 못하여 패자가 되는 것, 이 두 가지 뿐이란 얘기다. 축구 감독의 말처럼 승리는 능력 그 이상의 의미를 갖고 있다. 당신은 승리에 굶주려야 한다. 승리를 무엇보다 중요하게 생각해야 한다.

퍼즐에 제시되어 있는 상황들은 보통 비현실적이고 비합리적이다. 퍼즐이 제공해야 하는 모든 것은 '도전'이다. 일부 사람들은 퍼즐이 도전을 제공한다면 퍼즐로서 제몫을 다하는 것이라 생각한다. 산이 있기 때문에 산에 오른다는 등산가들의 말처럼 그들은 퍼즐이 있기 때문에 퍼즐을 푼다. 퍼즐을 잘 푸는 사람들은 문제를 풀 지적인 능력이 있을 뿐 아니라, 도전적인 일이 맡겨졌을 때 그에 정면으로 도전할 용기와 의욕도 갖고 있다.

소프트웨어 제품을 개발함에 있어 프로젝트 규모가 너무 커서 한 사람이 감당할 수 없을 때 종종 제품 개발은 위기를 맞게 된다. MS-DOS 1.0의 경우 거의 팀 패터슨 혼자서 설계하고, 코드화하고, 컴파일하고, 디버그했다. 소프트웨어 제품들이 점점 복잡해짐에 따라 두 사람 이상의 프로그래머가 작업을 나누어 하지 않으면 제품 개발 자체가 불가능하게 되었다. 하지만 작업을 나누어 한다는 것은 말처럼 쉬운 일이 아니었다. 동일한 목적을 갖고 코드 하나하나를 작성하지 않는 한, 각기 다른 사람이 작성한 코드들을 하나로 조합하여 완성품을 만들어낼 수 없었다. 그러려면 프로그래머들 간에 지속적인 대화가 이루어져야 하고 올바른 코드 작성 방법에 대한 견해 차이를 효과적으로 좁혀 나가야 했다. 하지만 프로그래머들은 다른 이들과 대화로 문제를 풀어나가고 문제를 해결할 보다 쉬운 방법을 찾는 데 익숙하지 않았다. 그들은 대화로 문제를 풀어나가는 대신 혼자서 밤새 코드를 만드는 데 익숙해 있었기 때문이다. 이것은 공동 작업을 하는 데 커다란 걸림돌이 되었다.

이 문제를 해결하기 위해 투입된 사람들 가운데 한 명이 찰스 시모니(Charles Simonyi)였다. 시모니는 학문의 세계를 의심하는 기업 세계에 뛰어드는 모험을 감행한 유명한 컴퓨터 과학도였다. 제록스 PARC(Palo Alto Research Center)에서 시모니는 최초의 워드프로세서를 만들었다. 그는 연구소에서 개발한 윈도우나 마우스 인터페이스를 제대로 마케팅하지 않는 제록스의 무심함에 분노했다. 시애틀 출장 동안 시모니는 미리 약속도 하지 않은 상태에서 MS를 방문했다. 그 당시는 MS의 채용방식은 지금처럼 까다롭지 않았다. 한 직원(스티브 발머)이 그의 프로필을 보고 빌에게 보고할 필요가 있다고 판단했다. 게이츠가 그를 직접 만났다. 이야기가 끝나고 나니 비행기 시간이 다 되어 있었다. 게이츠는 그를 공항까지 태워다 주었다. 그들은 서로 마음이 맞았고 시모니는 곧 MS에 합류했다.

여러 명의 프로그래머가 작업을 나누어함으로써 발생하는 문제들을 해소하기 위해 시모니는 새로운 자리를 하나 마련했다. 바로 '마스터 프로그래머'였다. 중세 시대의 장인(匠人)처럼 마스터 프로그래머는 프로그램을 설계하고 코드를 짜는 작업을 총괄했다. 그리고 그 밑에는 그의 작업을 도와주는 일련의 보조 프로그래머들이 있었다. 그들의 임무는 버그를 해결하고 코드를 최적화하는 것이었다.

그것은 일리 있는 아이디어였다. 하지만 그 역시 벽에 부딪혔다. 모든 이들이 마스터 프로그래머가 되고 싶어했기 때문이다. 아무도 마스터 프로그래머를 보조하는 소위 '코드 노예'가 되길 원치 않았다. 한 프로젝트 당 한 명의 마스터 프로그래머만 필요했기 때문에 대부분의 프로그래머들이 불만을 품게 되었다.

프로그램 관리자의 탄생

MS의 급속한 성장 덕에 마스터 프로그래머 개념 자체가 얼마 지나지 않아 한계점에 도달했다. 즉 마스터 프로그래머도 감당할 수 없을 정도로 소프트웨어 제품들이 복잡해졌기 때문이다. 하지만 보다 근본적인 또다른 문제가 있었다. 마스터 프로그래머들이 소프트웨어 설계에 항상 능숙하지는 않았다는 문제 말이다. 소프트웨어가 보다 복잡해짐에 따라 소비자의 욕구를 충족시켜야 하는 설계 문제와 코드 작성 문제는 점점 별개의 것이 되어갔다. 따라서 한 사람이 두 가지 모두를 잘 하길 기대하는 것은 지나친 요구가 되었다. 한 사람이 훌륭한 극작가이면서 훌륭한 라인배커(linebacker : 미식축구에서 수비의 두 번째 열에 있는 선수)

일 수도 있다. 하지만 A라는 일을 하도록 사람을 뽑아놓고 그가 B라는 일을 잘 하길 기대한다면 당신은 분명 그에게 실망하게 될 것이다.

'마스터 프로그래머'라는 용어는 그리 많이 쓰이지 않았다. 그것은 자기주장이 강한 남성들로 가득 찬 장소에조차 어울리지 않을 정도로 지나치게 가부장적인 냄새가 났기 때문이다. 그래서 한 단계 완곡한 표현으로 프로그램 매니저, 즉 프로그램 관리자라는 표현을 쓰게 되었다. 그 표현은 현재 소프트웨어 산업에서 널리 이용되고 있다. 하지만 우리가 알고 있는 프로그램 관리자라는 자리를 확립한 이는 엑셀 개발자인 제이브 블루멘탈이었다.

MS의 많은 다른 근로자처럼 블루멘탈은 상당한 부를 모은 뒤 조직에 얽매이지 않은 자유로운 삶을 찾아 MS를 떠났다. 블루멘탈은 캐스케이드 산맥에서 패러글라이더 학교를 운영하며 자신의 모교(그리고 게이츠의 모교) 레이크사이드 학교에서 수학과 물리를 가르치게 되었다. 그는 프로그램 관리자는 프로그래밍 방법을 알 필요가 없다고 생각하였다. 그는 프로그램 관리자는 제품의 기능을 기획하고 제품의 외관 및 이미지를 디자인하는 역할을 해야 한다고 생각했다. 프로그램 관리자는 코드를 작성할 것이 아니라, (제품의 비전을 상세히 설명하고 있는) 제품 설명서를 제작해야 한다고 생각했다. 그후 프로그램 관리자의 임무는 프로그램 개발자들을 관리하고 그들이 설명서에 따라 프로그램을 개발하고 있는지, 그리고 일정에 맞게 제품을 만들어낼 수 있는지 확인하는 것이 되었다.

프로그램 개발자의 눈에 프로그램 관리자라는 자리는 이상하게 보인다. 프로그램 개발자는 생산적이고 현실적이며 힘겨운 일을 하고 있다. 반면 프로그램 관리자는 비생산적인 일을 하면서 연봉은 더 많이 받고 있다. 그들의 눈에 프로그램 관리자는 전문 용어를 남발하고 다니는 멍청이들이다.

하지만 프로그램 관리자들은 자신들은 창조적인 일을 하고 프로그램 개발자들은 배관 공사를 하고 있을 뿐이라 생각한다. 프로그램 관리자가 프랭크 게리(Frank Gehry : 구겐하임 미술관을 설계한 건축가)라면 프로그램 개발자는 그의 구겐하임 미술관의 티타늄 판넬에 못을 박은 사람들이라 생각한다.

이런 인식의 차이 때문에 프로그램 관리자들은 커다란 영향력을 발휘하지 못한다. 프로그램 관리자들은 자신이 하는 일을 고양이 떼를 모으는 것에 비교한다. (프로그램 관리자들보다 수적으로 우세한) 프로그램 개발자들은 프로그램 관리자들의 야유에 여유 있는 반응을 보인다. 그들은 '프로그램 관리자를 호출해'라는 농담을 즐긴다. 배가 고플 때 전화를 걸어 피자를 주문하는 것처럼 업무적으로 프로그램 관리자 수준의 기술적인 능력이 필요할 때 그들을 호출한다는 의미에서 말이다. 프로그램 개발자 애덤 데이비드 바는 MS에서 있었던 한 사건을 이렇게 회고했다. 회의 중 슬라이드 작동이 제대로 되지 않자 발표자가 허둥대기 시작했다. 이때 한 사람이 외쳤다. "여기 프로그램 관리자 있어요?" 한 바탕 웃음이 일었다. 다른 사람이 외쳤다. "오늘도 또 어디서 골프 시합이 있나 보죠?" 청중들은 점점 더 격해졌다.

프로그램 테스터의 필요

MS에서 또 하나의 중요한 일자리는 프로그램 테스터이다. 프로그램 테스터 역시 오늘날의 소프트웨어의 복잡함을 반영하고 있다. 과거에는 프로그램 개발자가 자신이 개발한 소프트웨어의 버그를 찾고 소프트웨어의 유용성을 직접 테스트했다. 그리고 베타 테스터들, 즉 소프트웨어 시사회에 참석하여 버그를 찾아내고 그 대가로 완제품을 싼값에 구입하려는 회사 외부의 일반인들이 그들의 보조자 역할을 했다. 요즘 소프트웨어의 버그를 찾아 수정하는 것은 전문가가 아니면 손도 댈 수 없을 정도로 어려운 일이다. MS는 하루 종일 다른 사람이 만든 소프트웨어의 버그만 찾아내는 일을 하는 사람들을 수백 명씩 채용하고 있다.

프로그램 테스터들은 소프트웨어를 '고문'한다. 그들은 스프레드시트가 일그러질 때까지 스프레드시트에 '열(column)'을 추가하거나 에러가 발생할 때까지 '창(window)'을 열고 또 연다. 혹은 바이러스나 해커가 침투했을 때 발생할 수 있는 갖가지 상황들을 인위적으로 연출한다. 프로그램 관리자와 달리 프로그램 테스터들은 프로그래밍을 알아야 한다. 그들은 소프트웨어 제품을 테스트하기 위해 종종 특정 목적의 코드를 작성해야 하기 때문이다. 물론 그들이 작성한 코드들이 시장에 판매되는 일은 없다.

프로그램 관리자와 프로그램 개발자가 의기투합할 때가 있다. 바로 프로그램 테스터들을 무시할 때이다. 그들은 테스터가 되는 것은 다른 사람들은 모두 의사인데 자신만 치과의사가 되는 것과 다르지 않다고 생각한다. 그것은 치과의사는 다른 과 의사들과 달리 의대가 아닌 치대를 다니는 사실에 빗댄 표현이다. 어쨌든 테스터가 하는 버그 찾기 업무에는 자부심을 느낄 만한 것이 없다고 생각한다. 그들은 버그를 찾아내도 그것을 직접 고치지 않는다. 그들은 프로그램 개발자가 버그를 고치도록 버그 발견 사실을 보고할 뿐이다.

그러므로 테스트 업무는 다른 업무만큼 지적인 요구가 많지 않은 일이라 할 수 있다. MS는 경쟁이 치열한 곳이기 때문에 자신이 다른 사람보다 덜 스마트하다거나 무엇인가 부족하다는 사실을 인정하는 일은 매우 어렵다. 테스터는 회사 내에서의 자신의 위치에 촉각을 곤두세우고 있다. MS는 극히 다른 이 세 가지 일자리 간에 차이점이 부각되는 일이 없도록 매우 조심한다. 애덤 데이비드 바는 이렇게 말했다. "테스터는 프로그램 개발자나 프로그램 관리자와 같은 기술적인 능력을 필요로 하지 않는다는 사실을 암시하는 발언을 했다가는 당신은 곧 제재를 받게 될 것입니다."

경영진과 인사부는 프로그램 개발자와 프로그램 관리자, 그리고 프로그램 테스터가 똑같이 스마트하고 창의적이고 야심적인 사람들이라고 주장한다. 그들의 주장에도 불구하고 그들 간의 차이는 부정할 수 없는 사실이다. 따라서 그들은 그러한 차이를 교묘히 합리화할 책략을 마련했다. 즉 그들 모두 각기 다른 특별한 재능을 갖고 있다는 주장을 전개하기 시작했던 것이다. MS는 그들 각각이 갖고 있는 재능은 '다르지만' 그들 모두 '똑같이 중요하다'는 것을 회사의 방침으로 삼았다. (바는 그것을 '허위 중의 허위'라고 불렀다.)

그중 가장 가식적인 것은 테스터에 대한 시각이다. 당신이라면 엑셀을 일그러뜨리는 능력을 어떤 식으로 포장하겠는가? 오피스 테스트(Office Test)의 부사장 그랜트 조지(Grant George)는 테스터의 능력을 이렇게 포장했다. "가장 성공한 테스터는 프로그램 개발자나 프로그램 관리자와는 다른 사고방식을 갖고 있다. 우리는 매일 보고 만지고 사용하는 모든 것의 특성을 비판한다. 아니 적어도 그러한 특성에 대해 자신만의 견해를 갖고 있다. 우리는 비판하고 개선하기 위해 사는 사람들이다. 이 산업에 그리고 MS에 감사하라. 수백만 명의 사람들이 사용할 제품을 개선하는데 우리가 갖고 있는 그 능력을 사용하고 있으니 말이다."

이러한 생각, 즉 한마디로 '테스터는 자기 의견을 갖고 있지만 다른 사람들은 자기 의견이라는 것을 갖고 있지 않다'는 생각을 하는 이는 조지만이 아니다.

채용 방식의 변화

이런 식의 업무 분화로 MS의 채용 방식에 변화가 일었다. 프로그램 관리자나 프로그램 테스터가 되기 위해 대학에 가는 사람들이 줄었다. 프로그램 관리자직 혹은 테스터 직에 종사하는 사람들 모두가 컴퓨터학을 전공한 것은 아니었다. 따라서 인터뷰에서 잠재 프로그램 관리자에게 항상 코드 작성을 요구할 수도 없게 되었다. 일부 프로그램 관리자는 영어 전공자였다.

그렇다면 프로그래머가 아닌 지원자가 '빌 복제인간'이 될 수 있을지 아닐지를 어떻게 알 수 있을까? 한 가지 방법은 퍼즐, 수수께끼, 그리고 가정 문제를 이용하는 것이었다. 영업사원, 사무원, 그리고 여타 근로자의 경우에서처럼 잠재 프로그램 관리자 및 테스터들에 있어 난해한 퍼즐은 그들의 능력을 평가하는 중요한 수단이 되었다.

인터뷰 질문 가운데 상당 부분이 전통적인 로직 퍼즐이다. 여타 인터뷰 질문들은 지원자에게 어떤 업무를 맡길지 결정하는 데 도움이 될 정보를 얻기 위한 것이다. 외부 사람들의 눈에 극히 이례적으로 보이는 일부 질문들(예를 들면 50개 주 가운데 하나를 없앤다면 어떤 주를 없애겠습니까? 자동차 문에 열쇠를 넣고 어느 쪽 방향으로 돌려야 합니까?)은 바로 이 범주에 속하는 질문들이다. 그것은 지원자가 판단력을 갖고 있는지, 그리고 자신의 판단을 다른 사람에게 설득시킬 설득력을 갖고 있는지 테스트하기 위한 것이다.

제이브 블루멘탈은 프로그램 관리자 직 지원자에게 종종 집을 설계하도록 요구했다. 때때로 요구 즉시 앞으로 나가 화이트보드에 평면도를 그리기 시작하는 지원자도 있었다.

블루멘탈의 입장에서 그런 지원자는 최악의 지원자였다. 집은 여러 가지 의미로 해석될 수 있었다. 만약 당신이 건축가라면 집을 짓기 전에 누가 대금을 지불을 할 것인지, 집을 짓는 데 얼마의 비용, 공간, 시간을 투자할 수 있는지부터 물을 것이다. 이런 사항을 언급하지 않고 바로 집을 그리기 시작하는 지원자는 보통 인터뷰에서 탈락했다.

그런 질문에서 중요한 것은 '알고리즘'이다. 알고리즘은 모든 컴퓨터 프로그램의 기초를 이루고 있는 단계적인 문제 해결법이다. 이런 질문의 경우 효과적인 알고리즘은 지원자가 면접관에게 여러 가지 질문을 함으로써 면접관으로부터 보다 상세한 정보를 얻어내는 것이다.

그렇게 하지 못하는 사람은 곤란한 입장에 처할 수 있다. 블루멘탈의 동료, 조엘 스폴스키는 집을 설계하라는 요구에 지원자들이 평면도를 그리는 것을 보고 이렇게 말했다. "중요한 사실은 잊고 있군요. 내가 원하는 집은 키 14미터의 기린 가족이 살 집인데요."

채용의 기준

스폴스키의 '업적' 가운데 하나는 "당신이라면 어떻게 M&M을 만들겠습니까?"라는 인터뷰 질문을 만들어낸 것이다. 현재 뉴욕의 포그 크리크 소프트웨어(Fog Creek Software)의 CEO인 스폴스키는 MS의 인터뷰 기술 지지자이자 비판가이다.

스폴스키의 말처럼 사람을 채용함에 있어 가장 어려운 두 가지 과제는 스마트하지만 성취도가 낮은 사람과 성취도는 높지만 스마트하지 않은 사람들을 분간해 내는 것이다. 경쟁이 치열한 산업에 종사하는 기업들에 있어 이 두 부류의 사람은 가급적 채용을 삼가야 하는 사람들이다.

스폴스키는 이렇게 말했다. "스마트하지만 성취도가 낮은 사람은 종종 박사 학위자들입니다. 그들은 아무도 그들의 이야기에 귀 기울이지 않는 대기업에서 일합니다. 그들은 완전히 비현실적이기 때문입니다. 성취도는 높지만 스마트하지 못한 사람들은 바보 같은 짓을 합니다. 그들은 결과를 생각하지 않습니다. 그래서 나중에 다른 누군가가 그들이 만들어놓은 쓰레기들을 치우는 수고를 해야 합니다."

이 사람들과 당신이 채용하고 싶은 사람들, 즉 '성취도도 높고 스마트한 사람'들을 구분하기란 쉬운 일이 아니다. (사실 성취도도 낮고 스마트하지도 않은 사람들은 문제가 되지 않는다. 그들을 판별해 내는 것은 쉬운 일이기 때문이다.)

이런 측면에서 로직 퍼즐과 설계 문제는 쓸모가 있다. 그것은 혁신을 도모하는 모든 기업들이 직면하고 있는 현안들을 우의적으로 표현하고 있기 때문이다. 소프트웨어 산업에서 당신은 다양한 아이디어를 개발하고 어느 아이디어가 가치 있는 것인지 판단하고 아이디어를 구현하고 궁극적으로 아이디어가 구현된 완제품을 내놓아야 한다.

스폴스키가 지원자의 대답에서 찾고 있는 것은 '유종의 미'이다. "지원자들은 우왕좌왕합니다. 제대로 판단을 내리지 못합니다. 경우에 따라서는 교묘히 대답을 회피할 궁리를 합니다. 어려운 판단을 유보한 채 다음 단계로 슬며시 넘어가기도 합니다. 마무리를 제대로 짓지 않는 그런 태도는 좋지 않습니다."

인터뷰 질문에 브레인스토밍한 후 지원자는 여러 가지 아이디어 가운데 가장 합당한 아이디어 하나를 선택해야 한다. 그리고 그 자체가 하나의 테스트이다. 판단력을 평가하는 테스트 말이다. 그런 다음 지원자는 그것이 완벽한 답이 될 수 있도록 주석을 달아야 한다. 그리고 그 과정에서 그 아이디어에 반대하는 사람들과 의견 차이를 좁히고 반대의 근거들을 논리적으로 반박함으로써 보다 완벽한 결론을 이끌어내야 한다.

스폴스키는 말한다. "유능한 사람은 당신이 아무리 방해를 해도 자연스럽게 상황을 진전시킵니다. 대화가 진전되지 않고 제자리를 맴돌기 시작할 때, 지원자가 '이 문제는 하루 종일 논의해도 모자랄 것입니다. 하지만 이 문제만 이야기하고 있을 수 없으니 우선 A라는 가정 하에 다음 문제를 논의하도록 하죠'라는 식으로 상황을 진전시킨다면 그는 유능한 사람이라 할 수 있습니다."

MS의 면접 절차

칼 타시안(Carl Tashian)이 도착한 것은 시애틀 시간으로 목요일이었다. 비가 내렸다. 매리어트의 벨레부 커트야드(Bellevue Courtyard)에서 그는 입실 수속을 밟기 위해 한참 동안 줄을 서서 기다렸다. 마침내 그의 차례가 되었을 때 호텔 직원이 리스트에서 그의 이름을 찾아 지우더니 그에게 객실 열쇠를 건네주었다. 그가 객실을 향해 발길을 돌릴 즈음 또 한 사람이 이름을 대는 목소리가 들렸고 직원이 같은 리스트에서 그의 이름을 찾아 지우는 것이 보였다.

다음날 아침 타시안은 MS 빌딩 로비에서 약 30분 동안 기다려야 했다. 대기실에는 컴퓨터가 한 대 있었고 컴퓨터에는 고장을 알리는 문구가 크게 붙어 있었다. 스크린은 꺼져 있었다. 모니터에 붙여진 포스트잇에는 '고장(Out of Order)'이라 적혀 있었다.

텔레비전은 MSNBC 채널이 켜져 있었다. 그리고 텔레비전에는 '채널을 바꾸지 마시오'라고 적힌 포스트잇이 붙어 있었다.

타시안은 네 명의 면접관과 인터뷰가 있다는 설명을 들었다. 첫번째 면접관은 동유럽 사람으로 수염을 기르고 나일론 운동복을 입고 있었다. 그는 귀중한 시간을 허비하지 않기 위해 겉치레 인사를 생략하고 바로 타시안에게 마커(marker)를 건네며 말했다. "우선 간단한 문제로 시작합시다. 여기 상자 b개와 1달러 지폐 n장이 있습니다. 내가 얼마의 돈을 원하면, 여기서 얼마란 0달러에서 n 달러 사이의 액수를 말합니다, 당신은 정확히 내가 원하는 만큼의 액수를 받을 수 있도록 내게 상자를 0개와 b개 사이에서 건네주어야 합니다."

그는 그렇게 하려면 돈을 어떤 식으로 분배하여 상자에 넣어야 하는지 물었다. 그리고 여기서 b값과 n값을 정할 때 '제한조건'이 있는지 물었다.

타시안은 잠시 생각했고 적절한 답변을 했다.

면접관은 그것을 정답이라 생각하는 이유를 수학적으로 설명해 달라고 요구했다. "그것은 등차수열인가요, 등비수열인가요?" 그는 알길 원했다.

타시안은 면접관에게 문제를 풀 때 지켜야 하는 조건이 있는지 물었다.

"아니오."

면접관은 더 이상 설명하지 않았다. 타시안은 자신이 말한 답이 옳았지만 질문을 잘못했다는 것을 느꼈다. 그리고 면접관이 자신을 마음에 들어 하지 않는다고 확신했다.

첫번째 인터뷰에 비하면 두 번째, 세 번째 인터뷰는 상대적으로 쉬웠다. 두 번째 면접관은 친절했다. 그는 타시안이 지원한 부서에서 진행되고 있는 프로젝트의 목적을 장시간 설명했다. 세 번째 면접관의 질문은 자신을 바보로 생각하는 것이 아닌가 하는 의문이 들 정도로 쉬웠다. 세 번째 면접관은 마지막 인터뷰를 위해 로비에서 기다리라고 지시했다.

잠시 후 세 번째 면접관이 다시 나타나 타시안에게 네 번째 인터뷰를 할 사람이자, 그가 채용될 경우 상관이 될 사람이 출근을 하지 않았다고 말했다. 그래서 타시안은 네 번째 인터뷰를 받지 않고 호텔로 돌아가야 했다.

여섯 명의 면접관, 세 번의 기회

MS의 인터뷰 절차는 '3막극'으로 불린다. 1막은 보통 적격심사이다. 인사부 직원이 지원자에게 전화를 걸어 30분 정도 대화를 나누는 방식으로 이루어진다. 전화 인터뷰 질문은 대개 전통적인 질문이다. 하지만 가끔은 난해한 질문을 하기도 한다. "당신이라면 소금통(saltshaker)을 어떻게 테스트하겠습니까?" 같은 질문처럼 말이다. 전화 인터뷰에 어떻게 대답하느냐에 따라 지원자는 공짜로 레드몬드 본사까지 혹은 MS의 다른 빌딩까지 여행할 기회를 얻을 수도 있고 얻지 못할 수도 있다. MS가 비행기로 실어나르고 있는 인터뷰 응시자의 수를 생각하면 그들이 인터뷰에 얼마나 많은 자금을 투자하고 있는지 쉽게 알 수 있다.

인터뷰를 하는 데 보통 하루가 꼬박 걸린다. 인터뷰가 있는 날 아침 MS의 면접관들은 지원자들을 면접할 면접관 명단을 받는다. 물론 지원자는 그 명단을 볼 수 없다. 보통 명단에는 여섯 명 가량의 면접관의 이름이 적혀 있다. 그리고 대부분의 경우 인터뷰 가운데 마지막 두 개의 인터뷰는 진행되지 않는다. 명단 마지막에 적혀 있는 두 명의 면접관이 면접을 하는 경우는 '적격자'일 경우뿐이다. 즉 이들이 인터뷰를 하는 경우는 앞의 인터뷰에서 긍정적인 평가를 받아 지원자의 채용이 거의 확실시 될 때뿐이다. 이들의 역할은 한마디로 채용 여부를 최종적으로 결정하는 것이다. 이 인터뷰는 보통 지원자를 채용했을 경우 그와 함께 일하게 될 책임자가 하게 된다.

MS의 면접관들은 인터뷰 동안 이메일이나 여타 방법으로 서로의 평가를 주고받는다. 그들은 보통 지원자를 다음 면접 장소까지 안내한다. 그들은 면접관에게 지원자를 넘겨주면서 엄지손가락을 위로 올리거나 아래로 내림으로써 채용 혹은 불채용 의사를 표한다. 각 면접관이 '피드백'을 적어 보내야 하는 경우도 있다. 즉 지원자에 대한 평가를 이메일로 적어 다음 면접을 할 각각의 면접관에게 보내야 하는 경우도 있다는 얘기다. 보통 피드백 이메일은 면접 도중에 도착한다.

평가에도 일련의 규칙이 있다. 그중 한 가지는 평가서 상단에 '채용' 혹은 '불채용'을 표시해야 한다. 평가는 엄격히 '디지털적'이다. 즉 0 아니면 1, 즉 '채용' 아니면 '불채용'인 것이다.

면접관의 감상은 평가보다는 아날로그적이다. 디지털적인 평가와 별도로 면접관은 지원자에 대한 자신의 생각을 이메일에 적어 보낼 수 있다. "불채용. 하지만 다른 모든 면접관이 '채용'이라 생각한다면 나의 평가 때문에 그 지원자의 채용을 주저하는 일은 없길 바랍니다."

그런 식의 이메일은 사실 자기정당화 수단이다. 면접관들은 그런 식의 이메일로 평가에 따른 책임을 회피하고 싶은 것이다. 면접관은 이외에 어떤 질문을 하고 어떤 퍼즐 문제를 냈는지도 기록해야 한다. 그래야 여섯 명이나 되는 면접관이 동일한 질문을 하는 실수를 피할 수 있기 때문이다. 그리고 지원자가 그에 얼마나 적절히 대답했는지도 적어야 한다. 단, 이메일에 지원자에 대한 평가를 적을 때는 표현 하나하나에 일일이 신경을 써야 한다. 채용되지 않은 이가 화가 나 언제 면접관을 고

소할지 모르기 때문이다. 요즘 MS는 이메일에 매우 민감하다.

MS 인터뷰의 기본 원칙은 '최소한 해를 입히지는 않겠다(Do no harm)'는 히포크라테스의 대원칙을 따르고 있다. MS는 적절한 인물을 놓치는 한이 있어도 부적절한 인물을 채용하지는 않겠다는 채용 원칙을 갖고 있는 것이다. 그것은 직원을 채용하고 관리하는 데뿐 아니라, 직원을 해고하는 데도 요즘은 막대한 비용이 들기 때문이다.

조엘 스폴스키는 이렇게 설명한다. "그릇된 '부정'은 유감스런 일이지만 그로 인해 회사가 피해를 입지는 않습니다. 그러나 그릇된 '긍정'은 회사에 막대한 피해를 입힐 뿐 아니라, 바로 잡기까지 상당히 오랜 시간이 걸립니다." 조엘 스폴스키의 은어를 이해하지 못하는 사람들을 위해 쉽게 풀어 설명하면 '그릇된 부정'은 면접관의 잘못으로 유능한 인재를 뽑지 않는 것이고 '그릇된 긍정'이란 능력 없는 사람을 채용하는 것을 의미한다.

MS는 '그릇된 긍정'에 때때로 편집증적인 태도를 보인다. 채용 책임자인 데이비드 프리차드는 이렇게 말했다. "우리가 경쟁사를 도와줄 수 있는 최고의 방법이 바로 부적절한 인물을 채용하는 것입니다. 무능한 사람들을 채용할 경우 우리 회사는 커다란 타격을 입을 것입니다. 그들을 '제거'하는 데 상당한 시간이 걸리기 때문입니다. 설상가상으로 그들은 회사 구석구석에 침투하여 자신과 같이 '질 낮은' 사람들을 채용하기 시작할 것이기 때문입니다."

결과적으로 단 한 명의 면접관의 부정적인 견해가 지원자의 운명을 바꾸어놓을 수 있다. 적절한 인물을 놓치는 한이 있어도 부적절한 인물을 채용하지는 않겠다는 MS의 채용 원칙에 입각해 '불채용' 평가를 하나라도 받은 지원자는 보통 채용되지 않는다. 첫번째 면접관이 부정적인 평가를 할 경우 그것은 지속적인 영향을 미친다. 예를 들어 매우 부정적인 평가를 이메일로 전달받은 경우 다른 면접관들은 (누가 당선될지 예측하는 네트워크들의 보도를 들은 후 투표를 하러 가는) 하와이 투표자 같은 기분을 느낀다. 첫번째 면접관의 부정적인 평가는 다른 면접관들에게는 아무 부담 없이 '불채용'이라 말할 수 있는 일종의 허가증과 같다. 그리고 두 명의 면접관이 부정적인 평가를 내리면 다른 면접관이 긍정적인 평가를 내려도 소용이 없다. 그리고 어떤 면접관이 무능한 자의 침투를 저지하기는커녕 옹호했다는 꼬리표를 달고 싶겠는가?

냉혹한 거절 방법

스폴스키는 이렇게 말했다. "항상 '어떻게 하면 시간 낭비를 최소화할 수 있을까?' 하는 문제가 있습니다. MS에서는 멀리서 레드몬드까지 찾아온 여섯 명의 구직자 가운데 한 명 정도만 채용합니다. 따라서 당신은 너무 많은 사람들에게 너무 많은 시간을 낭비하고 싶지 않을 것입니다. 그렇다고 항공료를 들여 지원자들을 레드몬드까지 불러 놓고 단 한 번 인터뷰하고 돌려보내면 비용이 아깝지 않겠습니까? 그러므로 각 지원자를 적어도 세 번은 테스트해 보는 것입니다."

그후 나머지 인터뷰는 생략된다. 그들은 지원자에게 갖가지 이유를 둘러대며 유감스럽지만 나머지 인터뷰를 할 수 없게 되었다고 말한다. 예를 들면 면접관이 비행기를 놓쳤다든지, 교통체증으로 시간에 맞추어 올 수가 없다든지, 출근을 하지 않았다든지, 혹은 갑자기 급한 일이 생겼다든지 하는 이유를 대는 것이다. 곰곰이 생각해 보면 그들이 말한 이유는 앞뒤가 맞지 않는 경우가 허다하다. 타시안의 경우 세 번째 면접관은 책임자가 오후까지 출근하지 않은 것도 모르고 있었다는 것이 말이

되는 일인가?

지원자의 입장에서 최악의 상황은 타시안이 겪은 것 같은 상황이다. 어떤 이유에서인지 첫번째 면접관은 그를 좋아하지 않았다. 첫번째 면접관이 타시안에 대한 평가를 다른 면접관들에게 이메일로 보내는 순간부터 타시안은 '산 송장'이나 마찬가지였다.

첫번째 면접관으로부터 부정적인 이메일은 받은 다음 면접관은 지원자가 나머지 면접을 받을 가치가 없는 사람이라는 사실을 정확히 눈치채지 못할 정도까지만 시간을 끌어준다. 그리고 그것은 보통 점심시간이다. 그들은 지원자에게 치즈버거를 사주며 갑작스런 사정으로 다음 면접 일정이 취소되었다고 말한다. 그것은 한마디로 '우리는 이미 당신에 대한 평가를 끝마쳤소'라는 의미다.

MS 지원자들은 이 시나리오가 얼마나 자주 이용되는지 모른다. MS의 웹 사이트에 보면 인터뷰 때 명심해야 할 사항들이 게시되어 있다. 사실 그것은 이런 시나리오가 사용되고 있다는 사실을 감추기 위한 계략이다.

시간이 지날수록 당신은 각각의 면접시험을 얼마나 잘 봤는지 평가해 보고 싶은 유혹을 느낄 것입니다. 하지만 평가하려 하지 마십시오. 특정 질문에 제대로 대답하지 못해도 그 때문에 우울해 하지 마십시오. 실질적인 상황과 여러분이 인식하는 상황은 다를 수 있습니다. (예를 들면 당신은 면접시험을 완전히 망쳤다고 생각했는데 사실은 매우 잘 보았을 수도 있습니다. 혹은 그 반대일 수도 있습니다.) 그저 당당히 당신의 모습을 보여주십시오. 그것이 바로 우리가 만나고 싶은 사람, 그리고 이야기하고 싶은 사람의 모습입니다.

타시안과 반대되는 상황 역시 있을 수 있다. 한 지원자의 경우 당당하게 세 번째 인터뷰 관문까지 통과하고 마침내 적격자만 인터뷰하는 면접관 카렌 프라이즈(Karen Fries)를 만나게 되었다. 프라이즈는 MS에서 매우 중요한 사람이었다. 그녀는 소프트웨어 사용자들에게 도움말을 제공하는 '마법사'와 (마법사만큼 성공을 거두지는 못한) 카툰 도우미, 밥(Bob)—밥 캐릭터는 포커스 그룹(focus group : 테스트할 상품에 관하여 논의하는 소비자 그룹)과 빌 게이츠에게 깊은 인상을 주는 데는 성공했지만 지금은 사용 중단된 캐릭터이다 — 을 개발한 사람이었다. 그녀는 놀랄 정도로 매력적인 여성이었다. 지원자는 그녀를 보는 순간 실질적인 인터뷰는 끝났고, 지금까지 인터뷰를 잘한 것에 대한 일종의 '보상'으로 MS 측에서 매력적인 여성과 가볍게 이야기 나눌 기회를 준 것이라는 생각이 들었다. 인터뷰 후 프라이즈는 그 지원자에 대한 평가를 이메일로 보냈다. 그 이메일에는 악평 중의 악평이 적혀 있었다. 악평이 적힌 이메일들이 항상 넘쳐나는 MS에서 지금도 악평 이메일의 '고전'으로 불릴 정도였다. 물론 그 지원자는 채용되지 못했다.

대개 MS는 채용 여부를 솔직히 드러낸다. 따라서 일자리 제의를 받게 될 사람은 레드몬드를 나설 때부터 자신이 일자리 제의를 받게 되리라는 것을 알 수 있다. 반면 레드몬드를 나설 때 MS에서 관심을 명확히 표현하지 않는다면 그 지원자는 일반적으로 일자리 제의를 받지 못할 것이다.

채용의 기본 원칙

'냉정한' 면접관은 다음과 같은 특징을 갖고 있다. 보통 그들은 남자다. 그들은 잡담을 일절 하지 않는다. 그들은 지원자의 마음을 불편하게 한다. 그들은 보통 대답하기 어려운 질문을 하고 지원자 대부분을 '불채용' 범주로 분류한다. 바는 이렇게 말한다. "그들은 조금도 틈을 보이지 않습니다. 그들은 자신이 누구인지 제대로 소개조차 하지 않습니다. 하지만 그것이 역효과를 낼 수도 있습니다."

스탠퍼드 학생인 노아 수오자넨은 레드몬드를 찾았고 하루 종일 힘든 인터뷰를 받았다. 여섯 번째 인터뷰를 받은 후 그는 또다른 인터뷰가 있으니 다시 로비에서 기다리라는 말을 들었다.

마지막 면접관이 그에게 다가와 '안녕하세요'라고 말했다. 그것이 그가 말한 전부였다. 그는 그때도 그리고 그 이후에도 자신이 누구인지 소개하지 않았다. 그들은 화이트보드가 설치된 또 다른 창문 없는 방으로 들어갔다. 면접관은 복잡한 문제를 냈다. 수오자넨은 정중하게 마커를 들고 문제를 풀기 시작했다.

도중에 면접관이 갑자기 양해를 구하더니 자리에서 일어나 방을 나갔다.

그는 다시 돌아오지 않았다. 수오자넨은 그를 다시 볼 수 없었다.

한참 시간이 흘렀는데도 그가 돌아오지 않자 수오자넨은 어떻게 해야 할지 고민하기 시작했다. 면접관이 어디 있는지 물을 수 없었다. 그는 면접관의 이름을 몰랐기 때문이다. 그렇다고 그의 인상착의를 설명할 수 있는 것도 아니었다. 그가 기억할 수 있는 것이라고는 면접관이 청바지에 맞춰 입은 셔츠의 색깔 정도였다.

마침내 수오자넨은 마커를 내려놓고 빌딩을 나왔다.

이로 인해 MS는 여섯 명의 면접관으로부터 긍정적인 평가를 받은 잠재 직원을 놓쳤다. 분명 MS의 인사부 측에서도 그 일을 유감스럽게 생각했을 것이다. 하지만 그런 실수는 어느 정도 예견했던 일이다.

언론에서는 ‘일반’ 직원이 같은 팀에서 일하게 될 지원자를 인터뷰하는 MS의 인터뷰 관행을 긍정적으로 평가했다. 같이 일하게 될 동료에 의한 인터뷰가 사기를 북돋우고 기술을 개발하는 데 긍정적인 역할을 하리라는 데는 이견이 있을 수 없다.

MS의 인사부는 정기적으로 세미나를 열어 직원들에게 인터뷰 원칙을 교육시킨다. 세미나에서 설명되는 인터뷰 원칙들은 대부분 기본적인 원칙들이다. 예를 들면 인종 혹은 성 차별 소송에 연루될 소지가 있는 질문을 삼가라는 원칙처럼 말이다. 하지만 어떤 질문을 해야 하는지, 혹은 어떤 사람이 채용할 정도로 괜찮은 사람인지, 어떻게 하면 ‘냉정한’ 면접관 — 지원자 입장에서 보면 이들은 악한이다. 하지만 MS 문화 내에서 이들은 보통 존경받는 인물이다 — 이 될 수 있는지 설명하지 않는다.

4
마이크로소프트의 인터뷰 퍼즐

MS의 인터뷰 질문은 비밀이다. 하지만 비밀이 절대적으로 유지되는 것은 아니다. 만약 MS에서 당신에게 이 세상에 피아노 조율사가 몇 명이나 되는지 물었다면 당신은 친한 사람에게 혹은 "오늘 인터뷰 어땠어요?"라고 묻는 다른 누군가에게 그것을 이야기할 것이기 때문이다.

MS의 면접관들은 이 책에 실려 있는 유형의 질문들 이외에 다양한 유형의 질문들을 한다. 전통적인 질문 및 행동 관련 질문들을 할 때도 있다. 그것은 다른 기업들이 흔히 이용하는 질문이기 때문이다. 스티브 발머가 좋아하는 질문 가운데 하나는 "당신은 어디서 즐거움을 느낍니까?"라는 질문이다. MS 인터뷰에 사용되고 있는 또다른 전통적인 질문에는 "동료가 옳지 못한 일을 하는 것을 본다면 당신은 그것을 상관에게 이야기하겠습니까?" "당신은 한 번에 얼마나 많은 프로젝트를 처리할 수 있습니까?" "완벽하게 업무를 수행하는 것과 신속하게 업무를 수행

한 것 가운데 당신은 어느 것이 더 중요하다고 생각합니까?" 같은 질문
이 포함되어 있다.

프로그램 개발자의 경우 프로그래밍과 관련된 다양한 질문들을 받는
다. 그리고 코드 작성 요구를 받기도 한다. 널리 알려져 있는 프로그래
밍 질문 가운데 두 가지는 "링크 리스트를 역순으로 만드시오"와 "ASCII
(American Standard Code for Information Interchange : 미국에서 표
준화가 추진된 정보교환용 7비트 부호)와 일본어에서 백스페이스가 작동
하도록 백스페이스 기능을 짜시오"이다. 면접관들은 또한 컴퓨터 업체
들이 주로 사용하는 가정질문들을 던지기도 한다. "당신이라면 할머니
에게 엑셀을 어떻게 설명하겠습니까?" "당신이 설립하고자 하는 신생기
업에 MS가 500만 달러를 투자하겠다고 한다면 당신은 어떤 사업을 하
겠습니까?" 같은 가정적인 질문 말이다. 하지만 이러한 질문들은 프로
그래밍 지원자가 아닌 사람들에게는 일반적으로 사용되지 않는 질문들
이므로 이 책에서는 다루지 않도록 하겠다. MS가 사용하고 있는 프로그
래밍 관련 질문들을 보다 자세히 알고 싶다면 책 뒤편 참고문헌에 소개
되어 있는 웹 사이트들을 참고하기 바란다.

이 책에서는 대답하기 어려운 문제, 함정이 있는 문제, 재능을 테스트
하는 문제, 그리고 자유 해답식의 가정 문제만을 다룰 것이다. 다시 말
해 MS의 인터뷰 질문 가운데 가장 이색적이고 자극적인 질문들만 다룰
것이다. 사실 많은 기업들이 이러한 질문들 가운데 상당수를 차용해 쓰
고 있다.

MS 문제의 출처

MS의 퍼즐은 세포핵의 DNA가 아니라, 미토콘드리아(mitochondria :

세포질 속의 호흡을 맡는 소기관)의 DNA에 비유할 수 있다. 간부들이 인터뷰에 사용할 일련의 퍼즐 리스트를 만들어놓고 면접관들에게 리스트에 있는 질문만을 하도록 요구하지 않기 때문이다. 다시 말해 인터뷰 때 MS 사람들은 어떤 질문이든 자유롭게 할 수 있다.

여기에 실려 있는 질문들 가운데 절반 정도는 '로직 퍼즐'이다. 전통적으로 로직 퍼즐은 수학적 계산 없이 말로 설명할 수 있는 오락거리이다. 인터뷰 퍼즐은 MS 사람들이 점심시간 때 즐기는 이야기이다. MS에서 효과적으로 보이는 '새로운' 질문을 찾아내는 일은 스릴 넘치는 일이다. 한 가지, MS에서는 '새로운'이 반드시 '오리지널(자신이 최초로 생각해 낸)'을 의미하지는 않는다.

MS의 퍼즐 가운데 어떻게 만들어진 것인지 그 유래가 전해지고 있는 퍼즐들도 있다. 예를 들어 스티브 발머는 MS의 다른 간부와 조깅을 하다가 맨홀 뚜껑을 보고 말했다. "왜 맨홀 뚜껑은 원형이지?" 그랬더니 다른 간부가 이렇게 말했다. "어이, 그거 인터뷰 질문으로 괜찮은데."

이 이야기는 사실일 수도 있다. 하지만 스티브 발머가 맨홀 뚜껑 질문을 제일 먼저 생각해 낸 사람은 결코 아니다. 1983년 출간된 마틴 가드너의 책에 그 질문이 실린 바 있기 때문이다. 그 책에는 1970년대 《사이언티픽 아메리칸》에 실렸던 칼럼들이 수록되었다. 가드너는 맨홀 뚜껑 문제를 자신이 만들어냈다고 주장하지 않았다. 사실 그가 그 질문을 만들어낸 것 같지도 않다. 특정 퍼즐을 누가 만들어냈는지 추적하는 것은 특정 농담을 누가 만들어냈는지 찾는 것만큼이나 가망성 없는 일이다.

농담처럼 퍼즐도 입에서 입으로 전해지면서 변화·발전된다. 사람들이 어떤 퍼즐을 듣고 잊어버리는 부분도 잊고 새로 추가하는 부분도 있기 때문이다. 이따금 내용을 완전히 바꾸어 버리는 경우도 있다. 퍼즐은 대개 입에서 입으로 전해지기 때문에 기억하기 쉬운 부분은 남고 나머지 부분은 생략되거나 개작되는 경우가 많다. 퍼즐을 간결하게 다듬는 사람은 퍼즐의 생명을 연장시키는 데 있어 처음 퍼즐을 개발한 사람 못지않게 중요한 역할을 한다. 대부분의 퍼즐들이 많은 사람들의 손때가 묻어 반짝반짝 윤이 난다.

그러므로 한 자리에 앉아 정말 독창적이고 쓸모 있는 로직 퍼즐을 고안하는 일은 매우 힘든 일이다. MS 사람들은 그럴 시간이 없다. 사실 MS의 로직 퍼즐은 퍼즐 책 및 퍼즐 사이트에 이미 소개된 바 있는 것들이다.

대답 불가능한 문제, 상상력을 테스트하는 자유 해답식 문제는 상대적으로 개발하기 쉽다. 따라서 이런 문제들은 대부분 MS에서 직접 만들어낸 것이다. (해답은 제2부 3장에 실려 있다.)

MS에서 만들어낸 질문들

Q 당신이라면 저울을 사용하지 않고 어떻게 제트기의 무게를 측정하겠습니까?

Q 맨홀 뚜껑은 왜 사각형이 아니라 원형입니까?

Q 거울에 비치는 모습이 위아래가 아니라 좌우대칭으로 보이는 이유는 무엇입니까?

Q 자동차 문을 열 때 자동차 열쇠를 어느 쪽으로 돌려야 합니까?

Q 호텔에서 더운 물을 틀면 더운 물이 즉시 나오는 이유는 무엇입니까?

Q 그들은 어떻게 M&M을 만듭니까?

Q 보트에 타서 서류가방을 배 밖으로 던진다면 수면이 높아지겠습니까, 낮아지겠습니까?

Q 이 세상에 피아노 조율사가 몇 명이나 있습니까?

Q 미국에 주유소가 몇 개나 있습니까?

Q 시간당 얼마나 많은 양의 미시시피 강물이 뉴올리언스를 지나치겠습니까?

Q 하키 링크에 있는 얼음 전체의 무게는 얼마입니까?

Q 미국의 50개 주 가운데 한 개 주를 없앤다면 어떤 주를 없애겠습니까?

Q 남쪽으로 1마일, 동쪽으로 1마일, 그리고 북쪽으로 1마일 걸어 출발 지점으로 되돌아갈 수 있는 곳이 이 지구 상에 몇 곳이나 있습니까?

Q 시계의 시침과 분침은 하루에 몇 회 겹쳐집니까?

Q 마이크와 토드는 합쳐서 21달러를 갖고 있습니다. 그리고 마이크는

토드보다 20달러 더 많이 갖고 있습니다. 그들은 각각 얼마를 갖고 있겠습니까? 하지만 대답 시 '소수점'을 사용할 수 없습니다.

Q 맨해튼의 전화번호부를 평균 몇 번이나 펼쳐보아야 원하는 이름을 찾을 수 있습니까?

Q 직사각형 모양의 케이크가 있습니다. 누군가가 직사각형 모양으로 케이크 한 조각을 베어냈습니다. 어떻게 하면 남은 케이크를 정확히 둘로 나눌 수 있겠습니까? 이미 베어낸 케이크 조각의 크기는 마음대로 정할 수 있습니다. 그리고 일직선으로 단 한 번만 케이크를 자를 수 있습니다.

Q 당신이라면 빌 게이츠의 욕실을 어떤 식으로 설계하겠습니까?

Q 당신이라면 컴퓨터로 조정하는 마이크로오븐을 어떤 식으로 설계하겠습니까?

Q 당신이라면 VCR 조정 장치를 어떤 식으로 설계하겠습니까?

Q 베니션 블라인드의 리모컨을 설계하시오.

Q 맹인을 위한 양념 수납 선반을 설계하시오.

Q 당신이라면 소금병을 어떻게 테스트하겠습니까? (토스터기는? 차주

전자는? 엘리베이터는?)

Q 당신이라면 대형 도서관에서 특정 도서를 어떻게 찾겠습니까? 단 당
신을 도와줄 사서도, 색인목록도 없습니다.

Q 당신이 국세청 직원이 되었다고 합시다. 당신의 첫번째 임무는 베이
비시터 알선 기관의 탈세 의혹을 밝히는 것입니다. 어떻게 밝히겠습
니까?

Q 당구공이 여덟 개 있습니다. 그중 한 개만 '하자 있는' 공입니다. 그
공은 다른 일곱 개의 공보다 무게가 더 나갑니다. 천칭을 두 번 이용
하여 '하자 있는' 공을 찾아내려면 어떻게 해야 합니까?

Q 알약이 들어 있는 다섯 개의 약병이 있습니다. 다섯 개의 약병 가운
데 한 약병에는 이물질이 섞인 알약들이 들어 있습니다. 어느 병에
들어 있는 알약이 이물질이 들어간 알약인지 알 수 있는 유일한 방
법은 무게를 측정하는 것입니다. 정상 알약의 무게는 10그램입니다.
이물질이 들어간 알약의 무게는 9그램입니다. 저울이 있고 저울로
단 한 번만 무게를 잴 수 있다면, 어느 약병에 들어 있는 알약이 이
물질이 들어간 알약인지 당신은 어떻게 알아내겠습니까?

Q 삼각형의 세 귀퉁이에 세 마리의 개미가 있습니다. 각 개미가 (임의
적으로 택한) 다른 귀퉁이를 향해 일직선으로 움직이기 시작합니다.
개미들이 부딪히지 않을 가능성은 얼마나 됩니까?

Q 개 네 마리가 있습니다. 각각의 개가 커다란 사각형의 각 귀퉁이에
서 있습니다. 각각의 개가 자신의 오른쪽 방향에 있는 개를 쫓기 시
작합니다. 모든 개가 동일한 속력으로 달립니다. 개는 오른쪽 방향
에 있는 개를 향해 직선으로 달리기 위해 계속 방향을 바꿉니다. 개
들이 서로서로를 잡는 데 얼마나 많은 시간이 걸리겠습니까? 그리고
어느 지점에서 이 일이 일어나겠습니까?

Q 기차가 시속 15마일로 뉴욕을 향해 로스앤젤레스를 떠납니다. 이와
동시에 또다른 기차가 동일 노선으로 로스앤젤레스를 향해 뉴욕을
떠납니다. 그 기차는 시속 20마일로 계속 달립니다. 그리고 이와 같
은 순간에 새가 로스앤젤레스 기차역을 출발하여 뉴욕을 향해 날아
갑니다. 새는 기찻길을 따라 시속 25마일로 날아갑니다. 새는 뉴욕
발 기차에 도달하면 즉각 방향을 바꾸어 왔던 길을 되돌아갑니다.
로스앤젤레스발 기차에 닿을 때까지 계속 같은 속력으로 날아갑니
다. 그리고 로스앤젤레스발 기차에 닿으면 다시 방향을 바꾸어 왔던
길을 되돌아갑니다. 그 새는 두 기차가 충돌할 때까지 두 기차 사이
를 계속 오갑니다. 새가 오고간 거리는 총 얼마입니까?

Q 스물여섯 개의 상수가 있습니다. 그리고 각 상수에는 A에서 Z까지
의 알파벳이 붙어 있습니다. A에 상응하는 값은 1입니다. 다른 상수
의 값은 알파벳의 순서(몇 번째 알파벳)에 바로 앞 상수를 제곱한 것
입니다. 즉 B(두 번째 알파벳) $= 2^A = 2^1 = 2$이고 C(세 번째 알파
벳) $= 3^B = 3^2 = 9$입니다. 그렇다면 다음 식의 값을 구하시오.

$$(X-A) \times (X-B) \times (X-C) \times \cdots \times (X-Y) \times (X-Z)$$

Q 수를 −2진법으로 표현하시오.

Q 병 2개와 공깃돌 100개가 있습니다. 그중 50개는 붉은색이고 50개는 푸른색입니다. 임의적으로 두 개의 병 가운데 하나를 택하여 그 안에 들어 있는 공깃돌 한 개를 꺼냅니다. 어떻게 하면 붉은 공깃돌을 선택할 가능성을 최대화할 수 있겠습니까? (단, 100개의 공깃돌 모두를 병 속에 넣어야 한다.) 이 방법대로라면 붉은 돌을 선택할 확률은 얼마입니까?

Q 3쿼트 물통과 5쿼트 물통이 있습니다. 물은 얼마든지 공급됩니다. 어떻게 하면 정확히 4쿼트의 물을 잴 수 있습니까?

Q 직원 가운데 한 명이 급료를 매일 금으로 받고 싶어합니다. 금괴 하나의 가치는 직원이 일주일 동안 일한 급료에 해당됩니다. 금괴는 이미 일곱 개 토막으로 등분되어 있습니다. 당신은 금괴를 두 번 자를 수 있고 매일 퇴근할 때마다 급료를 정산해야 한다면 어떻게 하겠습니까?

Q 상자 b개와 1달러 지폐 n장이 있습니다. 상자를 열지 않고 누군가 요구하는 만큼의 돈을 줄 수 있도록 상자 속에 돈을 나누어 담고 상자를 봉합니다. b값과 n값을 정할 때 지켜야 하는 '제한조건'이 있다면 무엇입니까?

Q 빨강, 초록, 파랑 이렇게 세 가지 색깔의 젤리빈(jellybean: 젤리의

일종으로 콩 모양의 젤리)이 들어 있는 통이 있습니다. 눈을 감고 젤리빈 통에 손을 넣어 동일한 색깔의 젤리빈을 두 개 꺼내야 합니다. 반드시 동일한 색깔의 젤리빈을 두 개 꺼내려면 당신은 얼마나 많은 젤리빈을 집어야 합니까?

Q 과일이 가득 들어 있는 피크닉 바구니가 세 개 있습니다. 하나에는 사과, 또 하나에는 오렌지, 나머지 하나에는 사과와 오렌지가 같이 담겨 있습니다. 당신은 바구니 안의 과일을 볼 수 없습니다. 각 바구니에는 라벨이 붙어 있습니다. 하지만 각 라벨이 해당 바구니가 아닌 다른 바구니에 붙어 있습니다. 당신은 눈을 감고 한 바구니에서 과일을 한 개 꺼낸 뒤 그것을 볼 수 있습니다. 각 바구니에 어떤 과일이 들어 있는지 어떻게 알 수 있습니까?

Q 한 마을에 50쌍의 부부가 살고 있습니다. 그리고 남편들 모두가 바람을 피우고 있습니다. 마을의 모든 여성은 남편이 아닌 남자가 바람을 피우는 때는 알지만 남편이 바람을 피우는 때는 알지 못합니다. 마을의 간통 금지법에 따르면 남편이 바람을 피우고 있는 것을 입증할 수 있는 여자는 남편이 바람을 피운 사실을 알게 된 바로 그날 남편을 죽여야 합니다. 어떤 여자도 이 법을 어길 수 없습니다. 어느 날 정확한 것으로 유명한 여왕이 마을을 방문합니다. 여왕은 최소한 한 명의 남편은 부정을 저질렀다고 발표합니다. 어떤 일이 벌어지겠습니까?

Q 악마가 마구잡이로 난쟁이들을 잡아들입니다. 새로 난쟁이를 붙잡

을 때마다 면담 시간을 갖습니다. 악마는 면담 때 난쟁이 이마에 붉은색 혹은 초록색 보석을 붙입니다. 악마는 새로 붙잡은 난쟁이에게 이마에 제거 불가능한 초록색 혹은 붉은색 보석을 붙였다고 말합니다. 하지만 무슨 색의 보석을 붙였는지는 이야기하지 않습니다. 그리고 다른 어느 누구도 그들에게 그것을 말해 주지 않습니다. (난쟁이는 보석에 대해 일절 말할 수 없습니다.) 두 가지 색깔의 보석 중 하나는 스파이임을 의미하고 다른 하나는 스파이가 아니라 운이 나빠서 붙잡힌 포로임을 의미합니다. 악마는 어느 색깔이 어느 의미인지 말하지 않습니다. 그리고 앞으로도 말하지 않을 것입니다. 이렇게 면담은 끝납니다.

매일 악마는 난쟁이들을 줄지어 세워 놓고 도망간 녀석이 없는지 수를 세어 봅니다.

어느 날 악마는 난쟁이에 싫증이 나서 그들을 없애기로 마음먹습니다. 그는 이마의 보석이 무슨 색깔인지 난쟁이들 모두가 맞힌다면 놓아주겠다고 말합니다. 악마는 적어도 한 명의 난쟁이의 이마에는 붉은색 보석이 붙어 있고 적어도 한 명의 난쟁이의 이마에는 초록색 보석이 있다는 힌트를 줍니다. 풀려나려면 난쟁이들은 매일 점호 때 말 없이 신호를 주고받아야 합니다. 붉은 보석을 가진 난쟁이는 모두 한 발 앞으로 나와 서고 초록색 보석을 가진 난쟁이는 뒤에 그대로 남아 있어야 합니다. 만약 맞히면 난쟁이들은 모두 풀려나 광산에 있는 집으로 돌아가게 될 것이고 틀리면 그 자리에서 몰살당할 것입니다.

난쟁이들은 자신이 갖고 있는 보석이 무슨 색인지 생각할 충분한 시간을 갖고 있습니다. 그들은 모두 완벽하게 논리적이고 또 모두 집으로 돌아가길 원하고 있습니다. 그들은 어떻게 해야 합니까?

Q 밤중에 네 명의 여행자가 낡은 다리를 건너야 합니다. 다리 곳곳이 부서져 있습니다. 그리고 한 번에 두 명만 다리 위에 서 있을 수 있습니다. (만약 세 명 이상이 다리 위에 서면 다리는 무너집니다.) 다리를 건너려면 여행자들은 손전등을 이용해야 합니다. 그렇지 않으면 부서진 부분을 밟아 떨어져 죽을 것입니다. 손전등은 단 하나 뿐입니다. 네 명의 여행자는 각각 다른 속도로 움직입니다. 애덤은 1분 만에 다리를 건널 수 있습니다. 래리는 다리를 건너는 데 2분, 에지는 5분, 가장 느린 보노는 10분이 필요합니다. 다리는 정확히 17분 뒤면 무너질 것입니다. 네 명 모두 무사히 다리를 건너려면 어떻게 해야 합니까?

상대방을 납득시킬 능력

MS뿐 아니라, 다른 많은 기업에는 인터뷰 때 사용하는 은밀한 '테스트'가 있다. 일명 '도전' 테스트. 스폴스키는 이렇게 말한다. "내 친구 중 한 명이 MS의 인터뷰 시험에서 떨어졌습니다. 인터뷰 후 나는 그와 저녁을 먹으러 갔습니다. 그는 말했습니다. '그 사람(면접관) 정말 싫었어. 너무 바보 같았어. 페아노(Peano : 이탈리아의 수학자이자 논리학자. 기호논리학의 개척자) 기호를 전혀 몰랐어. 나는 페아노 기호를 주제로 논문까지 썼어. 그래서 그에 대해 다 알고 있었지. 그런데 그는 계속 틀린 이야기만 하는 거 있지.' 그래서 그는 면접관에게 몹시 짜증이 났습니다. 그는 면접관이 특정 주제에 대해 잘못 알고 있어 인터뷰가 엉망이 되었다고 생각했습니다.

나중에 알고 보니 그가 지원한 자리는 프로그램 관리자였습니다. 프로그램을 짜는 자리가 아니라, 소프트웨어를 설계하는 자리였습니다.

그러므로 다른 사람을 설득시킬 수 있는 능력이 필요한 자리였습니다. 프로그램 관리자라면 매우 논리적이지만 좀처럼 타협하려 들지 않는 프로그래머들을 설득시킬 수 있는 능력이 있어야 했습니다. 유능한 프로그램 관리자가 되는 데 있어 그것은 매우 중요한 능력입니다. 프로그램 관리자를 뽑을 때 특별히 관심을 기울이는 사항 가운데 하나가 '무엇인가가 옳다는 것을 알고 있을 때 그 사실을 사람들에게 납득시킬 능력이 있는가' 하는 것입니다. 그것이 바로 프로그램 관리자가 하루 종일 해야 하는 일이기 때문입니다. 하지만 공격적이거나 성난 말투를 사용해서는 안 됩니다. 그들을 설득할 때는 항상 인내심과 친절함을 잃지 말아야 합니다. 그것이 바로 우리가 프로그램 관리자 직에 지원한 구직자에게서 찾았던 능력이었습니다."

'도전' 유형의 테스트는 스탠퍼드 비네 IQ 테스트에서도 구두로 행해진 바 있다. 예를 들면 테스트 감독관은 다음과 같은 퍼즐을 냈다.

당신도 알다시피 물에 무엇인가를 넣으면 부력 때문에 뜨게 되어 있습니다. 그럼 이 문제를 생각해 봅시다. 물이 가득 들어 있는 물통이 하나 있다고 합시다. 물통의 무게를 재어보니 정확히 45파운드였습니다. 그런 다음 물통에 무게가 5파운드인 물고기를 넣었습니다. 자, 그럼 물통에 물고기를 넣을 뒤 물통의 무게를 재면 얼마가 되겠습니까?

대부분의 사람들은 45파운드 더하기 5파운드이므로 물통의 무게는 50파운드라고 답한다. 그러면 감독관은 이렇게 묻는다. "물 자체가 물고기를 떠받치고 있는데, 어떻게 50파운드가 정답일 수 있습니까?" 터먼은 이렇게 적었다. "만약 테스트 응시자가 답을 수정한다면 혹은 자신은 50파운드가 답이라 생각하지만 확실하지는 않다고 대답한다면 그 응시자는 점수 획득에 실패할 것이다." 감독관이 제시하는 두 번의 연속적인 '도전(반박)'에 응시자가 논리적인 대응으로 자신의 답변을 옹호한다면 그는 점수를 획득하게 될 것이다.

이것이 지능을 측정하기 위한 것인지, 아니면 '뻔뻔함'을 측정하기 위한 것인지는 분명치 않다. 하지만 분명한 것은 인터뷰 때 이런 함정 문제를 내는 기업들은 '뻔뻔함'을 중요하게 생각한다는 것이다. MS의 스폴스키는 이렇게 말한다. "인터뷰 때 옳은 답을 확실하고 긍정적인 태도로 이야기해야 합니다. 그런 다음 '잠시만 시간을 주십시오'라는 말로 2분 정도 시간을 번 다음 어떤 식으로 변론할 것인지 생각해야 합니다. 그리고 어떤 식으로 변론할 것인지 확신이 서면 당신은 면접관의 반론에 정면으로 맞서야 합니다."

"의지가 굳지 않은 지원자들은 보통 면접관의 반론에 쉽게 굴복합니다. 그런 사람은 일자리를 얻을 수 없습니다. 반면 의지가 굳은 지원자는 상대방을 설득시킬 방법을 찾아냅니다. 그들은 데일 카네기(Dale Carnegie : 유명한 리더십 강사)의 대인 관계 기술을 총동원해서라도 상대방을 설득시킬 것입니다. 그리고 면접관이 이렇게 말하도록 만들 것입니다. '내가 당신을 잘못 이해한 것 같습니다.' 하지만 면접관은 자신의 생각이 틀렸다고는 말하지 않을 것입니다. 어쨌든 그러고 나면 당신은 채용될 것입니다."

인터뷰 퍼즐의 유출

MS는 인터뷰 질문의 유출에 편치 않은 입장을 보인다. 몇몇 사람들이 MS의 인터뷰 퍼즐을 '수집'하여 웹 사이트에 올리고 있다. 이 책에 소개되어 있는 퍼즐은 적어도 그러한 웹 사이트들에 이미 소개된 바 있는 것들이다.

1990년대 초 크리스 셀즈(Chris Sells)는 디벨러프멘토르(Develop-Mentor)라 불리는 회사에서 인터뷰를 받았다. 인터뷰 마지막에 창립자 가운데 한 명이 말했다. "좋습니다. 당신을 채용하겠습니다. 하지만 MS에서 하는 질문 한 가지를 하고 싶습니다." 그것은 바로 "맨홀 뚜껑은 왜 원형입니까?"라는 질문이었다.

셀즈는 이렇게 말했다. "저의 질문에 먼저 대답해 주시면 저도 그 질문에 답하겠습니다. 소방관은 왜 붉은색 멜빵바지를 입는다고 생각하십니까?"

창립자는 그 퍼즐에 대해 아는 것이 없었다.

이 일을 계기로 셀즈는 퍼즐을 수집하기 시작했다. 거기에는 그가 MS에서 질문 받았던 인터뷰 퍼즐도 포함되었다. 1996년 5월 그는 웹 사이트를 운영하기 시작했고 그의 친구, 그리고 친구의 친구들로부터 들은 MS의 인터뷰 질문들을 게재했다.

USC의 학생 키란 본달라파티(Kiran Bondalapati)의 친구들 몇 명도 그와 비슷한 시기에 MS에서 면접을 받았다. 본달라파티는 일련의 문제들을 조합하여 MS의 '인터뷰 문제 은행(Interview Question Bank)'을 운영하기 시작했다. MS의 인터뷰 질문들을 싣고 있는 다른 사이트에는 4guysfromRolla.com의 '마이크로소프트 인터뷰 문제(Microsoft Interview Questions)', 마이클 프라이어(Michael Pryor)의 '기술적인 인터뷰 문제(Technical Interview Questions)'—여기에는 마이크로소프트에서 사용되고 있는 문제 이외에 다양한 퍼즐들이 소개되어 있다—등이 있다. 이 사이트들은 모두 상당한 인기를 얻고 있다.

MS는 자사의 인터뷰 질문을 유포하고 있는 그들에게 사용료를 요구할 수도 있을 것이다. 하지만 현실은 보다 복잡하다. 본달라파티와 셀즈에 따르면 MS의 인사부 관계자들은 오히려 신입사원들에게 지원자들에게 어떤 질문을 해야 할지 모르겠으면 그러한 사이트들을 참고하라고 조언한다고 한다.

물론 면접 응시자들은 인터뷰를 준비할 때 그러한 사이트들을 참고할 수 있고 또 참고하고 있다. 셀즈 사이트와 본달라파티 사이트는 정답을 제공하지 않는다는 점에서 상대적으로 '사려 깊다'고 할 수 있다. 본달라파티는 친구의 친구로부터 화급한 전화를 받은 적이 있다. 그녀는 매리어트에 머물고 있었고 다음날 인터뷰가 있다는 것이었다. 그녀는 그의 웹 사이트에 실려 있는 내용들을 프린트한 인쇄물을 갖고 있었다. 하지만 거기에는 답이 제시되어 있지 않았고 그녀는 그 답을 급히 알고 싶었던 것이다.

이 사이트들에 대한 기업들의 반응은 보다 흥미롭다. 셀즈는 'MS처럼 채용하기'를 원하는 기업들의 면접관들로부터 종종 이메일을 받는다. 그들은 셀즈의 사이트에서 제공하지 않고 있는 답이 필요하여 메일을 보낸 것이다. 셀즈는 이렇게 말한다. "나는 항상 답을 모르겠으면 질문을 하지 말라고 답변합니다. 그러면 그들은 종종 기막혀 합니다."

5

단서는 없다

앞장에 제시되어 있는 일부 퍼즐 문제에 당신은 난감해 했을 수도 있다. 어떻게 풀어야 할지 모르는 문제에 부딪혔을 때 당신은 어떻게 해야 할까?

사람들은 그 문제의 답을 구하려 오랫동안 애를 써왔다. 그것이 바로 '인공지능(Artificial Intelligence) 분야'의 핵심 사안이기 때문이다.

게이츠와 MS의 대부분의 근로자들이 인공지능, 즉 인간처럼 생각하고 판단하고 문제를 해결하도록 프로그램된 기계를 꿈꾸며 자랐다. 인공지능에 접근하는 전통적인 방법 가운데 한 가지는 사람들이 어떤 식으로 문제를 푸는지 추적하는 것이다. 인간이 문제를 어떻게 푸는지 정확히 알 수 있다면 컴퓨터가 그와 같이 작동하도록 프로그램화할 수 있기 때문이다.

문제를 잘 푸는 사람은 어떻게 문제를 잘 푸는 것일까? 일화만으로는 문제를 잘 푸는 이유를 완전히 설명할 수 없다. 천재들은 종종 스스로도 설명할 수 없는 불가사의한 일들을 한다. 물리학자인 머레이 젤맨 (Murray Gell-Mann)은 수업 시간 중에 동료인 리처드 파인먼(Richard Feynman)의 문제 풀이 방식을 시현해 보이곤 했다. 젤맨은 칠판에 복잡한 문제를 적고 아무 말 없이 그것을 응시했다. 그리고는 정답을 적었다. 젤맨은 파인만의 천재성, 창의적인 사고 과정이 말로 설명할 수 없는 무엇인가임을 설명하려 했던 것이다. 루이 암스트롱(Louis Armstrong)은 말했다. "만약 '이게 뭐야?'라고 물어야 한다면 당신은 그것이 무엇인지 결코 이해하지 못할 것이다."

문제 풀이 과정에는 논리로는 설명할 수 없는 무엇인가가 있다. 갑작스런 깨달음으로 인해 어려운 문제가 풀리는 경우가 종종 있다. 어느 순간 머릿속에 기발한 생각이 떠오르면서 자연스레 문제가 풀리는 것이다. 하지만 어떻게 그런 생각이 떠올랐는지 논리적으로 설명할 수는 없다.

인공지능 연구소에서 퍼즐이나 게임을 문제로 사용하는 경우가 종종 있다. 그것은 현실 세계에서 이용되고 있는 문제들보다는 훨씬 단순하고 간결한 문제들이다. 하지만 그러한 문제들 역시 현실 세계에서 문제를 풀 때와 마찬가지로 논리, 통찰력, 직관 같은 요소들을 필요로 한다. MS 사람들은 대부분 인공지능의 원리를 철저히 이해하고 있다. 외부 사람들은 이상하게 생각하겠지만 MS 사람들이 실없어 보이는 퍼즐이 실세계와 관련이 있다고 굳게 믿는 것도 부분적으로는 이 때문이다.

해공간, 단서 없는 고원

'인간의 문제 해결 과정'을 연구한 대표적인 인물은 경제학자이자 다

재다능한 학자인 허버트 사이먼(Herbert Simon)이다. 1978년 노벨 경제학상 수상자인 사이먼은 컴퓨터 및 로봇 프로그램으로 유명한 카네기 멜론 대학에서 생의 대부분을 보냈다. 그는 컴퓨터 모델 연구에 헌신한 경제학자였다.

사이먼은 인간이 어떤 식으로 문제를 해결하는지 연구했다. 컴퓨터가 그와 유사한 임무를 수행할 수 있도록 프로그램을 짜려면 어떻게 해야 하는지 알아내기 위함이었다. 『인간의 문제 해결 과정(*Human Problem Solving*)』(1972)에서 사이먼과 그의 동료, 앨런 뉴웰(Alan Newell)은 사람들이 다양한 숫자 퍼즐 혹은 단어 퍼즐을 푸는 과정을 연구한 연구 결과를 출간했다. 훗날 출간된 『과학적 발견(*Scientific Discovery*)』(1987)은 획기적인 과학적 돌파구들 이면에 자리한 '추론 과정'을 역사적으로 재조명했다.

사이먼은 단순한 퍼즐 풀이와 위대한 과학적 발전 모두에서 기본적으로 불가사의한 것을 전혀 발견하지 못했다. 사람들은 '타당해 보이는 예감'을 '테스트 가능한 가정'으로 확대시키고 몇 차례의 시행착오를 거치며 궁극적으로 '정답'에 도달했다. 퍼즐 풀이도 과학적 발전도 결코 '영감'의 산물이 아니었다.

사이먼과 동료들은 현재 널리 사용되고 있는 여러 가지 용어들을 일반화했다. 그중 하나가 '해공간(solution space)'이었다. 이것은 문제의 답이 될 수 있는 잠재적인 해(解)들의 집합을 의미한다. 컴퓨터 프로그램은 체스를 할 때 해공간을 탐색한다. 컴퓨터는 말을 움직일 가능한 모든 방법을 따져보고 그중 가장 유리한 방법을 선택한다.

사이먼은 해공간을 탐색하는 과정이 인간이 퍼즐을 푸는 방법이자, 케플러와 플랑크 같은 과학자들이 획기적인 돌파구를 찾아낸 방법이라 믿었다. 해공간 개념은 커다란 영향을 미쳤다. 컴퓨터가 문제를 해결하도록 프로그램을 짤 때 해공간을 먼저 찾아내는 것은 극히 바람직한 방법이다. 컴퓨터는 해공간에 있는 일련의 해들을 놀라운 속도로 탐색하여 최적의 해를 찾아내기 때문이다.

이러한 접근 방식은 여러 가지 한계를 갖고 있다. 해공간이 방대한 문제들의 경우 아무리 빠른 컴퓨터라 해도 해를 하나하나 탐색해서는 최적의 해를 언제 찾아낼 수 있을지 알 수 없기 때문이다. (컴퓨터가 체스 전문가들을 이길 수는 있어도 '완벽한' 체스를 둘 수 없는 것도 이 때문이다) 그리고 해공간을 정의하는 일 역시 커다란 문제이다. 해공간과 사람들이 실질적으로 문제를 푸는 방식 간에는 차이가 있을 수 있다.

예를 들어 "자동차 열쇠를 어느 방향으로 돌려야 하는가?"라는 문제의 경우 당신은 해공간을 두 가지, 즉 '시계 방향'과 '시계 반대 방향'으로 정의할 수 있다. 하지만 그런 정의는 이 문제의 본질을 망각한 정의이다. MS의 퍼즐 문제가 알고 싶은 것은 당신이 열쇠를 시계 방향으로 돌릴 것인지 아니면 시계 반대 방향으로 돌릴 것인지 하는 것이 아니다. 그들이 알고 싶은 것은 당신이 시계 방향으로 혹은 시계 반대 방향으로 열쇠를 돌려야 한다고 생각하는 이유이다. 따라서 그 문제의 답은 두 개가 아니라, 그보다 훨씬 많아질 것이다. 요컨대 진정한 해공간에는 해뿐만 아니라, 그것이 해인 이유까지 포함되어 있어야 하는 것이다.

일반적으로 퍼즐 문제와 대답 불가능한 문제들의 경우 해공간을 정의하기가 어렵다. 그런 문제들은 어떤 해가 옳은지는 말할 것도 없고, 어떤 해가 논리적인지조차도 분명치 않다. 인공지능 개발이 어려운 작업인 것도 이 때문이다. 사실 인터뷰 때 지원자들이 어떤 질문에 제대로 대답하지 못하는 것도 이 때문이다.

　최근 인지심리학 연구결과들은 문제를 해결하는 이성적인 능력을 믿는 사이먼의 시각에서 뒤로 한 걸음 물러난 듯하다. 최근 결과들은 문제를 풀 때까지 아무도 문제를 푸는 방법을 알지 못한다고 주장하고 있는 것이다. 예를 들어 사이먼의 해공간과 대조적으로 하버드 심리학자, 데이비드 퍼킨스는 '단서 없는 고원'을 주장한다. 잠재적인 해(解)의 공간은 풍경이고 정답은 풍경 저 멀리 거대한 고원 위 어딘가에 있기 때문에 정답을 찾으려면 고원 전체를 뒤져야 한다는 것이다. (그리고 어디서부터 정답을 찾아야 할지 그 단서조차 없다.)

　퍼킨스는 퍼즐을 푸는 사람을 금을 찾아 클론다이크(Klondike : 골드러시 시대 캐나다의 금광산지)를 헤매는 탐광자에 비유한다. 금이 어디에 있는지 알 수 있는 단서는 없다. 당신은 운이 좋은 사람만이 금을 찾을 수 있다고 생각할 수도 있다. 하지만 조금만 더 신중히 분석해 보면 금을 찾은 이들은 다른 사람들보다 금을 찾는 능력이 뛰어남을 알 수 있다. 그들은 금이 묻혀 있는 곳이 일정치 않음을 안다. 따라서 그에 맞는 대비책을 마련한다. 그들은 무작정 금을 찾지 않는다. 그들은 기존에 금이 발견된 곳들의 지질학적 특성을 체계적으로 조사하고 그것을 토대로 금을 찾는다.

　도서관에서 특정 책을 찾는 방법을 묻는 MS의 퍼즐 문제에서도 이러한 시각을 읽을 수 있다. 선불교의 고승 신이치 히사마츠(Shin'ichi Hisamatsu)는 모든 선문답은 "아무것도 할 것이 없다. 당신은 무엇을 할 것인가?"로 요약될 수 있다고 말했다. 이것을 MS의 책 찾기 퍼즐 문제에 맞게 바꾼다면 "책을 찾을 방법이 없다, 당신은 책을 어떻게 찾을 것인가?"라고 할 수 있다. 사람들은 책을 찾지 못한다. 이것이 어려운 질문이기 때문이 아니다. 논리적 근거가 부족하기 때문이다.

분명 이것은 "듀이의 십진 분류법을 이용하여 자료를 저장했기에 책은 왼쪽에서 세 번째 통로의 19번째 선반에 있다"라고 답할 수 있는 문제는 아니다. 당신은 찾는 책이 무엇인지, 도서관에서 듀이의 십진 분류법을 이용하고 있는지, 십진 분류법을 이용한다고 해도 도면상 책들이 어떤 식으로 정리되어 있는지 알지 못한다. 책의 위치를 추론할 방법이 없다. 당신이 할 수 있는 것이라고는 가능한 효과적으로 '해공간, 즉 도서관 전체를 탐색하는' 것뿐이다.

불확실성과 선언명제

퍼즐이 어려운 것은 단순히 해공간이 방대하고 답을 찾아낼 단서가 없기 때문이 아니다. 대부분의 '쓸 만한' 퍼즐들에는 퍼즐을 풀지 못하게끔 '심리적 함정'이 준비되어 있다. 인터뷰에 이용되는 퍼즐들을 포함하여 많은 퍼즐들이 간단해 보이지만 쉽게 풀리지 않는 것도 이 때문이다.

사람들은 퍼즐에 포함되어 있는 불완전한 혹은 불확실한 정보를 제대로 이용하지 못한다. 여기 심리학 연구에 이용되는 간단한 테스트가 있다. 테이블 위에 네 개의 카드가 놓여 있다. 각 카드의 한 쪽에는 알파벳이 적혀 있고 다른 한 쪽에는 숫자가 적혀 있다. 그리고 당신은 다음 면만 볼 수 있다.

이 테스트의 문제는 이러하다. "'카드의 한 면에 모음이 있으면 다른 한 면에는 짝수가 있다'는 규칙이 지켜지고 있는지 테스트하려면 어느 카드를 뒤집어 보아야 하는가?"

나는 당신에게 두 가지 힌트를 줄 것이다. (물론 보통의 경우에는 이러한 힌트가 제공되지 않는다.) 첫번째 힌트는 이 문제는 함정 문제가 아니라는 것이다. 따라서 어디에도 함정이 숨겨져 있지 않다. 이 문제는 보이는 그대로 간단한 문제이다.

두 번째 힌트는 당신이 생각하는 답은 틀린 답이라는 것이다.

대부분의 사람들은 A카드 혹은 A카드와 2카드라고 대답한다. 어쨌든 A는 모음이고 당신은 A카드의 이면에 어떤 숫자가 적혀 있는지 알지 못한다. A카드 이면에 홀수가 적혀 있을 수도 있다. 그러면 그것은 상기 규칙이 지켜지지 않고 있음을 입증할 것이다. 그러므로 당신은 A카드를 뒤집어야 한다. 이것은 타당한 주장이다.

그럼 2카드는 어떤가? 2는 짝수이다. 규칙에 따르면 한 면에 모음이 있으면 다른 한 면에는 짝수가 있어야 한다. 하지만 그것이 모음 카드 이면에만 짝수가 적혀 있다는 의미는 아니다. 2카드의 이면에 C가 적혀 있을 수도 있는 것이다. 2카드에 C가 적혀 있다고 해서 규칙이 지켜지지 않는 것은 아니다. 2카드 뒤에 모음이 있든 자음이 있든 그것으로 규칙이 지켜지고 있는지 없는지 판단할 수 없다. 따라서 2카드는 상기 규칙이 지켜지고 있는지 없는지를 밝혀내는 데 아무런 도움이 되지 않는 카드인 것이다.

그렇다면 A카드를 뒤집어 보는 것만으로 이 규칙이 지켜지고 있는지 아닌지 증명할 수 있을까? 아니, 그렇지 않다. 당신은 7카드 역시 뒤집어 보아야 한다. 7카드를 뒤집어 보았을 때 모음이 있을 수 있다. 그러면 그것은 이 규칙이 지켜지지 않고 있음을 입증할 것이다.

그러므로 정답은 A카드와 7카드를 뒤집어 보는 것이다. 이런 유형의 퍼즐은 웨이슨(Wason)의 선택 과제(selection task)로 유명하다. 이 테스트는 심리학자 웨이슨이 1966년 고안한 것이다. 이런 유형의 퍼즐을 이용한 연구에 따르면 퍼즐을 풀 확률은 20퍼센트에서 0퍼센트이다.

이것이 그렇게 어려운 문제인가? 당신은 퍼즐 속의 '～라면'이라는 가정법 속에 숨겨진 논리를 정확히 이해하지 못하여 사람들이 이 퍼즐을 어려워한다고 생각할 수도 있다. 하지만 연구자들 역시 그 점을 지적했고 그것이 사람들이 문제를 풀지 못하는 진짜 원인이 아님을 밝혀냈다. 즉 연구자들이 7카드 이면에 모음이 있을 수 있음을 지적하고 나자 사람들은 7을 뒤집어야 하는 이유를, 그리고 2를 뒤집을 필요가 없는 이유를 이해했던 것이다.

사실 이 문제는 너무 간단하고 명료하여 퍼즐이라 할 수도 없는 문제다. 그럼에도 불구하고 다섯 명 가운데 네 명이 틀린 답을 말하는 이유는 무엇일까?

이 문제가 어려운 진짜 이유는 사람들이 확실한 것(예를 들면 카드의 두 면 가운데 눈에 보이는 면)에서부터 추론하는 것은 좋아하지만 불확실한 것 혹은 알지 못하는 것에서부터 추론하는 것은 싫어하기 때문이다.

당신은 눈으로 A를 확인할 수 있다. 한쪽 면에 A가 적혀 있다는 것은 명확한 사실이다. 따라서 A카드 이면에 짝수가 적혀 있으면 규칙이 참인 것이고 홀수가 적혀 있으면 규칙이 거짓이라는 결론을 곧바로 도출할 수 있다. 당신은 2 역시 눈으로 확인할 수 있다. 그래서 사람들은 2를 뒤집어 보면 규칙의 진위 여부를 확인할 수 있다는 잘못된 결론을 내리게 된다.

어려운 것은 불확실한 것으로부터 무엇인가를 추론해 내는 것이다. 당신은 7의 이면에 알파벳이 적혀 있다는 것을 알지만 그것이 무엇인지 볼 수는 없다. 그것은 자음일 수도 있고 모음일 수도 있다. 논리학에서는 'O 이거나 □인' 상황을 선언(選言)이라 한다.

문제에 선언명제가 포함되어 있을 경우 당신은 가능한 모든 경우를 적어놓고 각 경우를 따져봐야 한다. 예를 들면 "보이지 않는 알파벳이 모음이라면 어떻게 될까?" "보이지 않는 알파벳이 자음이라면 어떻게 될까?" 이렇게 가능한 모든 경우를 적어놓고 각 경우를 따져보아야 한다.

이것이 당신이 해야 하는 것이다. 하지만 보이지 않으면 마음도 멀어지는 법. 이런 퍼즐에서 바르게 생각하도록 마음을 다잡는 일은 사나운 말에 안장을 얹는 것처럼 힘든 일이다. 마음 깊숙한 곳에서 쉽게 극복할 수 없는 저항을 하기 때문이다. 선언적 추론에 대한 심적 저항은 일명 '인식에 의한 착각(cognitive illusion)'이라 불린다. 그것은 착시 현상처럼 지적으로 이해할 수는 있지만 현실적으로 벗어나기는 힘든 심적 함정이다.

가정과 결론의 상관관계

선언 효과를 체계화하기 위해 폭넓은 연구가 진행되었다. 심리학자인 에이머스 트버스키(Amos Tversky)와 엘다 샤퍼(Eldar Shafir)는 스탠퍼드 학생들을 대상으로 여론 조사를 했다. 만약 중요한 시험을 보았고 통과할지 통과하지 못할지 모르고 있다면, 그리고 모레까지 성적을 알 수 없다고 한다면, 당신은 하와이로 여행갈 수 있는 기회가 있고 그 유효기간이 내일이라고 할 때 하와이 여행을 갈 것인지 말 것인지 물었다.

학생들 대부분이 여행을 가지 않겠다고 말했다. 그들은 중요한 시험 결과가 나오는 것을 기다리지 않고 놀러가는 것을 원치 않았다. 연구원들은 이런 질문도 했다. 만약 시험에 통과했다는 것을 안다면 당신은 여행을 갈 것인가? 만약 시험에 통과하지 못했다는 것을 알아도 당신은 여행을 갈 것인가?

이 질문에 학생들은 결과가 어떻든 여행을 갈 것이라고 대답했다. 만약 통과했다는 것을 안다면 축하하는 뜻에서 여행을 갈 것이고 통과하지 못했다면 위로하는 뜻에서 여행을 갈 것이라고 대답했다. 하지만 불확실한 상황에 직면하면 그들은 불빛 속의 사슴처럼 여행 여부가 시험 결과에 아무런 영향도 미치지 않는다는 사실을 생각할 수 없었다.

연구원들은 주식 시장에서도 유사한 현상을 발견할 수 있다고 주장했다. 대통령 선거가 다가오면 주식 시장은 보통 침체된다. 많은 투표자들이 선거 결과를 알 때까지 투자 결정을 유보하기 때문이다. 선거 후에는 시장에 종종 커다란 움직임이 일게 된다. 한 가지 이상한 점은 선거 당선자에 따라 반드시 시장의 움직임이 달라지지는 않는다는 것이다. 1988년 선거에서 거액 투자자들 대부분이 공화당의 조지 부시를 지지했다. 그럼에도 불구하고 부시 당선 직후 주식 시장은 폭락했다. 한 트레이더는 《뉴욕 타임스》에서 이렇게 말했다. "사무실에 들어와 스크린을 보고 듀카키스가 당선된 줄 알았습니다."

그 말은 적어도 듀카키스가 당선된 것만큼 주식 시장이 폭락했음을 말해 준다. 선거 전 투자자들은 불투명한 상황을 앞에 놓고 이성적인 생각을 할 수 없었다. 그러므로 그들은 불확실한 상황이 해소될 때까지 무조건 기다려야 했다.

로직 퍼즐의 원리

선언명제는 대부분의 로직 퍼즐에 등장한다. 예를 들면 "개미들은 시계 방향 혹은 시계 반대 방향으로 움직이고 있다…… 하지만 당신은 개미들이 어느 방향으로 움직이고 있는지 알지 못한다" "피크닉 바구니에 사과나 오렌지, 혹은 사과와 오렌지가 섞여 들어 있다…… 하지만 당신은 어느 것에 어느 과일이 들어 있는지 알지 못한다" "붉은 구슬이 한 개, 두 개, 세 개, 혹은 만 개 있을 수 있다…… 하지만 당신은 몇 개 있는지 알지 못한다" "느린 여행자가 첫번째로, 두 번째로, 혹은 마지막으로 낡은 다리를 건널 수 있다…… 하지만 당신은 몇 번째로 건널지 알지 못한다" 같은 퍼즐에 말이다.

"일단 한 번 해보자, 그리고 어떤 일이 일어나는지 보고 무엇을 할지 결정하도록 하자"라고 말하는 것이 인간의 본성이다. 로직 퍼즐을 풀 때 누구도 누락되어 있는 정보를 대신 제공해 주지 않는다. 그러므로 당신은 이렇게 말해야 한다. "좋아, 여기 어딘가 누락되어 있는 정보가 있을 거야. 내가 가능한 모든 시나리오를 생각해 보겠어. 정보가 누락되어 있어도 명확한 결론을 내릴 수 있으면 좋겠어."

선언명제는 특히 대답 불가능한 질문에서 두드러진다. 이 세상에 피아노 조율사가 얼마나 많으냐는 질문에 당신이 모든 필요한 정보가 빠져 있다고 느끼는 것은 당연하다. 이 문제에 효과적으로 접근하는 방법은 이렇게 추론하는 것이다. "나는 A를 알지 못한다. 그러나 B와 C를 안다면 그것을 알 수 있다. 그리고 D를 안다면 B를 알 수 있다……" 이러한 질문에 대답하려면 당신이 알고 있는 것에서 당신이 알지 못하는 것을 직접적으로 잇는 길을 찾아야 한다. 그것은 야후에서 최단거리로 두 지점을 연결하는 길을 찾을 때 이용하는 방법이기도 하다.

사람들이 불확실한 전제를 토대로 추론하는 것을 꺼리는 이유는 무엇일까? 그것은 돈 낭비, 시간 낭비를 하게 될까 두렵기 때문이라고 할 수도 있다. 우리는 하나의 불확실성을 극복하더라도 그 너머에 제2, 제3의 불확실성이 기다리고 있다고 생각한다. 하지만 그것이 반드시 사실일까? 그것이 사실이 아닐 수도 있다는 것을 당신은 어떻게 알 수 있을까?

'당신은 그것을 결코 알 수 없다, 적어도 인생에서는 말이다. 하지만 로직 퍼즐은 다르다. 로직 퍼즐은 만들 때부터 당신이 찾을 수 있는 답이 있도록 만들었기 때문이다.

퍼즐이 퍼즐인 것은 두 가지 이유 때문이다. 첫째는 어렵기 때문이고 둘째는 정답이 있기 때문이다. 당신은 첫번째 선언명제를 해결할 방법을 찾아야 한다. 이것이 퍼즐을 푸는 사람과 풀지 못하는 사람의 차이점이다. 하나의 선언명제를 해결하고 나면 상황은 한결 간단해진다. 결코 무한히 복잡해 지는 문제는 없다. 가능성을 하나씩 좁혀 나가다 보면 궁극적으로 답에 이르게 되어 있다. 이것이 거의 모든 로직 퍼즐의 원리이다.

대부분의 사람들이 매우 어려워하는 선언적 추리는 컴퓨터들이 능숙히 해내는 무엇인가이다. '길 찾기'에 효과적인 알고리즘이 있다. (A지역에서 B지역으로 갈 길을 찾고자 야후를 이용하면 매우 빨리 길을 찾아내지 않는가!) 훌륭한 소프트웨어는 그런 알고리즘을 최대로 이용하고 있다. 그러므로 소프트웨어 개발자들은 이런 추론 방식에 익숙해질 필요가 있다.

로봇을 파괴하는 것이 쉬운 이유

당신은 텔레비전에서 로봇들의 전쟁을 본 적 있을 것이다. 사람들은 다른 로봇을 파괴할 목적으로 로봇을 만든다. 그들은 전쟁터에 자신이 만든 로봇들을 몰아넣고 추이를 지켜본다. 이러한 전쟁은 적어도 한 가지 사실은 증명한다. 로봇을 파괴하는 일은 너무 쉽다는 사실 말이다.

로봇을 파괴하는 것이 쉬운 이유는 로봇은 프로그램대로만 행동하기 때문이다. 로봇은 '숲을 보지' 못한다. 로봇은 틀에서 벗어난 생각을 하는 법이 없다. 만약 화염발사기로 스스로를 보호하는 로봇을 만들었다고 하자. 다른 로봇이 3미터 전방에 나타날 때마다 로봇은 상대 로봇에게 화염을 발사할 것이다.

그렇다면 상대방 측에서 해야 할 일은 3.3미터 거리에서 당신의 로봇에 가솔린을 뿌리고 빨리 퇴각하는 로봇을 만드는 것이다. 이제 당신의 로봇은 적의 로봇이 나타나면 화염발사기를 사용할 것이고 적뿐 아니라 자신도 태워버릴 것이다. 하지만 인간은 그렇게 어리석지 않다. 인간이라면 이렇게 할 것이다. "지금 내 몸에 휘발유가 묻어 있어. 지금은 화염발사기를 사용하지 않는 것이 좋겠어." 그러나 로봇은 그 정도로 현명하지는 못하다.

인공 지능 연구자들은 이것을 일명 '문제 구성 능력(framing pro-blem)'이라 부른다. 문제 구성 능력이란 문제가 정확히 무엇인지 파악하는 능력을 의미한다. 로봇(혹은 여타 지각 능력을 가진 존재)은 현 상황과 관련이 있는 것이 무엇인지 어떻게 알 수 있을까? 현 상황을 무시해도 안전에 아무 지장이 없다는 것을 어떻게 알 수 있을까?

이것은 인공지능이 갖고 있는 가장 곤란한 문제 가운데 하나다. 일부 사람들은 이것을 인공지능의 한계라고 말한다.

전투 로봇이 자기희생을 했을 때, 당신은 주변 환경에 더욱 많은 관심을 기울일 수 있고 보다 논리적으로 행동할 수 있는 보다 성능이 우수한 새로운 로봇을 만들겠다고 맹세할 것이다. 그것은 좋은 목표이다. 하지만 칩과 코드의 세계에서는 기능이 다양해지면 그만큼 처리 속도가 늦어지게 된다. 로봇이 관심을 기울여야 하는 영역이 확대되면 로봇의 뇌가 수행해야 하는 작업이 급격히 증가하기 때문이다. 로봇이 생각해야 하는 결과가 많아질수록 로봇의 반응은 늦어진다. 로봇은 속도가 느린 것만큼 치명적인 결함이 없음에도 불구하고 말이다.

인간은 문제 구성 능력에 있어 오늘날의 인공지능시스템보다 탁월하다. 우리는 특정 문제들에 부딪혔을 때 무엇이 관련이 있고 무엇이 관련이 없는지 직관적으로 알 수 있다. 많은 경우, 퍼즐은 이러한 직관적인 가정이 틀리도록 고안된다.

퍼즐을 효과적으로 풀려면 당신은 두 개 이상의 과정을 동시에 진행해야 한다. 예를 들면 의식 한쪽에서는 문제에 달려들고 다른 한쪽에서는 진행 과정을 모니터해야 한다. 당신은 계속 이렇게 자문해야 한다. "이 접근방식이 효과적인가? 이 방식에 얼마나 많은 시간을 투자했으며, 곧 대답을 얻을 수 있을 것 같은가? 시도해 보아야 할 다른 무엇이 있는가?"

이런 식의 자각은 문제 풀이에 능한 사람들의 특성이다. 또한 이것은 질문에 대답하는 것도 중요하지만 면접관의 '바디 랭귀지'를 읽어내는 것 역시 중요한 인터뷰에 능한 사람들에게서 발견되는 무엇인가이다. 한 가지 접근방식이 효과가 없다면 당신은 뒤로 한 걸음 물러나 전체적인 시각에서 문제를 살펴보며 당신이 하고 있는 가정 가운데 잘못된 가정이 없는지 짚어보아야 한다.

뒤로 한 걸음 물러나 당신은 다양한 시도를 해볼 수 있다. 거의 모든 상황에 맞는 많은 가정들이 있다. 그리고 이러한 가정들이 틀리는 경우는 매우 드물다. 당혹스런 퍼즐 문제에 부딪혔을 때 일부 사람들은 여러 가지 가정을 적어보고 각 가정이 틀리다면 문제가 어떻게 달라질지 생각해 본다.

이물질 섞인 알약 문제를 예로 들어보자. 알약이 들어 있는 다섯 개의 병이 있고 한 개의 병에 들어 있는 알약에만 이물질이 섞여 있다. 한 번 저울을 사용하여 당신은 어느 병에 이물질이 들어간 알약이 들어 있는지 맞혀야 한다. 하지만 당신은 벽에 부딪혔고 더 이상 진전이 없다. 당신은 어떤 가정을 사용하고 있는 것일까?

대부분의 사람들은 다음 가정들을 한 가지 이상 사용한다.

- 병을 열어볼 수 없다.
- 무게를 달아볼 약들을 모두 같은 병에서 꺼내야 한다.
- 무게를 한 번밖에 달 수 없다면 당신이 얻을 수 있는 결과는 둘 중 하나이다. 즉 첫째는 무게를 단 것이 정량이고 둘째는 무게를 단 것이 함량미달이다.

이 세 가지 가정 모두 당신의 발목을 붙잡고 있는 가정들이다. 답을 구하고자 한다면 당신은 이 세 가지 가정 모두를 버려야 한다. 하지만 어떤 가정을 버려야 하는지 어떻게 알 수 있을까? 이것은 어려운 문제이다. 상기 퍼즐을 풀 때 사람들이 하는 가정은 이것만이 아니기 때문이다. 즉 사람들은 다음과 같은 가정들도 한다.

- 알약을 쪼개어 그중 일부의 무게를 잴 수는 없다.
- 어느 병이 더 가벼운지 알아보기 위해 손으로 약병을 들어볼 수 없다.
- 화학적으로 알약을 분석해 볼 수 없다. (이 경우에는 저울을 사용할 필요가 전혀 없다.)
- 어느 병에 이물질 섞인 알약이 있는지 누군가에게 물을 수 없다.

퍼즐을 푸는 데 이러한 가정들은 합리적인 가정들이다. 이것은 당신이 방향을 잃지 않도록 도와줄 것이다. 하지만 불행히도 처음에는 그 사실을 알지 못한다. 퍼즐, 불가해한 문제, 함정 문제, 그리고 실생활에서 답을 구할 방법을 알지만 그것은 사용해서는 안 되는 방법이기에 알면서도 사용할 수 없는 경우가 있다. 두 번째 리스트 상의 가정들은 당신이 사용해서는 안 되는 방법들을 정확히 말해 주는 합리적인 가정들이다.

어떤 퍼즐을 푸는 방법은 그것이 어떤 종류의 퍼즐인지 알 수 있는 단서에 주의를 기울이는 것이다. 이러한 단서는 다양한 형태로 제시된다. 즉 퍼즐 문제 자체에서 단서를 찾을 수도 있고 퍼즐 문제를 내는 사람의 목소리 변화에서 단서를 얻을 수도 있다.

배가 가라앉을 때 당신은 가장 무거우면서 가장 가치 없는 짐부터 배 밖으로 던질 것이다. 마찬가지로 그릇된 가정을 찾아내는 보편적인 방법은 가장 중요하지 않은 가정에서부터 가장 중요한 가정 순으로 가정을 검증해 보는 것이다. 리스트 상의 첫번째 가정(병뚜껑을 열 수 없다)은 잘못된 가정임을 상대적으로 쉽게 알 수 있다. 퍼즐 어디에도 병의 뚜껑을 열어도 된다는 말은 적혀 있지 않다. 하지만 병의 뚜껑을 열어서는 안 된다는 말 역시 적혀 있지 않다. 이 퍼즐은 어느 병이 이물질 섞인 병인지 묻는 것이지 어느 알약이 이물질 섞인 알약인지를 묻는 것이 아니다. 과학적으로 가장 정확한 답을 찾는 완전주의자들, 혹은 소심한 사람들은 병 전체의 무게를 달아볼 방법을 모색할 수도 있다. 얼핏 보면 그렇게 해도 별 문제가 없을 것처럼 보인다.

하지만 조금만 더 깊이 생각해 보면 이 가정 자체가 모순임을 알 수 있다. 가령 두 번째 병의 무게를 단다고 하자. 무게가 1,027그램이 나왔다. 그중 병의 무게가 얼마인가? 당신은 병의 무게를 모른다. 병의 무게가 얼마인지 퍼즐에 제시되어 있지 않기 때문이다. 그럼 병에 얼마나 많은 알약이 들어 있는가? 그 역시 문제에 설명되어 있지 않다. 너무 많아 세기조차 어려울 수 있다. 게다가 당신은 각 병에 동일한 개수의 알약이 들어있는지 여부조차 모르고 있다.

그러므로 이것은 논박해야 하는 가정이다. 이 가정을 이용할 경우 당신은 퍼즐을 풀 수 있는 충분한 정보를 얻어낼 수 없다. 그러므로 병이 아니라, 알약의 무게를 재야 하는 것은 분명하다.

모든 알약의 같은 병에서 꺼내야 한다는 가정은 문제를 단순화하는 위험을 안고 있다. 알약을 다른 병에서 꺼내는 것보다 알약을 모두 같은 병에서 꺼내는 것이 보다 생각하기 쉽다. 하지만 그렇게 할 경우 당신은 퍼즐을 풀 수 없게 된다.

당신은 이 가정이 옳지 않음을 금방 알 수 있다. 알약을 한 병에서 모두 꺼내어 무게를 달면 두 가지 경우가 가능하다. 즉 이물질 섞인 알약의 무게를 재는 경우 아니면 정상적인 알약의 무게를 재는 경우가 그것이다. 세 번째 병에서 알약 10개를 꺼내어 무게를 쟀는데 90그램이 나와서 바로 이물질 섞인 알약을 찾아낸다면 물론 다행일 것이다. 하지만 문제는 정상 알약이 들어 있는 네 개의 병 가운데 한 병을 고를 수 있다는 것이다. 그 경우 10개의 알약의 무게를 재면 100그램이 나올 것이고 당신은 나머지 네 개의 병 가운데 어느 병에 가벼운(즉 이물질 섞인) 알약이 들어 있는지 알 수 없을 것이다. 하나의 병에서 무게를 잴 알약을 모두 꺼낼 경우 당신은 이러한 문제에서 벗어나지 못할 것이다. 그러므로 정답을 구하려면 적어도 한 개 이상의 병에서 알약을 꺼내 무게를 재어야 할 것이다.

세 번째 가정은 MS 지원자들에게는 '쥐약'과 같다. (반면 이 가정은 프로그래머가 아닌 사람들에게는 그리 치명적이지 않다.) 정보(량) 차원에서 생각하는 데 익숙해져 있는 사람들은 하나의 알약이든 (동일한 무게의) 여러 개의 알약이든 무게를 단 한 번밖에 잴 수 없다면 '흑 아니면 백', 이 두 가지 가운데 하나의 결과밖에 얻을 수 없다고 생각하는 경향이 있다. 즉 무게를 쟀을 때 얻을 수 있는 결과는 정량 아니면 함량 미달이라고 생각하는 것이다. 그것은 하나의 정보이다. 프로그래머라면 하나의 정보로는 다섯 개 가운데 하나를 판별해 내는 것이 불가능하다는 것을 알고 있다. 프로그래머 입장에서는 다섯 개 가운데 하나를 판별해 내려면 적어도 세 개의 정보가 필요하다.

물론 이런 해석은 무의미한 것이다. 그것은 두 번째 가정과 중복된다. 즉 흑 아니면 백의 결과를 얻는 것은 모든 알약이 동일한 경우, 즉 모든 알약을 하나의 병에서 꺼냈을 경우뿐이다.

좋은 퍼즐이란 머리를 쥐어짜도록 하는 퍼즐이다. 다른 각도에서 문제를 바라보면 퍼즐을 풀 수 없는 방법이 바로 퍼즐을 푸는 열쇠가 될 수 있다. A라는 가정이 퍼즐을 풀 수 없는 증거라면 그것은 가정 상에 혹은 추론 상에 무엇인가 잘못이 있다는 이야기이기 때문이다.

이 퍼즐을 푸는 가장 좋은 방법 가운데 하나는 세 번째 가정을 다른 각도에서 생각해 보는 것이다. 즉 세 번째 가정을 이용하여 왜 퍼즐을 풀 수 없는지 생각해 보는 것이다. 세 번째 가정을 이용하여 퍼즐을 풀 수 없다면 당신은 세 번째 가정을 부정해야 한다. 즉 무게를 한 번 달아 당신이 얻을 수 있는 결과는 단 두 가지가 아니라, 그 이상일 수도 있는 것이다. 그럼 문제는 "어떤 식으로 무게를 달아야 다섯 개의 병 가운데 하나의 병을 찾아낼 수 있는 정보를 얻어낼 수 있을까?"가 될 것이다. 당신의 능력과 배경에 따라 이것은 힘든 일이 될 수도 있고 아닐 수도

있다. 모든 사람들이 가장 힘들어하는 일은 문제를 정확히 파악할 수 있
도록 문제를 재구성하는 것이다.

최대한의 가정

로직 퍼즐이 문제를 재구성하는 능력을 테스트하는 유일한 방법인 것
은 아니다. "로스앤젤레스에 주유소가 몇 개나 있습니까?" 인터뷰에서
이런 질문을 받을 경우 당신은 먼저 면접관이 어떤 종류의 답을 원하고
있는지 판단해야 한다. 이런 질문에 지원자들은 다음과 같은 반응을 보
일 수 있다.

- 오, 이런, 그 정도는 파악하고 왔어야 하는데. 할 수 없지, 뭐.
- 농담하는 것이겠지. 어떤 지원자가 이 답을 알겠어? 그냥 웃음으
  로 이 상황을 모면하는 게 좋겠어.
- 한 번 시험해 보려는 것뿐이야. 모르고 있는 무엇인가를 질문 받았
  을 때 내가 어떤 식으로 반응하는지 보고 싶은 거야. 그러니 속일
  생각 말고 솔직히 '모르겠어요'라고 말하는 것이 좋겠어.
- 이것 역시 하나의 테스트야. 내가 어떤 식으로 어림잡아 계산하는
  지 보고 싶은 거야. 그러니 주유소가 몇 개인지 정확히 맞힐 필요
  는 없어.

첫번째, 두 번째, 세 번째 생각을 거부하고 네 번째 생각에 정착할 때
당신은 비로소 면접관이 원하는 방식대로 대답하게 될 것이다. 하지만
모든 사람이 쉽게 그런 생각을 하는 것은 아니다. 조엘 스폴스키는 이렇
게 말한다. "스마트하지 못한 지원자들은 당황하여 어쩔 줄 몰라 합니

다. 그들은 당신이 구세주인 양 당신만을 쳐다볼 것입니다. 당신은 그들을 코치해야 합니다. '로스앤젤레스 크기의 신도시를 건설한다면 당신은 얼마나 많은 주유소를 세우겠습니까?' 당신은 그들에게 약간의 힌트를 줄 수 있습니다. '가스탱크를 채우는 데 시간이 얼마나 걸립니까?' 현명하지 못한 지원자의 경우 바보같이 앉아서 당신이 구원해 주기만을 기다릴 것입니다. 따라서 당신이 계속해서 그를 이끌어주어야 합니다. 이런 사람들은 문제를 풀 수 없는 사람들입니다. 그리고 궁극적으로 함께 일하고 싶지 않은 사람들입니다."

어떤 측면에서 '정답이 없는' 문제가 가장 위험한 문제라 할 수 있다. "미국의 50개 주 가운데 어떤 주를 없앨 수 있다면 어떤 주를 없애겠는가?" 물론 이것은 바보 같은 질문이다. 그렇다고 어떻게 대답하든 동일한 평가를 받는다는 의미는 아니다. 대답 과정에서 당신은 질문 자체를 몇 차례 재구성할 수 있다. 즉 당신은 그 질문을 "정치적으로 가장 보존가치가 없는 주는 어떤 주인가?" 혹은 "개인적으로 어떤 주를 좋아하지 않는가?" "지도상에서 어떤 주를 없애면 우리나라 지도의 모양이 더 좋아보이겠는가?"라는 의미로 재해석할 수 있다. 질문을 어떤 식으로 해석할지는 '당신이 얼마나 좋은 답을 제시할 수 있느냐'가 그 판단기준이 될 것이다. 델라웨이 주를 싫어하는 이유와 관련해 흥미로운 이야기를 갖고 있다면, 그리고 자기감정에 치우치지 않고 보다 객관적인 시각에서 그 이야기를 할 수 있다면 그것은 좋은 접근법이 될 수 있다. 만약 그렇지 않다면 다른 답을 찾아보는 것이 좋을 것이다.

이런 유형의 질문과 로직 퍼즐간의 중요한 차이점은 정답이 없다는 것이다. 로직 퍼즐의 경우 답을 찾아냈고 그것이 정답인 것이 확실하다면 더 나은 답을 찾을 필요가 없다. 하지만 비체계적인 문제는 불량 키보드와 같다. 키를 눌러도 피드백이 없다. 따라서 당신이 키를 제대로 눌렀는지 아닌지 알 수 없다. 비체계적인 문제의 경우 문제 풀이자는 특정 답을 정답으로 확정짓기 전에 다양한 답을 생각해 보아야 한다.

패러다임 이동

'패러다임'은 마이크로소프트에서 많이 쓰는 단어 가운데 하나이다. 빌 게이츠는 기술상의 패러다임 이동으로 인해 어떤 기업도 지배적인 위치를 계속해서 지켜나갈 수 없게 되었다고 주장한다. (성공한 대기업 MS가 신생기업들로부터 지속적인 도전을 받고 있는 것도 이 때문이다.) 게이츠는 자신의 목표는 MS가 그 규칙을 깨고 패러다임의 이동 속에서도 계속 번영을 누릴 방법을 찾아내는 것이라 말한다.

'패러다임 이동'이란 말은 모든 사람이 사용하고 있지만 누구도 그 뜻을 정확히 알지 못하는 용어 가운데 하나이다. 패러다임 이동은 과학사학자 토마스 쿤(Thomas Kuhn)이 『과학 혁명의 구조(*The Structure of Scientific Revolution*)』(1962)에서 처음 사용한 용어이다. 거기서 쿤은 순수과학을 일종의 퍼즐 풀이에 비유했다. 쿤은 과학자들이 하는 일을 어려운 수수께끼, 단어 맞추기 퍼즐, 조각 그림 맞추기를 푸는 것에 비유했던 것이다. 때때로 과학적인 문제가 너무 어려워 일반적인 풀이 방식으로는 풀 수 없는 경우도 있다. 그런 경우 과학자들은 기본적인 가정에 이의를 제기하고 새로운 시각에서 새로운 가정을 만들어야 한다. 이것을 쿤은 '패러다임 이동'이라 불렀다.

비평가들은 그가 패러다임이라는 단어를 일관성 있게 사용하지 않았다고 비난했다. 그리고 쿤도 그 점을 인정했다. 일부 사람들은 쿤이 1949년 J. S. 브루너(J. S. Bruner)와 레오 포스트먼(Leo Postman)의 과학 논문의 제목 「부조화의 인식 : 패러다임」에서 패러다임이라는 단어를 차용한 것뿐이라 주장했다.

그 논문은 간단한 심리학적 실험을 설명한 것이었다. 한 집단에게 카드를 잠시 보여주고 어떤 카드를 보았는지 물었다. 실험에 사용된 대부분의 카드는 정상적인 카드였다. 그리고 일부 카드는 색깔이 잘못 인쇄된 특수 카드였다. 예를 들어 실험자들은 빨간색 스페이드 6, 검은색 하트 4를 사용했던 것이다.

참가자들에게 카드를 순간적으로 보여주었을 때 그들은 아무런 이상도 눈치 채지 못했다. 빨간색 스페이드 6을 보여주었을 때 사람들은 자신감 있게 "스페이드 6" 혹은 "하트 6"이라 대답했다. 물론 틀린 답이었다.

사람들에게 카드를 조금 더 오래 보여주자 사람들은 자신 있게 대답하지 못하고 망설였다. 그들은 무엇인가 이상하다고 말했다. 그들은 정확하지는 않았지만 다음과 같은 설명을 덧붙였다. "스페이드 6인 것 같은데 안은 검은색이지만 테두리에는 빨간색이 들어가 있는 것 같은데요."

마지막으로 더 오래 카드를 보여주자 사람들은 카드에 숨겨져 있는 함정을 정확히 찾아냈다. 즉 그들은 빨간색 스페이드를 빨간색 스페이드라 불렀던 것이다. 누군가 일단 카드 색이 틀릴 수 있다는 사실을 이해하고 나니 그 뒤에 대답하는 사람들은 보다 나은 답변을 했다. 예를 들면 검은색 하트 4를 잠깐 보고도 사람들은 카드의 색깔이 틀렸다는 것을 찾아냈다.

많은 퍼즐 및 현실 문제에서도 유사한 현상을 발견할 수 있다. 답이 바로 눈앞에 있는데도 당신은 그것을 볼 수 없다. 그것은 머릿속에 저장할 수 없을 정도로 현실이 복잡하기 때문이다. 따라서 현실은 저장하기 쉽도록 여러 개의 조각으로 쪼개져 일련의 개념 및 가정으로 보관되고 있다. 어떤 문제를 생각한다는 것은 이 심리 모델을 조작하는 것을 의미한다. 하지만 어떤 실험이 혹은 어떤 퍼즐이 기대에 반한다면 그것은 심리 모델이 틀린 것일 가능성이 높다. 그러면 마음속에 투쟁이 일게 된다. 그리고 그 속에 자리하고 있는 새로운 요소를 인식하게 된다. 그것은 체계적인 방법으로 인식하게 될 수도 있고 때때로 갑작스런 깨달음을 통해 인식하게 될 수도 있다.

브루너와 포스트먼의 실험에 대한 사람들의 반응은 퍼즐에 대한 사람들의 반응만큼이나 제각각이었다. 일부 참가자는 사고방식을 바꾸지 못했다. 일반적으로 카드를 분간해 낼 수 있는 시간보다 40배나 많은 시간 동안 색깔이 잘못된 카드를 보여주었는데 그들은 자신이 본 것을 정확히 설명하지 못했다. 한 참가자는 이렇게 불평했다. "짝이 맞는지 알 수가 없네요. 처음에는 그것이 카드처럼 보이지도 않았어요. 지금은 그것이 무슨 색인지 모르겠어요. 그것이 스페이드인지 하트인지도 모르겠어요. 사실 지금 나는 스페이드가 어떤 모양인지도 확실하지가 않네요. 맙소사."

6

월스트리트와 압박면접

1990년경 MS의 인터뷰 방식은 다른 산업으로 전이되었다. 실리콘밸리 이외의 지역에서도 퍼즐, 함정 문제, 속임수, 그리고 뜻밖의 임무 요구 테스트가 인터뷰 때 나타나기 시작했다. 인터뷰 퍼즐을 차용한 대표적인 집단은 뉴욕의 금융가였다.

월스트리트는 자신의 문화에 맞게 퍼즐 인터뷰를 변형시켰다. 월스트리트 역시 시장이 한정되어 있어 경쟁이 매우 치열했다. 고급 금융(high finance)은 점점 소프트웨어 산업을 닮아갔다. 파생 상품 및 여타 복잡한 금융상품들은 셈에 밝은 사람들이 장시간을 투자해 고안해 낸 일종의 '소프트웨어'였다. 투자 은행들은 동부에서 가장 힘든 인터뷰를 하는 곳으로 유명해졌다.

'압박면접(stress interview)'은 지원자의 반응을 보기 위해 일부러 지원자를 불편하게 하는 면접 방식이다. 압박면접의 전통적인 방식으로 일명 '침묵 면접'이 있다. 지원자가 면접을 받으러 사무실에 들어간다. 면접관은 5분 혹은 10분 동안 아무 말도 하지 않는다. 지원자는 자신을 소개하고 악수를 청한다. 그는 아무 반응도 보이지 않는다. 면접관이 신문이나 이력서를 읽고 있을 수도 있다. 하지만 말은 전혀 하지 않는다.

혹은 면접관이 자는 체하는 경우도 있다. 농담처럼 들릴 수도 있다. 하지만 구직 사이트 웨트피트닷컴(WetFeet.com)에 그런 상황에서의 대처법이 게재되어 있을 정도로 그것은 보편화된 면접 방식인 것이다. 사이트에서는 "만나서 반가왔습니다"라는 메모를 적어 자고 있는 면접관의 책상 위에 올려놓고 자리에서 일어나는 방법을 권하고 있다. 물론 당신이 문을 나서기 전에 면접관이 당신을 불러 세우길 기대하며 말이다.

또 다른 압박면접 방식으로 당신이 면접장에 들어섰을 때 '아무데나 앉으라'는 요구를 받을 수 있다. 당신이 일단 어딘가에 앉으면 면접관은 이렇게 묻는다. "왜 그곳에 앉았죠?" 회의실에 있는 탁자들은 대부분 직사각형 아니면 타원형이다. 만약 당신이 그런 모양의 테이블에 앉는다면 당신은 '상석'에 앉겠는가 아니면 상석 외의 자리에 앉겠는가? 보통 상석에 앉는 사람은 '이리' 타입이고, 상석 외의 자리에 앉는 사람은 '양' 타입으로 해석된다. 그리고 일자리를 얻는 사람은 바로 '이리' 타입이다.

1990년 월스트리트의 풍경을 그려낸 마이클 루이스(Michael Lewis)의 『거짓말쟁이들의 포커(*Liar's Poker*)』를 보면, 레만 브라더스(Lehman Brothers)의 면접관들은 지원자들에게 창문을 열도록 요구했다. 이것은 일반적으로 면접관들이 잠시 자리를 비워야 할 때 사용하는 수법이었다. 레만 브라더스는 창문이 열리지 않는 고층 건물의 회의실에서 면접을 했다. 루이스는 한 지원자가 의자를 집어던져 43층 회의실의 창문을 '열려고' 한 일화를 이야기했다.

MS에서 사용하는 많은 질문들이 월스트리트 기업들의 인터뷰에 이용되었다. 기술기업들을 취재하는 일부 애널리스트들이 퍼즐 인터뷰를 듣고 동부로 돌아와 그것을 전파시켰기 때문일 수도 있다. 골드만 삭스(1986년 MS의 첫번째 주식 공모를 주관했던 주관사)는 인터뷰 때 여덟 개의 공 가운데 보다 가벼운 공 한 개를 찾아내는 퍼즐 문제를 낸 바 있다. 스미스 바니(Smith Barney)는 3갤런의 물통과 5갤런 물통을 이용해 4갤런의 물을 측정하는 문제를 사용한 바 있다. 맨홀 뚜껑 문제와 대답 불가능한 문제들 역시 월스트리트에서 빈번히 이용되었다.

신속한 상황 판단

퍼즐 인터뷰를 일찌감치 차용한 또다른 기업들은 경영컨설팅 업체들이다. 컨설턴트는 재빠른 상황 판단 능력을 갖고 있어야 한다. 그러므로 상황 판단 능력을 평가하는 방편으로 퍼즐 및 수수께끼 문제가 사용되었다. 다음 로직 퍼즐은 그들이 즐겨 사용하는 문제 가운데 하나이다.

- 당신 앞에 두 개의 문이 있습니다. 하나는 면접실로 들어가는 문이고 다른 하나는 밖으로 나가는 문입니다. 문 옆에는 컨설턴트가 한 명 있습니다. 그는 당사 사람일 수도 있고 경쟁사 사람일 수도 있습니다. 당사 컨설턴트는 항상 진실을 말합니다. 경쟁사 컨설턴트는 항상 거짓말을 합니다. 당신은 어느 문이 면접실로 들어가는 문인지 알아내기 위해 컨설턴트에게 한 가지 질문을 할 수 있습니다. 당신이라면 어떤 질문을 하겠습니까? (답은 제2부 3장에 제시되어 있다.)

이와 같은 문제는 '사례 문제(case question)'에 포함된다. 대표적인 사례 문제에 다음과 같은 가정적인 경영 문제가 있다. 이것은 MBA 학생이라면 누구나 알고 있는 문제이다. "ABC라는 기업이 한국 시장 진출을 도모하고 있다. 하지만 한국 시장에 진출하면 국영기업인 XYZ와 경쟁해야 한다……" 전통적으로 이러한 사례 문제는 현실적이고 합리적이었다. 그러나 시간이 지남에 따라 사례 문제들이 점점 대답하기 어려운 퍼즐 문제들의 색채를 띄어가고 있다. 예를 들면 '마침내 '스타트랙' 운송기 개발에 성공했다. 이것이 운송 산업에 어떤 영향을 미치겠는가?' 구직 사이트인 볼트닷컴(Vault.com)에서 이 물음에 대한 지원자와 면접관 간의 대화를 게재했다.

지원자 이 운송기가 얼마나 일반화되어 있습니까? 일반 소비자들도 그것을 이용할 수 있습니까? 운송기 한 대 값은 얼마나 됩니까?

면접관 당분간 운송기 값은 비쌀 것입니다. 대당 10만 달러 정도 될 것입니다.

지원자 그렇다면 일반 가정에서 사용하기는 어려울 것 같군요. 운송기 이용에 얼마나 많은 비용이 듭니까?

면접관 운송기 운행 때만 비용이 들고 그 외에는 거의 비용이 들지 않습니다. 그리고 운송기 운행 비용도 상대적으로 저렴합니다.

지원자 안전합니까? 운송기 개발에 성공한지 얼마 되지 않았다고 말씀하셨기에 하는 말입니다.

면접관 때때로 일시적인 고장이 있긴 하지만 대체적으로 안전합니다.

지원자는 운송기의 값이 너무 비싸서 자동차 시장에 타격을 입히지는 못하겠지만 항공 산업에는 영향을 미칠 것이라 대답했다. 그리고 페덱스(FedEx) 같은 특송업체들의 경우 운송기를 몇 대 구입하여 할증된 가격으로 운송기를 이용한 배달도 할 수 있을 것이라 덧붙였다.

현장체험 면접

압박면접이 월스트리트에서만 이용되고 있는 것은 아니다. 하이먼 G. 리코버 장군(Admiral Hyman G. Rickover)은 해군의 핵잠수함에서 복역할 군인들을 뽑을 때 직접 지원병들을 인터뷰했다. 때에 따라 그들은 발사 명령을 기다리며 핵무기 발사 버튼에 손을 올려놓고 있어야 했다. 따라서 책임감과 그 일이 내포하고 있는 스트레스를 감당할 수 있는 능력이 그들에게는 무엇보다 중요했다. 따라서 리코버는 인터뷰 시작부터 지원자들에게 스트레스를 가했다. 그는 의자 다리 두 개를 톱으로 잘라 의자가 한쪽으로 기울도록 만들었다. 지원자들은 인터뷰 내내 그 의자에 앉아 있어야 했다. 리코버는 임종 직전, 〈60분(60 Minutes)〉의 다이앤 소이어(Diane Sawyer)에게 이렇게 말했다. "한쪽으로 기운 의자에 앉아 있는 것이 매우 어려웠을 것입니다. 의자의 재질이 매끄러워 몸이 계속 의자에서 미끄러졌을 테니까요." 지원병이 만족스런 대답을 하지 못할 경우 리코버는 그에게 청소도구함 속에 들어가 서 있도록 요구했다. "나는 그들을 두세 시간 정도 그곳에 세워놓고 생각할 시간을 주었어요. 그것은 잠자고 있는 그들의 능력을 밖으로 끄집어내기 위한 것이었죠."

오늘날 군부대의 인터뷰 가운데 가장 유명한 인터뷰는 버지니아 주 콴티코의 미 해군 장교 지원자 양성소의 인터뷰이다. 사실 이곳은 '양성소'라는 말이 어울리지 않는다. 그곳에서는 10주 과정 동안 아무것도 가르치지 않기 때문이다. 단지 그곳에서는 지원자들 가운데 해군에서 필요로 하는 자질을 갖추고 있지 않은 지원자들을 탈락시킬 뿐이다. 달리 말하면 10주 동안 해군 장교 지원자들을 계속 인터뷰하는 셈이다. 콴티코의 장교 지원자들은 육체적으로 힘들 뿐 아니라, 논리 퍼즐같이 '머리'를 필요로 하는 임무도 수행해야 한다. 예를 들어 단순히 책상 앞에 앉아 네 명이 무사히 다리를 건너는 방법을 찾아내는 것이 아니라, 그들은 실질적으로 널빤지와 밧줄만을 이용하여 '부상당한' 병사를 데리고 '지뢰가 설치되어 있는' 강을 무사히 건너야 한다. 또한 측정 불가능한 벽을 측정할 것을 요구할 때도 있다. 그때 교관들은 한쪽 구석에 숨어 지원자가 어떻게 하는지 지켜본다.

이것은 일명 '현장체험 면접'이라 불린다. 기업들 역시 부분적으로 이 방법을 차용하고 있다. 기업들은 사람들을 테스트하기 위해 특정 환경을 인위적으로 조성해 놓고 그들이 그 속에서 어떻게 행동하는지 관찰한다. 그러나 이것은 비용 부담이 크기 때문에 구직자들을 테스트할 때보다 기존 직원들을 테스트할 때 주로 사용된다. 예를 들면 어떤 직원을 승진시킬지 판단할 때 기업들은 이 방법을 이용한다. 직원들은 연수를 받고 있는 줄 알지만 사실은 누구를 승진시킬지 판단하기 위해 그들을 테스트하고 있는 것이다.

MS는 관리자들을 종종 외지로 보낸다. 관리자들은 그곳에서 현장체험의 특성과 역할극의 특성이 일부 결합된, 특별한 일련의 경험을 하게 된다. 예를 들어 MS에서 열네 명의 관리자를 케이프 코드의 외딴 마을로 보낸 적이 있다. 그들은 임의적으로 세 팀, 즉 엘리트 팀, 관리자 팀, 그리고 이주자 팀으로 나누어졌다. 이주자 팀이 된 사람들은 지갑과 휴대전화를 모두 반납해야 했다. 그들은 한 번 갈아입을 수 있는 속옷이

들어 있는 서류가방만 휴대할 수 있었다. 그들은 방을 함께 사용하고 소시지와 콩만 먹어야 했다. 관리자 팀이 된 사람들은 집을 함께 사용했고 이주자 팀보다 좋은 식사를 했다. 반면 엘리트 팀이 된 사람들은 넓고 편한 곳에서 생활했고 가재 요리에 포도주를 곁들인 호화로운 식사를 했다. 이 테스트에서의 평가 기준은 상이한 여건에도 불구하고 그들이 힘을 합쳐 공동의 목표를 얼마나 효과적으로 이루어내느냐 하는 것이었다.

이러한 현장체험 면접은 소기업에서 인기를 모았다. 피츠버그의 DDI(Development Dimensions International)의 주장에 따르면 그들은 일명 '능력 위주 채용' 방식으로 1500만 명의 채용을 도왔다. 유니시스(Unisys)는 DDI 서비스를 이용한 기업들 가운데 한 곳이다. 유니시스 관리자 직에 지원한 사람들은 하루 동안 파일럿 사(Pilot Inc.)라는 가상 회사를 관리해야 한다. 지원자는 DDI가 만들어낸 세트인 가상의 사무실에서 관리자로 출근하여 첫날 업무 보고를 하게 된다. 또한 긴급 처리를 요하는 일련의 이메일과 전화를 받게 된다. DDI의 심리학자는 텔레비전 모니터로 그들을 지켜보며 그들이 맡은 역할을 얼마나 적절히 수행하는지 평가한다. DDI 창립자 윌리엄 바이햄(William Byham)은 이렇게 말했다. "우리는 관리자들이 1년 동안 경험하는 갖가지 문제들을 지원자들이 하루 동안 경험할 수 있도록 가상의 상황을 만들어놓습니다."

가장 황당한 인터뷰

능력 위주의 채용 방법 가운데 가장 비용 효율적인 방법은 퍼즐과 수수께끼를 이용하는 것이다. 인터뷰에서 퍼즐은 당신이 좋아하지 않지만 머릿속에서 좀처럼 떠나지 않는 유행가와 같다. 기억하기 쉽고 재미있어 보이기 때문에 퍼즐 인터뷰는 많은 산업에서 지속적인 인기를 얻고 있다. 크리스 셀즈는 퍼즐 인터뷰 현상을 '(일시적으로 유행하는) 식이 요법'에 비유한다. "지금까지 해본 여섯 가지 식이요법은 효과가 없었지 만 이 식이요법만은 효과가 있을 것 같아."

다이어트를 하는 사람들처럼 기업들은 도를 넘는 경향이 있다. MS의 인터뷰에서 사람들은 '황당하다', 아니면 '너무 어렵다'는 인상을 받는 다. 그 결과 다른 기업에서의 인터뷰도 어려워지거나 점점 황당해지고 있다. 퍼즐 인터뷰는 계속 변화하고 있다. 하지만 항상 좋은 방향으로 변화하고 있는 것은 아니다.

일부 사람들은 퍼즐을 인력 시장의 '다다이즘(Dada: 유럽과 미국에서 일어났던 반문명, 반합리성을 추구하는 예술운동으로 '무의미함의 의미'를 추구했다)'에 비유한다. 한마디로 '이런들 어떠하리, 저런들 어떠하리, 우리는 여기서 장난이나 치겠다'는 심산인 것이다. 블레어 텔레비전(텔 레비전 광고를 파는 뉴욕 기업)의 고용주는 책상에서 수류탄을 꺼내 영업 사원 지원자에게 던지며 말한다. "당신이 유능한 사람이라면 이것을 내 게 한번 팔아보시오."

"초록색을 정의하시오" 같은 문제를 사용하는 기업들도 있다. 그것은 MS의 엉뚱한 질문을 본떠 만든 질문 같다. 엉뚱한 질문이든 아니든 MS 의 모든 질문들은 합리적인 답을 적어도 한 개씩은 갖고 있다. 그러나 대부분의 경우 그들은 초록색을 정의하는 과정에서 지원자들로부터 질 문만큼이나 엉뚱한 말들을 듣는다.

지금은 사라지고 없는 보스턴의 기업 제퍼사(Zefer Corp.)는 인터뷰 에 거의 광기를 보였다. 그들은 닷컴 컨설팅 업체로 2001년 파산했다. 그 회사가 오랫동안 명성을 유지할 수 있었던 것은 인터뷰 때문이다. 그

회사에 지원한 구직자들은 일련의 레고 블록을 받았다. 그들은 5분 동안 무엇인가를 만들어야 했다. 그것이 첫번째 인터뷰였다. 두 번째 인터뷰에서는 자신이 만든 것을 설명해야 했다. 뛰어난 재능을 갖고 있었던 제퍼의 부사장 수잔 페리는 이렇게 주장했다. "레고는 사람들의 능력을 테스트하고 호기심을 불러일으킬 수 있는 좋은 소재입니다."

7

가장 난해한 인터뷰 퍼즐

4장에 제시되어 있는 MS의 인터뷰 문제들은 대부분 혹은 거의 다른 기업들이 널리 이용하고 있는 문제들이다. 퍼즐 인터뷰가 확산됨에 따라 다른 많은 질문들이 속속 등장하고 있다. 일부 문제들은 주어진 시간 안에 풀 수 없을 정도로 어렵다. 기업들이 그런 문제를 인터뷰 문제로 사용하는 것은 MS를 능가하고 싶은 욕심 때문이다. 즉 MS가 A라는 질문을 한다면 우리는 그보다 훨씬 어려운 질문을 하여 그들보다 더 스마트한 사람을 채용하겠다는 욕심 말이다. 다음은 널리 이용되고 있는 가장 어려운 인터뷰 퍼즐들 가운데 일부이다. (답은 제2부 3장에 실려 있다.)

Q 맥주 캔을 가운데 부분은 굵고 양 끝으로 갈수록 가늘게 만든 이유는 무엇입니까?

Q 후지산을 옮기는 데 시간이 얼마나 걸리겠습니까?

Q 복도에 세 개의 스위치가 달려 있습니다. 그중 한 개는 복도 끝에 있는 방의 전등불을 컨트롤하는 스위치입니다. 그 방의 문이 닫혀 있으면 당신은 전등불이 켜져 있는지 아닌지 알 수 없습니다. 이 세 개의 스위치 가운데 어느 스위치가 그 방의 전등불을 조작하는 스위치인지 찾아내야 합니다. 어떻게 하면 그 방에 단 한 번 가보고 그 방의 전등불을 조작하는 스위치가 어떤 것인지 알 수 있습니까?

Q 당신은 다른 사람과 이 게임을 합니다. 아무것도 없는 직사각형 모양의 테이블 위에 번갈아가며 동전을 놓습니다. 동전은 무한히 많습니다. 단, 동전을 놓을 때 이미 테이블 위에 놓여 있는 동전에 면이 닿으면 안 됩니다. 당신과 상대방은 테이블에 동전이 거의 가득 찰 때까지 번갈아가며 계속 동전을 놓습니다. 테이블 위에 이미 놓여져 있는 동전에 닿지 않도록 동전을 놓을 수 없는 사람이 이 게임에서 지게 됩니다.
자, 당신이 먼저 동전을 놓습니다. 당신이라면 어떤 전략으로 이 게임에 임하겠습니까?

Q 어떤 섬에서 해적 다섯 명이 약탈한 금화 100개를 나누려 하고 있습니다. 그들은 다음 규칙에 따라 그것을 나눕니다. 가장 나이가 많은 해적이 어떻게 금화를 나눌 것인지 계획을 이야기하고 모두가 찬반 투표를 합니다. 최소한 절반이 그 계획에 찬성을 하면 그

방식대로 동전을 나눕니다. 만약 절반 이상이 찬성하지 않으면 그들은 금화 분배 계획을 이야기한 나이 많은 해적을 죽입니다. 그런 다음 살아남은 해적 가운데 가장 나이가 많은 해적이 다시 금화를 분배할 계획을 말하고 다시 찬반 투표를 합니다. 마찬가지로 절반 이상이 찬성하면 그 계획대로 동전을 나누고 그렇지 않으면 계획을 제시한 해적을 죽입니다. 어떤 한 계획이 통과될 때까지 이 과정은 계속됩니다. 만약 당신이 가장 나이가 많은 해적이라고 한다면 어떤 식으로 금화를 나누겠습니까? (단, 해적들은 모두 '완전히 논리적'이고 탐욕스럽습니다. 그리고 모두가 살고 싶어합니다.)

Q 한 고등학교에서는 하교 직전에 이 의식을 행합니다. 즉 학생들 모두 강당에 모여 자신의 라커 옆에 섭니다. 첫번째 호각 소리가 나면 학생들은 모두 라커를 엽니다. 두 번째 호각 소리가 나면 학생들은 2의 배수에 해당되는 라커를 닫습니다. 예를 들면 2, 4, 6번 라커를 닫습니다. 세 번째 호각 소리가 나면 3의 배수에 해당되는 라커를 열거나 닫습니다. 여기서 열거나 닫는다는 의미는 열려 있는 라커는 닫고 닫혀 있는 라커는 연다는 의미입니다. 예를 들면 3, 6, 9번에 해당되는 라커를 열거나 닫습니다. 네 번째 호각 소리가 나면 4의 배수에 해당되는 라커를 열거나 닫습니다.

설명하기 쉽도록 이 학교는 작은 학교라 라커가 100개밖에 없다고 합시다. 100번 호각 소리가 나면 100번 라커 옆에 서 있는 학생이 라커를 열거나 닫습니다. 자, 문이 열려 있는 라커는 몇 개이겠습니까?

Q 두 개의 도화선이 있습니다. 두 개의 도화선 모두 완전히 타는 데 정확히 한 시간이 걸립니다. 하지만 두 개의 도화선이 반드시 똑같은 것은 아니며 계속 똑같은 속도로 타는 것도 아닙니다. 빨리 타는 부분이 있는가 하면 느리게 타는 부분도 있습니다. 도화선과 라이터만을 이용해 정확히 45분을 재려면 어떻게 해야 합니까?

Q 완전히 동그란 호수의 정중앙에 배가 한 척 있고 당신이 그 배에 타고 있습니다. 호숫가에는 도깨비가 있습니다. 도깨비는 당신을 괴롭히고 싶어합니다. 도깨비는 수영을 할 줄 모르며 배도 없습니다. 만약 당신이 호숫가에 닿는 데 성공한다면, 그리고 도깨비가 당신을 붙잡으려 그곳에 서 있지 않다면 당신은 육지에서는 도깨비보다 빨리 뛰어 달아날 수 있습니다.
문제는 도깨비는 배의 최고 속력보다 네 배나 빠른 속도로 달릴 수 있다는 것입니다. 도깨비는 시력이 좋고 잠을 자지 않으며 '완전히 논리적'입니다. 그는 당신을 잡기 위해 할 수 있는 모든 것을 할 것입니다. 어떻게 하면 당신은 도깨비에게서 도망칠 수 있겠습니까?

2

효과적인 면접 방식과 실전 문제

Microsoft's Cult of the Puzzle

1

보다 스마트하게
퍼즐 인터뷰에 임하는 방법

긴장된 분위기 속에서 함정이 숨어 있는 질문, 혹은 함축적인 의미가 포함되어 있는 질문, '엄밀히 말하면 공정하지 않은' 질문에 대답하는 일은 결코 쉬운 일이 아니다. 《워싱턴 포스트》는 빌 게이츠가 1998년 3월 기자회견에서 공격적인 질문들에 다음과 같이 대응했다고 보도했다. "그는 자신의 비즈니스 방식을 비판하는 사람들에게 분노와 경멸을 드러냈다. 그는 한 질문에는 '불공정한' 질문이라며 대답하지 않았고 또 다른 질문에는 '불성실한' 질문이라며 대답을 거부했다. 그리고 한 질문자에게는 '어서, 말씀하세요'라고 말하며 조급함을 드러냈다. 잠시 후 또 다른 질문자의 질문에는 '이제, 그만 하시죠'라고 대답했다."

많은 구직자들의 심정이 바로 그와 같다. 당신이 현재 그런 심정이든 아니든 다음 인터뷰 때 당신 역시 함정이 들어 있는 질문이나 대답하기 곤란한 질문들을 받게 될 것이다. 당신은 인터뷰에 대비해 무엇을 할 수 있을까?

우리가 이미 살펴보았던 것처럼 MS의 인터뷰 스타일을 비난하는 사람들은 종종 퍼즐 인터뷰는 퍼즐 풀이 능력을 제외하고는 아무것도 증명할 수 없다고 주장한다. 이 말은 부분적으로 사실이다. 로직 퍼즐은 가부키 연극처럼 한 장르로 스타일화되어 있다. 따라서 로직 퍼즐의 특징을 이해하지 못한다면 당신은 커다란 불이익을 당하게 될 것이다. 이것은 대답 불가능한 문제와 설계 문제에서도 마찬가지이다. 우리가 관심을 기울이는 다른 대부분의 능력처럼 퍼즐 풀이 능력 역시 선천적인 측면과 후천적인 측면을 동시에 갖고 있다. 따라서 기존에 퍼즐을 풀어본 경험이 없는 사람은 퍼즐의 원리를 배움으로써 보다 효과적으로 퍼즐을 풀 수 있게 될 것이다.

인터뷰 관련 기사 및 웹 사이트들에 종종 인터뷰 퍼즐을 푸는 전략들이 소개된다. 그런 곳에 소개되어 있는 전략들은 이미 많은 이들이 알고 있으므로 그리 유용하지 못한 것들이다. 그중에는 상당히 위험한 전략도 있다. 예를 들면 대답하기 어려운 질문을 받았을 때 이렇게 대답하라고 조언한다. "솔직히 말하면 그 퍼즐 문제는 이미 들어본 적이 있는 문제입니다." 하지만 당신의 정직함(?)을 믿고 면접관이 다른 문제(이왕이면 보다 쉬운 문제)를 내는 일은 하늘이 돕지 않는 한 일어나지 않을 것이다.

대부분의 속임수처럼 이 방법은 그리 효과적이지 못하다. 이런 속임수를 쓰는 사람들 때문에 준비되어 있는 또 다른 어려운 문제들이 많기 때문이다. 대부분의 면접관들은 구직자가 면접관을 만나는 것보다 훨씬 더 많이 구직자들을 만난다. 따라서 보통 구직자가 그런 수법을 배우기 전에 보통 면접관이 먼저 그 수법을 알게 된다. 면접관이 영리하다면 당신은 큰 곤경에 처하게 될 것이다. 당신이 이미 그 문제를 들어본 적이 있다고 했어도 답을 다시 설명해 달라고 요구할 것이기 때문이다

면접관을 속이는 이런 수법을 터득하는 것보다 인터뷰 질문 자체에 들어 있는 함정을 찾아내는 방법을 배우는 것이 훨씬 더 생산적인 인터뷰 준비법이다. 겉으로 보기에 인터뷰 퍼즐들은 당혹스러울 정도로 다양해 보인다. 그러나 그 이면을 들여다보면 퍼즐들 대부분이 동일한 '심리적인 함정'을 갖고 있음을 알 수 있다. 퍼즐 인터뷰를 준비함에 있어 다음 사실들은 커다란 도움이 될 것이다.

1. 어떤 종류의 대답을 원하는지 판단한다

어려운 인터뷰 퍼즐들은 대부분 정답을 맞히는 것만으로는 충분하지 않다. 어떤 식으로 그 문제를 풀었는지 그 과정 역시 논리적으로 설명해야 한다는 뜻이다. 그리고 질문에 대답하기에 앞서 독백 형식으로 대답할 것인지 아니면 대화 형식으로 대답할 것인지 판단해야 한다.

로직 퍼즐은 일반적으로 독백 형식의 설명을 요한다. 로직 퍼즐의 경우 면접관은 일부러 제한된 정보만을 제시한다. 그러므로 당신은 그 정보를 토대로 당신만의 방식으로 답을 도출해 내야 한다. 면접관에게 그 이상의 정보를 달라고 요구하는 것은 바람직하지 않다.

그러나 로직 퍼즐 이외의 문제들은 경우가 다르다. 그때는 면접관들이 완전히 다른 일련의 규칙을 사용하기 때문이다. 예를 들어 설계 문제나 사례 문제의 경우 면접관은 지원자들이 보다 많은 정보를 얻으려 애쓰길 원한다. 따라서 이런 경우에는 지원자가 주어진 정보만을 토대로 문제를 풀려고 하면 오히려 곤경에 빠지게 될 것이다. 이런 문제에서는 면접관의 '성격' 역시 중요한 요소다. '냉정한 면접관'들은 질문을 던지

고 돌처럼 굳은 표정으로 가만히 앉아 있는 경향이 있다. 반면 다른 면접관들은 지원자들과의 대화를 나눌 기회를 마련하려 애쓴다.

설계 질문("양념 수납 선반을 설계하시오")에는 정답이 단 하나만 있는 것이 아니다. 그렇다고 모든 답이 정답이 될 수 있다는 얘기는 아니다. 조엘 스폴스키는 이렇게 말한다. "스마트하지 못한 지원자들은 설계를 그림처럼 생각합니다. 따라서 아무것도 그려지지 않은 석판에 자신이 원하는 것을 설계하면 된다고 생각합니다. 하지만 현명한 지원자는 설계는 (설계 의뢰자와 설계자 간의) 상호작용을 토대로 한, 일련의 어려운 작업임을 이해합니다."

설계 질문의 경우 좋은 대답이란 설계 의뢰자와 설계자 간의 상호작용이 반영되어 있는 대답이다. 따라서 지원자는 면접관으로부터 가능한 많은 정보를 얻어내려 노력해야 한다. 이런 질문을 수차례 해본 적 있는 스폴스키는 이렇게 말했다. "양념 수납 선반을 설계하라는 요구에 많은 이들이 어릴 적 보았던 양념 수납 선반을 기억해 내고 그 모습을 그리려 합니다. 그러면 당신은 이렇게 말합니다. '아니에요. 어머니가 사용하시던 양념 수납 선반을 그리라는 것이 아닙니다. 나는 당신이라면 양념 수납 선반을 어떻게 설계할 것인지 묻고 있는 것입니다.' 그런 다음 당신은 지원자가 그 선반을 누가 사용할 것이며 어디에 놓을 것인지 묻길 기다릴 것입니다. 만약 그들이 그런 질문을 한다면 당신은 이렇게 말할 것입니다. '그렇게 질문을 해주어 정말 기쁩니다. 그 선반은 요리 학원에서 사용할 선반입니다.' 그것은 많은 의미를 내포합니다. 일례로 요리 학원에서 사용할 선반이라면 갖가지 양념통을 진열할 수 있는 보다 넓은 선반이 필요하다는 의미로 해석될 수 있습니다. 이런 식으로 이야기를 풀어나가면 이야기는 해도 해도 끝이 없을 것입니다."

168

일부 자유 해답식 질문은 로르샤흐 검사(Rorschach Test : 잉크 얼룩 같은 도형을 해석시켜 사람의 성격을 판단하는 테스트)와 비슷하다. 그것은 체계화되어 있지 않다. 스폴스키는 이렇게 말한다. "이런 질문에서 중요한 것은 30분 정도 이야기를 이어가는 것입니다. 그리고 지원자와의 이야기를 토대로 그가 얼마나 스마트한 사람인지 판단합니다."

따라서 문제가 전통적인 로직 퍼즐인 경우를 제외하고는 문제를 풀어나갈 때 대화 형식을 취하는 것이 바람직하다. 하지만 대화를 할 때 무엇보다 중요한 것은 면접관에게 '스마트한 질문'을 하는 것이다. 요컨대 대화 형식을 취하되 이야기식이 아니라, 질의응답식으로 문제를 풀어나가는 것이 바람직하다.

2. 처음 생각하는 답은 틀린 답이다

퍼즐 및 난해한 수수께끼를 풀 때 이성적인 사람의 머릿속에 처음 떠오른 답은 보통 정답이 아니다. 만약 그것이 정답이라면 그 문제는 퍼즐이라 할 수 없다.

그러한 문제들은 본래 어렵다. 사람을 '당혹스럽게 하는(puzzling)' 것이 바로 퍼즐이기 때문이다. 착시 현상이나 마술의 눈속임처럼 퍼즐은 당신을 속이기 위해 당신의 지적 능력을 역이용한다. 어린이들은 마술의 눈속임으로 속이기에 가장 어려운 대상이다. 그리고 정신 장애자는 착시현상을 경험하지 못한다. 당신은 정직한 사람은 속일 수 없다. 퍼즐을 듣고 즉시 머릿 속에 떠오른 답을 이야기하면 그것이 틀린 답일 가능성이 높은 이유는 퍼즐이 당신의 사고방식을 역이용하고 있기 때문이다.

많은 사람들이 즉시 대답하지 못하면 초조해 한다. 따라서 쉽게 찾아낼 수 있는 답이 정답이 아닌 이유를 설명하는 것에서부터 문제를 풀어 나가기 시작하면 좋다. 그것은 긴장된 분위기를 완화시킬 뿐 아니라, 문제를 정확히 이해하는 데도 좋은 방법이기 때문이다.

3. 이미 알고 있는 고급 수학을 잊는다

로직 퍼즐을 풀 때 고급 수학은 잊어야 한다. 인터뷰 퍼즐에는 고급 수학이 필요하지 않다. 퍼즐이 텔레비전 퀴즈 쇼에서처럼 당신이 지원한 분야와 무관한 분야의 지식들까지 요하고 있다고 생각한다면 당신은 실수를 저지르게 될 것이다.

이 문제들은 고급 수학 문제처럼 보이지만 고급 수학이 필요 없는 간단한 답을 갖고 있다. 항상 답을 간단하게 구하는 방법을 택하라. 당신이 고급 수학을 할 수 있고 고급 수학으로 정답을 구할 수 있다고 해도 그렇게 문제를 풀면 당신은 나무만 보고 숲을 보지 못하는 실수를 범하게 될 것이다.

(물론 투자 은행에서 인터뷰를 받고 있다면, 그리고 그들이 블랙 숄즈 모델(Black-Scholes Model : 옵션 가치를 산정할 통상적인 옵션가격 결정 모델)을 이용하길 원한다면 당신은 고급 수학을 이용해야 할 것이다. 고급 수학을 잊어야 한다는 이 규칙은 로직 퍼즐에만 해당되는 것이다.)

4. 거창하고 복잡한 문제의 정답은 일반적으로 간단하다

한마디로 거창하고 복잡한 포장으로 답이 간단하다는 사실을 가리고 있는 것이다. 퀴즈 쇼 진행자가 볼테어(Voltaire)가 "신성도 아니고 로마도 아니고 제국도 아니다"라고 묘사한 나라는 어디인가라고 묻는다면 그 답은 분명 "신성로마제국"이다. 볼테어나 신성로마제국에 대해 당신이 전혀 알지 못한다고 하더라도 당신은 이것을 알 수 있다. 퀴즈 쇼에서는 청중 대다수가 답을 듣고 나면 '나도 맞힐 수 있었는데'라는 반응을 보일 만한 문제를 낸다.

종종 퍼즐과 난해한 수수께끼 문제도 마찬가지이다. 로직 퍼즐은 전문성을 요하는 특별한 문제가 아니다. 그것은 원리만 알면 간단히 답을 구할 수 있는 어려운 문제일 뿐이다. 특히 문제가 복잡하고 거창할수록 더욱 그러하다. (예를 들면 악마와 난쟁이 문제, 그리고 100개의 라커 문제처럼 말이다.)

5. 간단한 문제는 종종 복잡한 답을 요구한다

"거울에 비친 사물이 위아래가 아니라, 좌우가 바뀌어 보이는 이유는 무엇입니까?" 혹은 "맥주 캔의 가운데 부분은 굵고 끝으로 갈수록 가늘어지는 이유는 무엇입니까?" 같이 문제가 단 한 줄인 간단한 문제들은 상대적으로 길고 복잡한 답을 요한다. 이러한 문제들은 신중히 생각해야 한다. 중요한 부분을 빼놓고 답할 경우 곤란한 입장에 놓일 수 있기 때문이다.

"빌 게이츠의 욕실을 설계하시오" "당신이라면 엘리베이터를 어떻게 테스트하겠습니까?"처럼 설계나 테스트를 요하는 문제의 경우에는 면접관에게 가능한 많은 질문을 하여 보다 많은 정보를 얻으려고 노력해야 한다.

6. '완전히 논리적인 존재'는 당신이나 나 같지 않다

로직 퍼즐에는 '완전히 논리적인 존재(Perfectly Logical Being, PLB)'라는 표현이 종종 등장한다. 간통 마을 문제나 해적들의 금화 배분 문제에서처럼 말이다. '완전히 논리적이다'는 표현은 일종의 '완곡한 표현'이다. 퍼즐 팬들은 이 말의 의미를 명확히 알지만 다른 이들은 그 의미를 잘 알지 못한다. 요컨대 이것은 인간의 심리와 관련해 당신이 현실적으로 알고 있는 모든 사실을 잊으라는 이야기다. PLB라는 표현이 등장하면 당신은 다음과 같은 가정 아래 생각해야 한다.

- PLB는 간단하고 일차원적인 욕구를 갖고 있다. 따라서 PLB는 돈을 가장 많이 가질 생각만 한다. 혹은 악마에서 벗어날 생각만 하고 바보 같은 법에 복종할 생각만 한다. 그들에게 그밖의 다른 것은 중요하지 않다. 그들은 친구 따위를 배려하지 않는다. 그들은 모두 자신밖에 모른다.

- PLB는 신속히 생각한다. 그들은 모든 것의 논리적인 결과를 즉각적으로 안다. 그들은 헤매거나 실수하지 않는다. 그들은 무엇인가를 잊어버리지도 않는다.

- PLB는 다른 PLB의 심리를 알고 있고 그들의 행동에 대해 정확한 결론을 도출해 낸다. 이것은 퍼즐 팬이 아닌 사람들이 종종 이해하지 못하는 부분이기도 하다. 인간의 행동은 항상 불확실한 측면을 갖고 있다. 하지만 PLB의 행동은 불확실한 법이 없다. 그러므로 이러한 퍼즐의 답은 비현실적일 수밖에 없다. 예를 들면 답을 'A에 따르면 B는…… 이고 B에 따르면 C는…… 이고 C에 따르면 D는 …… 이다'라고 설명할 수 있다. 현실 세계에서는 그런 식으로 일이 진행되지 않는다. 사람들의 욕구와 관련해 조금이라도 불확실한 점이 존재하게 되면 꼬리에 꼬리는 무는 그런 식의 추리는 무의미하게 된다. 하지만 이런 퍼즐에서는 예외가 존재하지 않기 때문에 꼬리에 꼬리

는 무는 추리가 가능하다.

당신은 이것을 힌트로 이용할 수 있다. 즉 ('이런 상황에서 당신이라면 어떻게 하겠습니까?'라고 묻는 퍼즐에서처럼) '완전히 논리적이다'라는 표현이 등장하면 답에는 항상 다른 PLB에 대한 PLB 자신의 추론이 포함되어 있다는 의미로 해석하면 된다.

7. 막다른 골목에 도달했을 때 당신이 생각할 수 있는 가정들을 일일이 열거해 본다. 그리고 그러한 가정들 각각을 부정해 보고 그 결과를 생각해 본다

이미 언급했던 것처럼 함정이 숨어 있는 문제를 푸는 것은 말처럼 쉽지 않다. 교묘한 퍼즐들의 경우 문제에 포함되어 있는 가정이 너무도 자연스러워 당신은 그것이 가정인지조차 알지 못한다. 하지만 당신이 생각할 수 있는 모든 가정들을 일일이 열거해 보고 그 각각을 부정해 보고 그 결과를 생각해 볼 필요가 있다. 막다른 골목에서 벗어날 길이 보이는가? 운이 좋다면 당신은 그 가정들 가운데 하나를 부정함으로써 답에 이르는 길을 발견하게 될 것이다.

비록 답을 찾지 못한다고 해도 그런 시도를 할 경우 당신은 면접관으로부터 좋은 점수를 얻어낼 수 있다. 그것은 그 문제를 푸는 데 있어 문제를 재구성하는 것이 중요하다는 사실을 당신이 이해하고 있다는 것을 말해 줄 것이기 때문이다.

8. 로직 퍼즐에서 결정적인 정보가 누락되어 있을 때 가상의 시나리오를 짜본다. 누락되어 있는 정보가 문제를 푸는 데 반드

실질적으로 우리가 로직 퍼즐이라 부르는 모든 문제들은 동일한 속임수를 사용하고 있다. 즉 결정적인 정보가 누락되어 있다는 사실을 발견함으로써 사람들을 좌절하게 만드는 속임수를 사용하고 있는 것이다.

퍼즐에 선언명제, 즉 X이거나 Y일 수 있지만 어느 것인지 당신이 모르는 불확실한 상황이 포함되어 있을 때 당신은 가능한 각각의 상황을 토대로 체계적인 추론을 할 준비를 해야 한다. X가 옳다고 가정하고 그로부터 어떤 결론을 도출해 낸다. 그리고 Y가 옳다고 가정하고 어떤 결론을 도출해 낸다. 이런 식으로 추론하다 보면 당신은 돌파구를 찾아내게 될 것이다. 그리고 이 퍼즐을 푸는 데 있어 누락되어 있는 정보가 반드시 필요한 정보는 아님을 깨닫게 될 것이다.

이렇게 생각하면 된다. 다리가 끊어져 있으면 당신은 수영을 해서 강을 건너야 한다. 다행히도 당신이 수영해서 건너야 하는 거리는 그리 길지 않다. 왜냐하면 보통 다리는 강변과 강변을 최단거리로 잇는 위치에 세우기 때문이다.

9. 독창적이면서도 적합한 답변을 한다

이것은 정답이 없는 자유 해답식 질문에 특히 중요한 문제이다. 면접관은 수차례 비슷한 답변을 듣는다. 스폴스키가 한 MS 지원자에게 "맹인을 위한 양념 수납 선반을 설계하시오"라는 문제를 냈을 때 그는 가슴 혹은 얼굴 높이 정도에 매달려 있는 선반보다 맹인들에게는 테이블 높이의 서랍 형식의 양념 수납공간이 더 좋을 것이라 생각했다. 그리고 각각의 서랍 표면에 점자로 양념의 종류를 표시하면 더욱 좋을 것이라 생각했다. 불편하게 팔을 위로 뻗어 얼굴 위 어딘가에 있을 선반을 더듬더

듬 찾아 뚜껑에 씌어 있는 점자를 읽고 필요한 양념을 찾는 것과 테이블 높이의 양념 수납 서랍에 손을 뻗어 서랍 표면에 적혀 있는 점자를 읽고 필요한 양념을 찾아내는 것 가운데 어느 것이 더 쉽겠는가? 그것은 다른 지원자들은 생각하지 못한 '인간공학적인' 설계였다. 여기서 중요한 것은 그가 문제를 효과적으로 재구성했다는 것이다. 사람들은 양념 '수납 선반'을 선반으로만 해석했다. 하지만 선반이 다른 무엇인가가 되어야 할 충분한 이유가 있다면 선반이 반드시 선반일 필요는 없었다. 스폴스키는 이렇게 말했다. "그 문제에 탁월한 답변을 한데다가 다른 면접관들도 그를 부정적으로 평가하지 않았기에 나는 그를 채용했습니다. 그는 엑셀 팀에서 가장 훌륭한 프로그램 관리자가 되었습니다."

면접관들이 독창적이면서 적절한 답변을 높이 평가한다는 것을 입증하는 일화는 얼마든지 있다. 그것은 면접관들이 비슷비슷한 대답에 싫증을 느끼고 있기 때문일 수도 있다. 그러나 당신도 알다시피 일부 어리석은 지원자들은 면접관의 환심을 사기 위해 정말 '화려한' 이력서를 보낸다. 그런 이력서는 효과를 거두지 못한다. 하지만 이런 인터뷰에서는 독창적이면서도 적절한 답변이 눈길을 끈다. 이 둘 사이의 차이는 바로 '적절함'의 여부다. 요컨대 독창적인 것도 좋지만, 적절함을 벗어나지 않는 범위 내에서 독창적이어야 한다.

2

혁신적인 기업들이
추구해야 하는 면접 방식

퍼즐 인터뷰 근저에는 좋은 아이디어들이 있다. 그리고 함정, 속임수, 파워게임, 신고식도 자리하고 있다. 따라서 종종 면접관이 가장 유능한 인재를 채용하겠다는 목표를 손상시키는 경우가 있다.

우선 퍼즐 인터뷰 근저에 자리하고 있는 좋은 아이디어들부터 살펴보도록 하자. 퍼즐 인터뷰는 인생의 두 가지 불쾌한 사실을 반영하고 있다.

- 기술이 매일같이 변화하고 있기 때문에 곧 진부해질 일련의 기술을 갖고 있는 사람을 채용하는 것은 무의미한 일이다. 그러므로 아무리 어려운 문제라 해도 해결할 수 있는 총괄적인 능력을 갖고 있는 사람을 채용해야 한다.
- 적절한 채용 결정이 회사에 기여하는 것 이상으로 잘못된 채용 결정은 회사에 커다란 타격을 입힌다. 그러므로 무엇보다도 부적절한

인재 채용을 피하는 것이 중요하다.

첫번째 사항은 급변하는 산업에 종사하는 모든 기업들에 해당되는 이야기이다. 물론 다른 산업에 종사하는 기업이나 기관 중에도 첫번째 사항에 해당되는 곳이 있다. 하지만 어려운 퍼즐 문제를 웨딩 플래너, 외과의사, 택시 운전사, 혹은 스타벅스의 점원에게 내는 것은 무의미한 일이다. 이들을 채용할 때 잣대가 되는 기술은 내일도 유효하고 지금으로부터 10년 뒤에도 유효할 것이기 때문이다. 반면 필요한 기술이 빠르게 변화하는 직종에서는 전통적인 인터뷰 기술이 실효를 거둘 수 없다.

부적절한 인재 채용은 막대한 비용 상의 손실을 야기한다는 두 번째 사항은 거의 모든 기업에 해당되는 이야기다. 좋은 인재를 채용할 기회를 놓칠 경우 아쉽기는 하지만 다른 인재로 그 자리를 메우면 되기 때문에 기업 입장에서는 손해될 것이 없다. 물론 그저 그런 인재로 그 자리를 메운다면 이야기가 달라지겠지만 말이다. 어떤 분야에서든 자질이 부족한 근로자를 참아내는 일은, 그리고 그들을 해고하는 일은 고달픈 일이다.

인터뷰 퍼즐은 부적절한 인재 채용을 피할 수 있는 가장 현실적인 차단막으로 간주되고 있다. 그것은 천재를 찾아내는 방법이라기보다는 부적절한 인물을 채용하지 않을 확실한 방법이라 할 수 있다. 부적절한 채용으로 부담해야 하는 비용이 그 어느 때보다 큰 현실에서는 이 방어적인 채용 방식은 타당하다 하겠다.

질문의 전제 조건

오늘날 많은 기업에서 채용은 인터넷만큼 분권화되어 있다. 함께 일할 동료가 지원자를 인터뷰하는 MS의 인터뷰 방식은 ('피라미드식'이 아닌 '팬케이크식의') 평면적인 구조를 지닌 기업들에서 빈번히 이용되고 있다. 이것은 또한 채용 전문가가 아닌 사람들의 어깨에 막중한 책임을 지우고 있다.

인터뷰 질문 및 태도를 평가함에 있어 당신은 얻어내고자 하는 것에 초점을 맞추어야 한다. 조엘 스폴스키는 이렇게 말한다. "당신은 아무런 정보도 없는 상태에서 그 자리에 있을 것입니다. 시간이 많지 않기 때문에 당신은 많은 정보를 얻지 못할 것입니다."

무엇보다도 채용 여부를 판단하는데 도움이 될 정보에 초점을 맞추어야 한다. 인터뷰 동안 지원자가 하는 질문과 대답에서 채용 결정에 도움이 될 정보를 찾아낼 수 있을까? 일부러 스스로에게 이런 질문을 던지는 면접관은 거의 없다.

일부 사람들은 좋은 퍼즐은 좋은 인터뷰 질문이 될 수 있다고 생각한다. 이것이 항상 사실인 것은 아니다. 여기 인터뷰 때 사용되는 두 가지 질문이 있다.

Q 태양은 항상 동쪽에서 뜹니까?

Q 여섯 개의 성냥개비를 이용해 네 개의 등변 삼각형을 만드시오.

첫번째 질문은 함정 문제이다. 이 질문에는 간단하고 독창적인 답이 있다. 그것이 이 질문이 갖고 있는 문제점이다. 일단 한번 독창적인 답을 듣고 나면 당신은 그것을 오랫동안 기억할 것이다. 이 질문은 몇 년 동안 입소문, 인쇄물, 그리고 인터넷을 통해 많은 사람들에게 전파되었다. 많은 곳에서 구직자들이 이 질문을 그리고 이 질문의 답을 들었을 것이다. 당신은 지원자가 이미 이 질문을 알고 있었는지 어떻게 알 수 있을까? 물론 당신은 알 수 없을 것이다. 그리고 이 질문은 혼자 생각하며 중얼거리는 모습에서 지원자를 평가할 특별한 정보를 얻을 수 있는 그런 부류의 질문도 아니다.

성냥개비 퍼즐의 경우도 마찬가지이다. 이것은 더 심각한 문제점을 갖고 있다. 채용 인터뷰 때 묻기에는 너무 어려운 퍼즐이라는 문제점 말이다. 기술을 요하는 어려운 일을 감당할 수 있는 극히 똑똑한 사람을 채용하려고 할 때 면접관은 이것을 부적합한 지원자를 탈락시키는 수단으로 이용할 수 있다. 하지만 이것은 IQ 높은 사람들을 가려내는 멘사 퀴즈가 아니다. 지원자와 관련해 가치 있는 정보를 얻을 수 있는 모든 질문을 할 시간이 없다. 그리고 이 질문을 한 보람이 있을 정도로 합리적인 시간 내에 이 퍼즐을 풀 수 있는 이도 없다.

성냥개비 문제는 패러다임 이동을 요하는 문제다. 테이블 위에 여섯 개의 성냥을 놓고 갖가지 방법으로 성냥을 배열해 본다는 합리적인 가정을 할 때 당신은 논리적이고 능률적일 수 있다. 당신은 한동안 문제를 풀려고 해서는 안 된다. 당신은 모든 가능성을 생각해 보아야 한다. 성냥을 배열할 방법이 너무도 많기 때문에 당신은 정답을 구하는 데 필요한 패러다임 이동을 이루어낼 방법을 찾아내지 못할 수도 있다.

이것은 답이 간단하고 도전적이기에 훌륭한 퍼즐이라 할 수 있다. 하지만 문제는 어렵고 답이 간단하기 때문에 지원자들이 인터뷰에서 그 문제를 처음 듣고 푼 것이 아니라, 미리 답을 외워 문제를 푼 것일 수도 있다. 그런 경우 이 문제는 무의미해진다.

구직자에게 어떤 질문을 하기 전 당신은 스스로에게 이 두 가지 질문을 해야 한다.

- 이 질문에 적절히 대답하면 지원자를 채용할 생각인가?
- 이 질문에 대답을 잘하지 못하면 지원자를 채용하지 않을 생각인가?

상기 두 가지 질문 가운데 어느 한 가지 질문에라도 '예'라고 대답할 수 없다면 당신은 그 문제를 물어볼 필요가 없다. 그 문제로 당신은 지원자에 대해 무엇인가를 알 수 있다. 하지만 그것은 채용 결정을 내림에 있어 중요한 역할을 할 결정적인 정보가 아니다. 그러므로 한정된 시간 내에 지원자를 파악해야 하는 당신의 입장에서 그런 질문은 할 필요가 없는 질문인 것이다.

나는 혁신적인 비즈니스에 종사하는 기업이라면 어떤 식으로 인터뷰를 해야 하는지 그 방법을 제시할 것이다. 경쟁이 치열한 비즈니스 세계에서 어려운 업무를 맡을 사람을 뽑기 위해 인터뷰를 실시한다고 가정해 보자. 그리고 당신은 인력 채용 전문가가 아니라 일반 근로자라고 가정하자. 몇 차례 인터뷰가 있을 것이고 당신은 그중 한 인터뷰를 담당할 것이다. 질문을 몇 개 하느냐는 당신의 자유이다. 다만 당신은 '채용' 혹은 '불채용' 결정을 내려야 한다. 여기 채용 결정을 내리는데 결정적인 역할을 할 중요한 정보들을 얻어낼 방법들이 있다.

1. 퍼즐의 가치는 구직자의 경험에 반비례한다

애덤 데이비드 바는 이렇게 말했다. "대학생들에게 이런 인터뷰 방식은 참신할 수 있습니다. 대학생들은 퍼즐 인터뷰를 받고 '인터뷰에서 나의 지혜와 역량을 마음껏 과시할 수 있었어'라고 말할 수 있습니다. 하지만 경력자들에게 퍼즐 인터뷰를 하는 것은 어려운 일입니다. 어떤 면에서 그것은 '불공정한' 인터뷰일 수 있습니다. 경력자들에게 '오라클에서 15년 동안 일한 경력이 아니라, 맨홀 뚜껑이 둥근 이유를 아느냐 모르느냐에 따라 당신을 평가할 것입니다'라고 말하는 일은 쉬운 일이 아닐 것입니다."

MS는 수석 관리자들을 인터뷰할 때는 로직 퍼즐을 이용하지 않는다. 하지만 많은 기업들이 시류에 편승하여 퍼즐 인터뷰를 선호하는 바람에 이러한 사실이 간과되고 있다. 지원자가 내세울 만한 성과를 갖고 있을 경우에는 당연히 퍼즐을 내는 것보다 경력을 논의하는 것이 지원자에 대해 보다 많은 정보를 얻을 수 있는 방법이다.

인터뷰 테크닉에 있어 중요한 것은 '공정함'이다. 하지만 지원자가 '공정하다 아니다'를 판단하는 기준은 자신이 질문에 얼마나 적절히 대답할 수 있느냐 하는 것이다. 크리스 셀즈는 이렇게 말한다. "대학을 갓 졸업한 학생들은 경력을 묻는 질문을 불공정한 질문이라 생각합니다. 그들은 내세울 만한 경력을 갖고 있지 않기 때문입니다. 반면 나 같은 '노땅'들은 그런 질문을 좋아합니다."

인터뷰 퍼즐을 사용하는 가장 큰 이유 가운데 하나는 내세울 만한 경력이 없는 많은 스마트한 대학생들이 이러한 문제를 좋아하기 때문이다. 그들은 전통적인 인터뷰 질문에 대답하느라 애쓰는 것보다(그들은 종종 전통적인 질문을 무의미하다고 생각한다) 퍼즐을 푸는 능력을 보여주고 싶어한다. (어떤 측면에서 그들은 이 능력을 '존경'한다.) 이러한 지원자들에게 인터뷰 퍼즐은 훌륭한 자기 홍보 수단이다. 하지만 보다 풍부한 경력을 지닌 지원자들은 퍼즐을 일종의 모욕이라 생각할 수도 있다.

2. 인터뷰 계획을 세운다

채용 전문가들은 종종 '체계화된 인터뷰'를 권한다. 그것은 일정한 방식으로 일련의 질문을 하는 것을 의미한다. 당신은 동일한 질문을 동일한 방식으로 모든 지원자에게 묻는다. 이것은 변수를 최소화하려는 시도이다. 다양한 질문을 하고 그에 대한 지원자들의 다양한 대답을 평가하는 것보다 동일한 질문을 하고 그에 대한 지원자들의 다양한 답변을 평가하는 것이 훨씬 더 쉬운 일이다.

현실 세계에서 체계화된 인터뷰를 한다는 것은 쉬운 일이 아니다. 필요한 자격이 각기 다른 일자리에서 일할 인재들을 뽑아야 할 수도 있다. 또한 다른 질문을 하고 싶을 수도 있고 지원자들이 이미 알고 있는 것을 묻지 않도록 때때로 문제에 변화를 주고 싶을 수도 있다.

그럼에도 불구하고 일관성 있는 인터뷰는 중요하다. 당신은 이 책에서 다루고 있는 함정 질문들 외의 질문들을 할 수도 있다. 예를 들면 경력 및 목표와 관련된 일반적인 질문들을 할 수도 있고 일에 필요한 특정 기술과 관련된 질문을 할 수도 있다. 인터뷰를 하다 보면 일관성을 잃기 쉽다. 그러므로 물어볼 질문들을 미리 리스트로 만들어놓는 것이 좋다.

3. 인터뷰는 IQ 테스트가 아니다

한 시간 동안 인터뷰를 하면서 어려운 퍼즐 문제를 여섯 개나 내어 지원자의 혼을 빼놓는 면접관들이 있다. 말 그대로 그것이 지원자의 문제 풀이 능력을 측정하기에 좋은 방법이기 때문이다. "에드는 퍼즐 문제를 두 개 풀었지만 바바라는 세 개 풀었어. 그러니 바바라를 채용하자."

이것은 유효성이 의심되는 IQ 테스트보다도 평가 항목이 훨씬 적은 IQ 테스트라 할 수 있다. 짧은 인터뷰 시간 동안 지원자에 대한 효과적인 평가를 내릴 수 있을 만큼 많은 질문을 한다는 것은 불가능한 일이다. 다시 말해 운이 좋아서 혹은 답을 외우고 있어서 좋은 평가를 받는 사람이 있는가 하면 긴장하여 제대로 답하지 못해 좋지 못한 평가를 받는 사람이 있을 수도 있다는 얘기다.

이와 관련해 '돌에 박힌 검'(아더 왕과 마법의 검 이야기로 돌에 박힌 전설의 검을 돌에서 뽑는 이는 왕이 될 운명을 타고난 사람이라는 전설 때문에 모두가 한 번씩 돌에 박힌 검을 뽑으려 시도한다. 하지만 아무도 그 검을 뽑지 못한다. 그러던 어느 날 한 남자가 그 검을 뽑게 된다. 그가 바로 훗날의 아더 왕이다)' 테스트가 있다. 일부 면접관들은 어렵다고 생각되는 퍼즐 문제를 내는 것을 좋아한다. 그들은 지원자가 그 문제를 풀것이라고 기대하지 않는다. 하지만 만약 누군가 그 문제를 푼다면 즉각 그를 채용할 것이다. 그는 천재이기 때문이다.

여기서 문제는 그것이 채용 결정을 내리는 데 있어 결정적인 역할을 할 수 있는 정보냐 하는 것이다. 어려운 퍼즐 문제를 푼 지원자는 천재일 수도 있다. 하지만 어려운 퍼즐 문제를 풀었다는 이유만으로 당신은 정말 그 사람을 채용해야 할까? 그것은 퍼즐에 대한 절대적인 확신을 요하는 일이다. 그리고 당신은 '천재'가 (천재는 아니지만) 유능한 사람들보다 회사에 많은 기여를 하리라 확신하는가? 이것은 천재에 대한 절대적인 믿음을 요하는 일이다.

이렇게 이야기하면 대부분의 사람들은 퍼즐을 풀었다는 이유만으로 누군가를 채용할 수는 없음을 인정할 것이다. 그들은 이력서, 인터뷰에서 들은 다른 이야기들, 그리고 여타의 모든 것을 참고할 것이다. 요컨대 그들은 누군가를 채용할 때 어려운 퍼즐을 풀어도 다른 요소들이 마음에 들지 않는다면 그를 채용하지 않을 것이다. 상황이 이러하다면 무엇 때문에 당신은 퍼즐문제를 내야 할까?

그렇다면 (퍼즐이 쓸모 있을 때도 있다고 가정할 때) 퍼즐은 어떨 때 쓸모가 있을까? 그 대답은 이러하다.

4. 인터뷰 퍼즐은 부적절한 인물을 걸러내는 필터다

인터뷰 퍼즐은 '돌에 박힌 검' 테스트를 역으로 응용한 것이라 할 수 있다. 즉, 인터뷰 퍼즐의 주 목적은 채용할 사람을 찾아내는 것이 목적인 '돌에 박힌 검' 테스트와 달리 채용하고 싶지 않은 사람을 탈락시키는 것이다.

적절한 인터뷰 퍼즐은 퍼즐 문제를 풀지 못한 사람은 무조건 채용 대상에서 제외시킬 수 있을 정도로 쉬워야 한다. 그것이 명확한 정답이 있는 인터뷰 퍼즐의 난이도로 가장 적합하다. 당신은 많은 이들이 풀 수 없는 퍼즐을 원한다. 하지만 실질적으로 '채용 조건에 맞는' 모든 지원자들은 퍼즐을 풀 것이다. 따라서 퍼즐을 풀지 못하면 '빨간 불'이 켜져야 한다.

인터뷰 퍼즐로 얻는 게 있으면 잃는 것도 있을 수밖에 없다. 사람들은 퍼즐에 각기 다른 반응을 보인다. 유능한 구직자가 퍼즐을 풀지 못해 안타깝게 채용 기회를 놓칠 수도 있다. 하지만 인터뷰 퍼즐을 실시함에 있어 기억해야 하는 채용 철학은 일부 유능한 인재를 놓치더라도 결코 부적합한 인물을 채용해서는 안 된다는 것이다.

인터뷰의 한 가지 단점은 스마트한 사람은 일반적으로 인터뷰를 통과한다는 것이다. 선택권을 갖고 있는 기업들은 스마트한 사람들을 채용하는 경향이 있다. 그런 다음 채용한 사람들 가운데 일부가 부적절한 인물로 판명되면 그들은 좌절한다. 다른 모든 사람들과 마찬가지로 스마트한 사람이라고 해도 무엇인가를 하고자 하는 의욕이 부족할 수 있다.

퍼즐, 설계 문제, 그리고 대답 불가능한 문제들은 소형 프로젝트라 할 수 있다. 이러한 프로젝트를 수행하려면 지적인 통찰력만으로는 부족하다. 당신은 통찰력을 이용하여 어떤 효과적인 결론을 도출해 내야 한다. 대기업에서 신제품을 출시하는 일보다는 퍼즐을 푸는 일이 분명 훨씬 쉬울 것이다. 그러므로 퍼즐과 상기 문제들을 풀지 못하면 '빨간 불'이 켜져야 한다.

포그 크리크 소프트웨어의 사장 마이클 프라이어는 자사에 채용된 사람들은 모두 다섯 명의 해적 문제를 정확히 푼 사람들이라고 말했다. 일부 사람들은 다섯 명의 해적 문제를 푼 것에 놀랄 수도 있다. 일반적인 기준에서 볼 때 그것은 분명 어려운 퍼즐이기 때문이다. 그러나 그들은 암벽 등반가를 훈련시키는 인공 벽을 오르는 사람들과 같다. 그 벽에는 적절한 위치에 손잡을 곳이 마련되어 있다. 그러므로 첫번째 손잡을 곳부터 시작하여 차례로 손잡을 곳만 제대로 잡으면 인공 벽 정상까지 오를 수 있다. 그러므로 퍼즐은 통찰력을 테스트하는 수단이 아니라, 문제를 풀어나가는 결정력을 테스트하는 수단이라 할 수 있다. 퍼즐을 푸는 것으로 구직자의 천재성을 판별해 낼 수는 없다. 하지만 면접관 입장에서는 지원자가 퍼즐을 적절히 풀어내는 것은 그가 성공에 필요한 능력을 갖고 있다는 면접관의 판단을 정당화시키는 수단이 될 수 있다. 반대로 퍼즐을 풀지 못하면 그 지원자를 채용해야 하는 이유를 설명하기가 그만큼 어려워질 것이다. 결국 퍼즐을 묻는 것은 면접관이 채용 결정을 내리는데 중요한 역할을 할 결정적인 정보들을 얻기 위함이다.

5. 인터뷰 문제는 당신이 공정하게 하는 만큼만 공정하다

지능 테스트의 역사에서 알 수 있는 것처럼 선의의 검사자가 가장 하기 쉬운 일은 검사자의 눈에 보이지 않을 정도로 교묘하게 편파적인 일련의 질문을 조합하여 '공정한' 평가를 하는 것이다. 인터뷰 퍼즐과 난해한 수수께끼 역시 같은 논란을 야기하고 있다. 하지만 전통적인 인터뷰 질문들 역시 인터뷰 퍼즐과 마찬가지로 혹은 그 이상으로 편파적이기 때문에 그것이 인터뷰 퍼즐을 사용할 수 없는 결정적인 이유가 되기는 어렵다.

면접관으로서 당신은 막중한 책임을 지고 있다. 인터뷰는 당신이 공정하게 하는 만큼만 공정할 수 있기 때문이다. 모든 사람이 당신이 읽었던 책을 읽으며 혹은 당신이 했던 게임을 하며 자라지는 않았다. 따라서 당신이 인터뷰할, 재능 있는 사람들 모두가 아무리 논리적인 퍼즐이라할지라도 퍼즐에 숨겨져 있는 규칙을 이해하기는 어렵다. 그러므로 당신은 퍼즐을 푸는 기본 규칙을 설명할 준비를 해야 한다. 그리고 당신이 설명한 규칙대로 질문에 접근하지 않는다는 이유로 사람들을 비난해서는 안 된다.

'기업 문화에 맞는 사람을 찾는다'는 명목 하에 '공정함' 문제가 종종 도외시 되고 있다. MS라면 이렇게 외칠 것이다. "우리는 '빌 복제인간'을 찾는다. 남자든 여자든, 혹은 흑인이든 백인이든 '빌 복제인간'만 찾을 수 있다면 그런 것은 중요하지 않다."

하지만 당신이 기업 문화를 보다 좁게 정의하면 할수록 그 자리에 적합한 유능한 인재들을 놓칠 가능성은 그만큼 커질 것이다. 틈이 날 때마다 퍼즐을 푸는 퍼즐 팬이 되는 것이 채용 여부를 판단하는 기준이 될수는 없다. 그러므로 지원자가 퍼즐 팬이 아니더라도 퍼즐 문제 이면에 감춰져 있는 가정을 포함하여 퍼즐 문제를 정확히 이해할 수 있도록 당신은 노력해야 한다.

6. 지원자가 전에 들어본 적이 있느냐 아니냐가 중요하지 않은 문제를 선택한다

인터넷 시대에 인터뷰 질문을 비밀로 하기는 불가능하다. 신중한 면접관이라면 많은 지원자들이 인터뷰에 사용할 퍼즐 문제를 이미 들어보았다고 가정할 것이다. 어떤 지원자는 그 문제를 10년 전 친구로부터 들었을 수도 있다. 또한 어떤 지원자는 인터뷰 전날 밤 인터넷에서 그 문제를 보았을 수도 있다. 그러나 지원자들 대부분이 그러한 사실을 솔직히 이야기할 정도로 정직하지는 않다.

바는 이렇게 말한다. "정답이 존재하지 않기 때문에 지원자가 전에 답을 들었어도 평가하는 데 상관이 없는 그런 문제를 원한다. 코드화 문제를 제외한다면 이것은 아티스트를 뽑는 것과 같다. 당신은 아티스트를 채용하고자 할 때 당신이 보는 앞에서 아티스트들에게 무엇인가를 그리도록 요구할 것이다. 아마도 그들은 사전에 그것을 그리는 연습을 했을 것이다. 하지만 그들은 당신이 보는 앞에서 새로 그것을 그려야 한다. 그것은 누구도 위조할 수 없는 것이다."

이것은 지원자의 추론 과정을 볼 수 있는 질문을 원한다는 의미이다. 정답은 한 개일 수도 있다. 하지만 정답에 도달하는 과정, 정답 도출 과정을 설명하는 방식은 개인에 따라 얼마든지 다를 수 있다. 지원자가 어떤 식으로 문제를 풀었는지 들음으로써 당신은 지원자의 문제 풀이 능력과 관련해 많은 것을 알 수 있다.

함정 문제를 피한다. 함정 문제에는 함정이 숨겨져 있다. 그리고 그런 함정은 한 번 들으면 쉽게 기억할 수 있는 무엇인가이다. 앞에서 언급한 두 사례에서처럼 통찰력을 필요로 하는 문제의 경우 사람들은 보통 자신이 어떻게 통찰력을 얻었는지 제대로 설명하지 못한다. 다시 말해 그런 문제에 대한 지원자의 대답에서는 채용 여부를 판단하는 데 결정적인 역할을 할 중요한 정보를 얻기는 어렵다 할 것이다.

인터뷰 질문을 준비하는 데 있어 한 가지 좋은 방법은 오리지널 문제를 변형시키는 것이다. "보잉 747기에 얼마나 많은 탁구공을 실을 수 있는가?"라는 문제는 좋은 문제이다. 커피 한 잔씩 마시며 시간 날 때마다 이 문제를 변형시켜 만들 수 있는 문제를 생각해 보라. 인터뷰 때 오리지널 문제 대신 오리지널 문제를 응용한 문제를 내라. 그렇게 하면 오리지널 문제를 들어본 사람과 들어본 적 없는 사람 간에 보다 공정한 평가를 할 수 있다.

로직 퍼즐 역시 숫자나 여타 세부적인 항목을 수정함으로써 문제를 변형시킬 수 있다. 단, 문제를 응용하더라도 난이도는 언제나 '합리적'이어야 한다. 일례로 다섯 명의 해적 퍼즐을 들 수 있다. 이 퍼즐의 경우 당신은 해적의 수와 동전의 수를 마음대로 바꿀 수 있다. 예를 들면 4명의 해적에게 83개의 동전을 나누어주는 것으로 문제를 바꿀 수 있다. 추론 방법은 오리지널 문제와 같지만, 그러므로 오리지널 문제를 들어본 사람이 아무래도 이 문제를 처음 듣는 사람보다 유리한 입장에 있겠지만 정답은 완전히 다르다. 따라서 이 문제의 개념을 정확히 이해하고 있는 사람과 단순히 답만 기억하고 있는 사람을 판별해 낼 수 있다. 그리고 어떤 식으로 문제를 풀었는지 조리 있게 말로 설명하는 능력 역시 위조하기 어려운 무엇인가이다.

7. 첫인상을 불식시킬 힘을 가진 질문을 한다

첫인상이 중요한 직종이 있다. 일례로 영업사원의 경우 하루 종일 사람을 만나는 직업이므로 인상이 중요하다. 첫인상에는 카리스마, 외모, 태도 같은 요소들이 복합적으로 반영되어 있다. 그리고 좋은 첫인상은 채용 결정에 긍정적인 영향을 미친다. 하지만 대부분의 다른 직종에서는 상대적으로 첫인상이 덜 중요하다. 예를 들어 하루 종일 사무실에 앉아 프로그램을 짜는 사람에게 인상은 그리 중요하지 않다.

알코올 중독자가 다른 사람의 도움을 받기 전 먼저 자신이 갖고 있는 문제를 인정하는 과정이 필요한 것처럼 면접관들은 정확한 평가를 하려면 자신이 갖고 있는 첫인상 문제를 인정해야 한다. 즉 많은 면접관들이 지원자를 만난지 단 몇 초 만에 무의식적으로 그에 대한 평가를 내려놓고 차후의 인터뷰 질문에 지원자가 어떻게 대답하든 그들은 자신이 이미 내려놓은 평가에 맞게끔 지원자의 대답을 해석하는 문제, 다시 말해 첫인상에 의해 지원자를 평가하는 문제를 갖고 있는 것이다.

따라서 지원자가 적절히 대답한다면 첫인상을 불식시킬 힘을 가진 질문을 하는 것이 중요하다. 많은 직업에 있어 로직 퍼즐은 그러한 방법 가운데 하나이다. 또한 지원자에 대한 첫인상을 마음속에 메모해 놓았다가 인터뷰 마지막에 첫인상과 인터뷰가 끝난 후 지원자에 대한 인상을 비교해 보는 것도 좋은 방법이다. 만약 그 두 개가 같다면 그 두 개가 같은 이유를 합리적으로 설명할 수 있는지 짚어보아야 한다. 만약 지원자에 대한 당신의 생각이 바뀌었다면 그 이유 역시 정확히 짚어보아야 한다.

8. '정답이 없는 질문'을 삼간다

"초록색을 정의하시오" "지금 우주선이 착륙했다면 당신은 우주선에 타서 어디까지 태워달라고 요구하겠습니까?" 같은 질문들은 파티 때 재미있는 이야깃거리가 될 수 있다. 물론 아닐 수도 있다. 하지만 한 가지 분명한 것은 인터뷰 때 많은 시간을 할애해 가며 이야기할 정도로 가치 있는 질문은 아니라는 것이다. 면접관들이 이러한 질문을 하는 것은 지원자의 창의력을 알아보려는 것이다. 하지만 많은 창의적인 사람들이 이러한 질문을 바보 같은 질문이라 생각한다. 설상가상으로 어느 누구도 이러한 질문에 대한 대답을 어떤 식으로 평가해야 하는지 알지 못한다. 따라서 이러한 질문은 면접관에게 첫인상에 따라 지원자를 평가할 특권을 부여함으로써 인터뷰를 무의미하게 만들 뿐이다.

9. '압박면접'을 하지 않는다

압박면접은 무의미한 '파워게임'이다. 압박면접으로 특정 일자리에 가장 적합한 인물을 찾아내는 것은 불가능한 일이기 때문이다. 구직자의 답변이 채용 여부를 판단할 정도로 중요한 정보가 되려면 구직자가 자신의 생각을 자유롭게 표현할 수 있는 편안한 분위기를 조성하는 것이 필수조건이다. 구직자를 벼랑 끝으로 내모는 것은 편안한 분위기를 망칠 뿐이다. 긴장을 완화시킬 수 있는 가벼운 이야기를 주고받는 것을 금기시하는 관행도 마찬가지이다. 면접관들은 보통 간단히 자기 이름만 말할 뿐 자세한 이야기는 하지 않는다. 이에는 다음과 같은 심리가 담겨져 있다. '채용될지 안 될지 모르는 사람에게 나를 자세히 소개하느라 귀중한 시간을 낭비할 필요가 뭐가 있어.' 하지만 지원자에게도 선택권이 있으며 당신은 유능한 지원자들이 당신의 회사를 선택하길 원하고 있다는 사실을 잊지 말라.

사람들은 종종 압박면접을 이런 식으로 합리화한다. '이 일을 하면 많은 스트레스를 받게 되어 있어. 그러므로 인터뷰 때 지원자가 스트레스에 어떤 식으로 대처하는지 테스트해 봐야 해.' 하지만 이런 식의 합리화는 그리 타당해 보이지 않는다. 압박면접에서의 '스트레스'는 인위적인 것이기 때문이다. 차라리 지원자가 최선을 다할 수 있는 분위기를 조성하고 그 속에서 지원자가 어떻게 행동하는지 지켜보는 것이 채용 여부를 판단하는 데 중요한 역할을 할 정보를 얻을 수 있는 보다 좋은 방법이다. 지원자가 채용된다면 그는 인터뷰 때보다 스트레스가 훨씬 덜한 상황에서 일할 것이기 때문이다.

10. 다른 면접관에게 평가 메모를 전달하지 않는다

인터뷰 동안에 면접관들이 서로의 평가를 이메일로 주고받는 것은 평가를 왜곡시킬 수 있다. 인터넷을 통해 누가 당선될 것인지 미리 알고 투표를 하러 가는 일은 있을 수 없다. 그런데 왜 구직 인터뷰에서는 그런 일을 하는 것인가?

면접관은 지원자에 대한 평가를 인사부나 면접과 무관한 제3자에게 보내야 한다. 면접관은 자신의 평가서를 발송할 때까지 다른 면접관의 평가서를 볼 수 없어야 한다.

11. 거짓 정보를 제공하지 않는다

노사관계는 신뢰를 바탕으로 한 관계이다. 따라서 노사관계가 거짓말에서부터 시작되어서는 안 된다. 기업들은 지원자가 자신을 진솔하게 보여주길 바란다. 그러므로 기업 역시 인터뷰 과정에서 지원자를 속이는 행위를 삼가야 한다. 마지막 면접을 할 수 없는 이유로 면접관이 교통체증 때문에 늦는 것 같다고 말하는 것은 그 기업이 정직하지 않은 기업 혹은 예의를 모르는 기업임을 말해 줄 뿐이다.

굳이 거짓말을 할 필요가 없다. 채용되지 않은 지원자로부터의 항의를 두려워하여 기업들은 그런 거짓말을 하고 있다. 하지만 그런 일은 극히 드문 일이다. 그리고 그런 일이 발생하더라도 그것은 기업 보안상의 문제이지 면접상의 문제는 아니다. 총 5회의 인터뷰가 있다고 말해 놓고 2회의 인터뷰가 실행되지 않은 이유를 둘러대는 대신 면접관은 총 5회의 인터뷰가 마련되어 있지만 실질적으로 행해지는 인터뷰 횟수는 상황에 따라 달라질 수 있다고 있는 그대로 말해야 한다.

구직자가 당신의 회사에서 일하게 되든 아니든 '정직'은 중요하다. 인터뷰에서 떨어진 오늘의 지원자가 내일의 고객, 주주, 혹은 입법자가 될 수도 있기 때문이다. 따라서 어떤 사람에게도 인터뷰 때 부적합한 대우를 받았다거나 속임을 당했다는 느낌을 주어서는 안 된다.

패러다임과 퍼즐

루이스 터먼 시대에 근로자의 능력은 간단한 문제였다. 즉 지능이 높으면 능력 있는 근로자였던 것이다. 빌 게이츠 같은 사람들이 이따금 비슷한 소리를 하고 있지만 요즘에는 이러한 지능을 평가하는 관행이 달라지고 있다. 오늘날 인터뷰에 사용되고 있는 로직 퍼즐의 수명은 퍼즐을 구성하고 있는 이야기에 달려 있다. 우리는 '이야기'라는 새로운 포장을 퍼즐에 덧씌우고 있다. 그것은 퍼즐의 의미에 대한 이야기일 수도 있고 인간사를 풍자하는 이야기일 수도 있다.

어쨌든 이 새로운 시각이 확산되고 있는 것은 소프트웨어 산업의 책임이 크다. 이런 속담이 있다. "망치를 갖고 있는 사람은 모든 문제를 못으로 생각한다." 우리 시대의 중요한 망치는 알고리즘이다.

우리가 알고리즘이라 부르는 문제 풀이 방식들은 '논리의 미화된 표현'이다. 당신이 산업 차원에서 알고리즘을 만들 때 당신은 알고리즘을 고안해 내는 것이 알고리즘 자체보다 훨씬 더 불가사의하고 훨씬 덜 논리적임을 발견한다. 사람들이 훌륭한 알고리즘을 고안해 내는 방식은 한 마디로 불가사의다.

퍼즐에도 동일한 이분법이 적용되고 있다. 로직 퍼즐, 즉 '논리 퍼즐'의 답은 논리적이다. 하지만 당신이 그 답을 구하는 방식은 그와 다르다. 답을 구하기까지 당신은 수차례 시행착오를 거치고 직관에 따라 이리저리 움직이면서 종종 잘못된 길로 당신을 인도할 직관의 함정에 빠지지 않기 위해 알아야 하는 많은 것들을 배운다. 퍼즐 풀이의 논리는 퍼즐 답의 논리보다 훨씬 복잡한 논리 이상의 논리인 것이다.

퍼즐, 프로그래밍, 크리스튼슨의 파괴적인 기술, 쿤의 패러다임 이동, 선언에 관한 심리학적 연구, 그리고 인공지능의 조심스런 발전 모두 한 가지 공통점을 갖고 있다. 논리적이어야 하는 것에서의 논리의 실패를 대변하고 있다는 것이다. 이것은 앞으로는 논리와 지능만으로는 충분하지 않다는 사실을 우리에게 일깨워주고 있다.

오늘날 우리는 하드웨어 세계가 아니라, 소프트웨어 세계에 살고 있다. 그리고 그 어느 때보다 빠르게 변하고 있으며 변화는 급속도로 확산되고 있다. 이때 중요한 자산은 인간이라는 자산이다. 그러므로 이제 채용은 언제라도 교체 가능한 팀원들로 구성된 팀을 관리할 일부 간부만을 찾아내면 되는 간단한 문제가 아니다. 《포천》 선정 500대 기업에 속하는 기업들도 신생 기업과 같은 심정을 느끼고 있다. 기업들은 자사의 생존이 모든 일자리를 가장 유능하고 재치 있는 사람들로 채우느냐 아니냐에 달려 있다고 느끼고 있는 것이다.

이러한 불확실한 혹은 절박한 상황을 가장 잘 반영하고 있는 것이 바로 퍼즐 인터뷰이다. 오늘날 고용주들은 말로 표현할 수 없는 '무엇인가'를 찾고 있다. 그것은 단순히 지능이 아니다. 거기에는 자신감, 의욕, 판단력이 포함되어 있다. 그리고 불확실한 것을 받아들이고 가정에 이의를 제기하고 프로젝트를 완수하는 능력도 포함되어 있다. 당신 역시 언제 어떤 가정에 이의를 제기해야 하는지 간파하는 능력을 갖고 있지 않다면 '가정에 이의를 제기한다'는 것은 단순히 상투적인 표현이 되어버릴 것이다. 사실 유능한 사람들이 이 모든 것을 얼마나 잘하는지는 아무도 모른다. 당분간 구직자들을 평가할 때 우리는 더욱 임시적인 평가들에 의존할 수밖에 없다. 우리 앞에는 여러 갈래의 길이 있고 우리에게 방향을 알려줄 사람은 한 명도 없다. 우리에게 정직하게 방향을 알려줄 사람뿐 아니라, 거짓으로 방향을 알려줄 사람조차 없다. 이런 상황에서 당신이라면 목적지에 이를 길을 어떻게 찾아내겠는가?

3

실전 문제 Q&A

수학 퍼즐 혹은 로직 퍼즐의 정답을 맞히는 것은 쉬운 일이다. 그에 비해 '정답'이 없는 문제에 무엇이 '최적의 답' 혹은 '면접관이 기대하는 답'인지 올바로 예측하는 일은 상당히 어려운 일이다. 때문에 나는 면접관과 면접응시자 양측의 의견을 모두 참고했다. 정답이 없는 문제의 경우 면접관은 면접응시자의 대답에 주관적이고 색다른 평가를 내릴 수 있다. 따라서 그런 문제에 바르게 대답하는 방법은 문제를 낸 사람의 의중을 파악하여 그에 맞게 대답하는 것이다.

나는 해답을 설명할 때 해답 자체보다 그 이면의 '추론과정'에 보다 많은 관심을 기울였다. 인터뷰의 목적을 생각한다면 추론이 해답이나 다름없기 때문이다.

Q 러시아식 룰렛 게임을 한다고 합시다. …… 방아쇠를 바로 당기면 좋겠습니까, 아니면 총열을 한 번 돌린 다음 방아쇠를 당기면 좋겠습니까?

A 우선 총열을 돌리는 경우를 생각해 보자. 이것은 총열을 돌리지 않고 바로 방아쇠를 당기는 경우보다 설명하기 쉽다. 여섯 칸의 약실에 두 개의 탄알이 들어 있다. 더 긍정적으로 생각하자면 여섯 칸의 약실 가운데 네 칸은 비어 있다. 총열을 돌릴 경우 당신의 생존 확률은 6분의 4, 즉 3분의 2이다.

반면 총열을 돌리지 않고 바로 방아쇠를 당기는 경우를 생각해 보자. 두 개의 탄알을 나란히 넣었기 때문에 탄알이 들어 있지 않은 네 칸의 빈 약실 역시 나란히 붙어 있을 것이다. 네 칸의 약실 가운데 한 칸이 걸릴 경우에만 당신은 목숨을 구할 수 있다. 이 네 칸의 빈 약실 중 세 칸은 총열이 도는 방향으로 '다음' 칸도 비어 있을 것이다. 그리고 나머지 한 칸은 '다음' 칸에 두 개의 탄알 가운데 하나가 들어 있을 것이다. 이것은 총열을 돌리지 않을 경우 생존 확률이 4분의 3임을 말해 준다.

3분의 2보다 4분의 3이 생존 확률이 높으므로, 살고 싶다면 당신은 총열을 돌리지 않고 바로 방아쇠를 당기는 방법을 선택해야 한다.

Q 저울이 없다면 당신은 제트기의 무게를 어떻게 재겠습니까?

A 일부 지원자들은 보잉사의 웹 사이트에서 비행기에 대한 설명을 찾아본다고 대답했다. 이들의 경우 "인터넷을 사용할 수 없다면 어떻게 하겠습니까?"라는 면접관의 물음 한마디면 '깨갱' 해야 한다. 본래 이 문제는 저

울 없이 코끼리의 무게를 재보라는 전통적인 문제를 응용한 것이다. 코끼리든 제트기든 분명한 것은 측정 가능한 크기로 자를 수가 없다는 것이다.

따라서 항공모함이나 연락선, 혹은 제트기를 실을 수 있을 정도로 큰 배에 제트기를 실은 다음 배의 표면에 수면의 높이를 표시하고 제트기를 배에서 내리는 방법을 사용할 수 있다. 배는 제트기의 무게만큼 수면 위로 떠오르게 될 것이다.

이제 배의 표면에 표시된 수면의 높이까지 배가 가라앉도록 배에 무게를 알고 있는 물건들(예를 들면 100파운드 면화 꾸러미)을 싣는다. 배에 실은 물건들 무게의 총합이 바로 제트기의 무게이다.

힘을 쓰는 것보다 머리를 쓰는 것을 더 좋아한다면 당신은 제트기를 실었을 때 수면의 높이와 제트기를 내렸을 때 수면의 높이 간의 배의 부피를 계산하고 거기에 물의 밀도를 곱함으로써 무거운 물건들을 나르는 수고를 덜 수 있다. 그 방법으로도 제트기의 무게를 구할 수 있기 때문이다.

Q 맨홀 뚜껑이 사각형이 아니라 원형인 이유는 무엇입니까?

A 면접관이 기대하는 답은 맨홀 뚜껑이 사각형이면 구멍 속으로 뚜껑이 빠져 사람이 다칠 수도 있고 뚜껑을 잃어버릴 수도 있기 때문이라는 것이다. 이것은 사각형의 대각선 길이는 사각형의 한 변의 길이의 $\sqrt{2}$배(약 1.414배)이기 때문이다. 그러므로 사각형의 맨홀 뚜껑을 수직으로 든 상황에서 약간만 각도를 틀어도 뚜껑은 쉽게 구멍 속으로 빠진다. 하지만 원형 뚜껑의 경우 어느 쪽에서 재어도 지름이 같기 때문에 어떻게 잡아도 구멍 속으로 빠질 염려가 없다.

'구멍이 둥글기 때문'이라고 대답하는 사람도 있다. 이것은 경솔한 대답이다. 물론 구멍은 사각형 모양으로 파는 것보다 원형으로 파는 것이 훨씬 쉽기 때문에 둥글고, 구멍이 둥그니까 맨홀 모양도 원형이 되어야 한다고 말한다면 경솔하기만 한 대답은 아닐 것이다.

또한 '근거리에서 맨홀 뚜껑을 옮겨야 할 경우 원형이면 뚜껑을 굴려 옮길 수 있지만 사각형이면 다른 운반 기구를 이용하거나 두 명이 들어 옮겨야 하기 때문'이라는 대답도 가능하다. 그리고 뚜껑 모양이 원형이면 뚜껑을 닫을 때 뚜껑과 맨홀의 모양을 맞추기 위해 뚜껑을 이리저리 돌릴 필요가 없기 때문이라는 대답 역시 가능하다.

이것은 MS의 인터뷰 문제 가운데 가장 널리 알려진 문제이다. MS에서 인터뷰 문제로 더 이상 사용하지 않을 정도다. 잡지들은 MS의 문제가 얼마나 엉뚱한지에 대한 하나의 예로 이 문제를 자주 언급했다. 애덤 데이비드 바는 이렇게 말했다. "인터뷰 질문을 받기도 전에 지원자들이 로비에 나타나 이렇게 외쳤죠. '원형이면 뚜껑이 구멍 속으로 빠지지 않기 때문입니다!'"

이 문제는 마틴 가드너의 《사이언티픽 아메리칸》 칼럼에 실린 바 있다. 당시 브루클린에 살던 존 부시(John Bush)는 칼럼에서 이 문제를 읽고 독자평을 보냈다. 독자평에는 콘 에디슨(Consolidated Edison: 자산 150억 달러의 이 회사는 뉴욕 시 전역에 전기 서비스를, 맨해튼과 브롱스 지역에 천연가스 서비스를, 그리고 맨해튼에 스팀 서비스를 전담하고 있다)의 맨홀 뚜껑 중에는 사각형이 있고 최근 폭발 사고로 뚜껑 가운데 하나가 날아가는 사건이 발생했다는 내용이 적혀 있었다. 그리고 나중의 일이지만 그 뚜껑은 맨홀 바닥에서 발견되었다고 했다.

2000년, 작가이자 NPR 시사해설가인 안드레이 코드레스쿠(Andrei Codrescu)가 MS에서 연설을 한 일이 있었다. 질의응답 시간에 누군가 그에게 물었다. "맨홀 뚜껑은 왜 원형이죠?" 코드레스쿠는 대답했다. "그 이유는 간단하죠. 싸울 때 원형 방패가 사각 방패보다 낫죠. 또한 원형은 '무한함'을 상징하죠. 성당의 돔이 둥근 것도 그 때문이죠. '내려가는 만큼 올라가는' 원의 원리는 행인들에게 그들이 신의 세계에 살고 있음을 일깨워 주죠."

Q 거울에 비친 사물이 위아래가 아니라, 좌우대칭으로 보이는 이유는 무엇입니까?

A 처음 이 문제를 보면 표류하고 있는 듯한 느낌이 들 수 있다. 수학, 물리학, 심리학 등 학교에서 배운 모든 지식을 총동원하여도 그 이유를 설명할 수 없기 때문이다. 그렇다고 이 문제가 일반적인 의미의 로직 퍼즐인 것도 아니다.

사람들이 일반적으로 보이는 두 가지 반응은 이러하다.

(a) 거울에 비친 사물이 좌우대칭으로 보인다는 사실을 부정한다.
(b) 거울에 비친 사물이 위아래 대칭으로 보일 수도 있다고 주장한다. (예를 들면 거울을 천장이나 바닥에 설치할 때처럼 말이다.)

(a) 부터 생각해 보자. 신문을 거울에 비추어보면 좌우가 바뀌어 글자를 읽을 수 없다. 그럼 이런 실험을 해보자. 신문이 투명한 플라스틱판에 인쇄되어 있다고 가정해 보자. 그리고 거울에 그 플라스틱판을 맞대고 프레스기로 누른다. 신문의 텍스트와 거울에 프레스된 텍스트는 정확히 일치한다.

화살표를 거울에 비추어보면 이 원리를 보다 분명히 이해할 수 있다. 화살표를 수평으로 잡은 다음 화살표가 왼쪽을 가리키도록 한다. 그리고 거울에 화살표를 비추어본다. 거울에 비춰진 화살표 역시 왼쪽을 가리키고 있을 것이다. 이 경우에는 화살표의 좌우가 바뀌어 보이지 않는다. 화살표가 오른쪽을 가리키도록 방향을 바꾸어 본다. 거울에 비친 화살표 역시 오른쪽을 가리킬 것이다.

이것은 타당한 지적이다. 하지만 우리는 거울에 사물을 비추어보면 좌우가 대칭되어 보인다는 것을 알고 있다. 그것이 비록 우리가 생각하는 그런 좌우대칭 현상은 아니더라도 말이다. 면접관은 이렇게 되물을 것이다. "좋습니다. 하지만 거울에 비친 신문을 읽을 수 없는 것은 무엇 때문입니까? 거울에 비친 글자를 읽을 수 있게 하려면 투명한 플라스틱판을 위아래가 아니라 좌우로 뒤집어야 하는 이유는 무엇입니까?"

대답 (b)는 반대 입장을 취하고 있다. 거울은 좌우로만 대칭되어 보이는 것이 아니라 모든 방향으로 대칭되어 보인다는 것이다. 거울이 위를 향하도록 하여 바닥에 놓으면 당신은 위아래로 대칭되어 보인다고 말할 수 있을 것이다. 거울이 북쪽을 향하고 있을 경우에는 남북으로 대칭되어 보일 수 있다. 거울이 왼쪽을 향하고 있을 때는 왼쪽과 오른쪽이 대칭되어 보일 수 있다. 한마디로 거울이 특별히 어떤 방향을 '편애하고' 있지는 않다. 거울의 물리학적 특징 가운데 거울이 좌우대칭으로 보인다고 주장할 만한 근거는 없다.

면접관은 많은 사람들이 거울이 좌우대칭으로 보인다는 잘못된 생각을 갖게 된 이유를 알고 싶어할 수도 있다. 당신은 그 모든 것이 건축 및 인테리어 디자인 상의 풍습 그리고 문화적 전통 때문이라고 주장할 수도 있다. 우리는 거울을 아무 곳에나 두지 않는다. 보통 사각형 모양인 방의 곧추선 벽에 걸어 놓는다. 따라서 거울의 사물은 수직(아래위)으로가 아니라 수평(남북)으로 대칭되어 있다. 이러한 수평적 대칭이 전통적으로 좌우대칭으로 이야기되고 있는 것이다. 그것은 특정 거울은 남북으로 대칭되어 보인다고 말하는 것보다 일리 있게 들린다. 이것들은 지리학적인 특성이지, 절대적으로 변할 수 없는 특성이 아니기 때문이다. 거울의 대칭과 관련해 절대적인 것은 아무것도 없다. 거울이 어느 방향을 향하고 있느냐에 따라 거울의 대칭 방향이 달라질 뿐이다.

설명 (b)는 몇 가지 중요한 사실을 시사하고 있다. 하지만 그 역시 핵심을 찌르지는 못하고 있다. 거울이 천장에 달려 있는 라스베가스의 특급 객실에서, 이글루에서, 요트에서, 전면이 거울로 장식된 행사장에서, 혹은 반서양적인 환경에서 당신이 거울에 비친 신문을 읽을 수 없는 것은 마찬가지이다. 글씨의 좌우가 바뀌어 보이기 때문이다. 그것은 무엇 때문일까?

다시 처음으로 돌아가보자. 거울은 어느 방향으로 대칭되어 보이는가? 이번에는 표현에 주의를 기울여보자. 그리고 거울이 대칭되어 보이는 방법을 어느 표현이 가장 잘, 그리고 가장 총괄적으로 설명하는지 판단해 보자.

설명 (a)는 거울이 반드시 좌우로 대칭되어 보이는 것은 아님을 주장하고 있다는 점에서 정확한 설명이라 할 수 있다. 사실 '좌', '우'라는 것은 거울을 보는 사람의 입장과 관련이 있다. 누가 거울을 보고 있는지, 그리고 어느 방향에서 보고 있는지 거울이 어떻게 알 수 있겠는가? 하지만 지속적으로 좌우대칭으로 보이려면 거울은 그것을 '알아야' 할 것이다.

거울의 대칭 방향은 거울이 향하고 있는 방향에 따라 달라진다고 생각하는 것이 보다 합당하다. 이것이 바로 설명 (b)가 지적하고 있는 것이다. 거울이 어느 방향을 향하고 있기 때문에 당신은 그것이 어느 방향으로 대칭된다고 말할 수 있는 것이다.

이것이 얼마나 정확한 설명일까? 우리는 화살표 실험을 통해 거울이 향하고 있는 방향과 같은 방향으로 화살표를 놓으면 화살표가 어느 쪽으로도 대칭되어 보이지 않는다는 것을 확인할 수 있다. 거울에 비친 화살표가 본래의 화살표와 다른 방향을 가리키도록 할 방법이 있는가? 물론 있다.

화살표가 당신을 등지고 거울을 가리키도록 놓는 것이다. 거울에 비친 화살표는 본래 화살표와 반대 방향을 가리킬 것이다. 혹은 화살표가 거울을 등지고 당신을 향하도록 놓는 것이다. 그러면 거울에 비친 화살표는 반대로 당신에게서 점점 멀어지고 거울에 점점 더 가까워질 것이다.

정확히 말하자면, 이것은 거울이 '거울 방향으로'와 '거울 반대 방향으로' 대칭되어 보인다고 말할 수 있다. 당신이 거울 쪽을 볼 때 당신 앞에 있는 듯한 물체는 실질적으로는 당신 뒤에 있는 것이다. 좌우나 아래위처럼 거울이 향하고 있는 면과 평행한 방향으로는 대칭되어 보이지 않는다.

이러한 사실은 너무도 자명하기 때문에 우리는 거의 항상 그것을 간과한다. 대부분의 경우 당신은 거울 이미지를 보며 그것이 실제와 대칭되어 보인다는 것을 인식하지 못한다. 당신은 방에서 자신의 얼굴을 보고 있다고 생각한다. 뇌는 '거울 방향으로'와 '거울 반대 방향으로'의 대칭을 여과하여 거울의 대칭되어 보이는 이미지를 현실 세계로 해석한다.

비대칭적인 사물 혹은 행동의 경우에는 이런 속임수가 통하지 않는다. 예를 들면 나사의 나사선, 달팽이의 껍질, 매듭, 가위질처럼 말이다. 비대칭 사물의 대표적인 예가 바로 우리의 손이다. 오른손과 왼손은 모든 점에서 비슷하다. 하지만 두 개는 정반대이다.

오른손과 왼손은 각각이 서로의 '거울 이미지'이다. 합장하듯 양손의 손바닥을 대보면, 마치 두 개의 손 사이에 보이지 않는 거울 벽이 있는 것 같다. 오른손이 '거울 방향으로'와 '거울 반대 방향으로'의 대칭으로 왼손이 된 것 같다.

이것이 사람들에게 잘못된 생각을 심어주고 있다. 영어권 및 여타 많은 언어권에서는 일반적으로 거울 이미지처럼 비대칭적인 사물의 두 가지 형태를 '오른쪽'과 '왼쪽'이라 부른다. 이것은 일종의 비유적 표현일 뿐, 실질적으로 방향과는 아무런 상관이 없다. 나사선의 두 가지 형태를 'A'와

'B', 혹은 '플러스'와 '마이너스', '정' 혹은 '역'이라 부를 수도 있다.

거울의 대칭 효과로 인해 이러한 비대칭적인 사물을 거울에 비추면 그 것은 그 사물의 또다른 형태처럼 보인다. 예를 들면 왼손을 거울에 비치면 오른손처럼 보인다. 분명한 것은 뇌는 이러한 차이를 여과하는 데 능숙하지 못하다는 것이다. 비대칭적인 특성이 두드러지기 때문에 이러한 사물들의 거울 이미지는 낯설어 보인다. 그러므로 거울을 보며 가위질처럼 비대칭적인 행동을 하려면 매우 힘들 것이다.

우리는 또한 이러한 어려움을 말로 표현하려고 애쓴다. 신중한 사람이라면 거울은 비대칭적인 두 가지 사물의 오른편과 왼편이 대칭되어 보이는 것이라고 말할 수 있다. 이것을 줄여 말하면 거울은 좌우대칭으로 보인다고 할 수 있다. 하지만 이것은 실질적으로 상당히 다른 표현이고 상당히 틀린 표현이다. 우리는 모두 별생각 없이 들은 많은 말들을 자연스럽게 받아들여 사용하고 있다. 이것도 그러한 말들 가운데 하나이다.

요컨대 거울이 반드시 좌우 혹은 아래위 대칭으로 보이는 것은 아니다. 거울은 '거울 쪽 방향'과 '거울 반대쪽 방향'으로만 대칭되어 보인다. 이것이 비대칭 사물의 방향을 바꾸어놓기 때문에 거울에 비추어 보았을 때 오른손은 왼손처럼 보이고 글씨는 읽을 수 없는 것이다.

이 질문에 대답하려면 패러다임의 이동이 필요하다. 면접관은 거울이 실질적으로 사물의 좌우를 바꾸어 비치지 않는데도 좌우로 대칭되어 보이는 이유를 듣길 원할 것이다. 많은 지원자들이 그 함정에서 빠져나오지 못한다. 이 질문은 가정(이에는 '상관'이 주장하는 가정도 포함된다)에 이의를 제기하는 자발성을 테스트하고 있다.

마틴 가드너는 이 문제를 1950년대에 거론한 바 있다. 그는 이것을 로직 퍼즐로 재구성했다는 점에서 높이 평가될 만하다. 그는 이 질문을 소개했고 이 질문에 담겨 있는 광범위한 의미를 설명한 책 『양손잡이의 세계』를 집필했다.

Q   **자동차 문을 열려면 자동차 열쇠를 어느 방향으로 돌려야 합니까?**

A   선문답은 불합리한 딜레마를 제시함으로써 세계의 이진법적 분류방식에 찬물을 끼얹는다. 개는 부처의 자질을 갖고 있는가, 갖고 있지 않은가? 당신은 단장을 단장이라 부를 것인가, 부르지 않을 것인가? MS의 자동차 열쇠 문제 역시 같은 맥락에서 이해할 수 있다.

구직자들 가운데 열쇠를 시계 방향으로 돌리든 시계 반대 방향으로 돌리든 그것은 중요하지 않다고 생각하는 사람들도 있다. 이 문제를 내는 것은 지원자가 기본적으로 무의미한 A와 B라는 결정 사이에서 당황하지 않고 어떤 결정을 내릴 수 있는지 보기 위함이라 생각한다. (무의미한 결정을 내리는 것 역시 소프트웨어 사업의 일부이다. 만약 그들이 당신을 채용한다면 당신은 회의에 참석해야 하고 당신이 어떤 무의미한 결정을 내린 이유를 설명해야 한다.)

그렇지만 실질적으로 이 문제에는 보다 바람직한 답이 있다. 그 이유는 이러하다. 오른손에 열쇠를 쥐고 있는 것처럼 오른손을 앞으로 내민다. (이때 필요하다면 오른손잡이인 척까지 한다.) 엄지와 검지에는 상상의 열쇠가 쥐어져 있고 나머지 손가락으로는 주먹을 쥐고 있다. 손바닥은 아래를 향한다.

손을 편히 돌릴 수 있는 정도까지 시계 방향으로 돌린다. 아마도 당신은 180도 정도는 쉽게 손을 돌릴 수 있을 것이다. 이제는 손바닥이 위를 향하고 있다.

이번에는 동일한 시도를 방향을 바꾸어서 해본다. 즉 손을 시계 반대 방향으로 돌려본다. 아마 90도 돌리기도 힘들 것이다.

손, 손목, 그리고 팔의 구조상 오른손잡이인 사람은 열쇠를 시계 방향으로 돌리는 것이 더 편하다. (그러므로 열쇠 구멍 역시 오른쪽으로 돌아가도록 되어 있다.) 물론 왼손잡이인 사람은 반대이다. 하지만 불공평하게도 왼손잡이인 사람은 극히 드물다. 그것이 열쇠를 이쪽 방향으로 혹은 저쪽 방향으로 돌려야 한다는 근거가 되고 있다.

궁극적으로 당신이 차문을 닫는 횟수와 차문을 여는 횟수는 같다. 그리고 이 동작 가운데 하나는 '자연스럽고' 다른 하나는 '부자연스럽다.' 즉 자연스런 동작을 여섯 번 하면 부자연스러운 동작 역시 여섯 번 해야 한다.

MS의 면접관은 시종일관 문을 여는 것에 대해서만 묻는다. 그들은 결코 문을 잠그기 위해 열쇠를 어느 쪽으로 돌려야 하는지는 묻지 않는다. 시계 방향으로 돌리는 것이 대부분의 사람들에게 보다 자연스럽다고 가정할 때, 자연스러운 방향으로 열쇠를 돌리면 문이 열리도록 한 데는 몇 가지 이유가 있다.

- 낯선 차에 탈 경우 당신은 부자연스러운 행동보다는 자연스러운 행동을 먼저 할 것이다. 그리고 많은 사람들에게 시계 방향으로 돌리는 것이 자연스러운 행동이다. 대부분의 사람들이 첫번째로 시도하는 것이 맞도록 설계하는 것은 사용자를 배려한 설계이다.
- 사람들이 차를 사용하지 않을 때 차는 보통 잠겨 있다. 따라서 차를 이용하려면 차문부터 열어야 한다. 차를 이용하기 위해 제일 먼저 하는 행동이 '자연스럽도록' 하는 것은 차를 이용하는 일이 보다 기분 좋은 일이 되도록 하려는 세심한 배려이다. 소프트웨어 설계자는 프로그램 혹은 기능이 가능한 빨리 로드되는 것이 얼마나 중요한지 잘 알고 있다. 프로그램을 시작할 때 로딩에 많은 시간이 걸린다면 사람

들은 그 프로그램 혹은 기능을 사용하려 하지 않을 것이다.

- 리모컨이 달린 차의 경우 사람들은 주로 배터리가 나가거나 리모컨에 이상이 생겼을 때 열쇠를 사용하여 문을 열 것이다. 이 경우 열쇠를 사용하는 일이 거의 없었기 때문에 사람들은 열쇠를 어느 방향으로 돌려야 하는지 잊었을 것이다. 그런 경우 위의 경우와 마찬가지로 사람들은 자연스러운 행동을 먼저 시도할 것이다. 일반적으로 당신은 (차에서 내리려고 할 때가 아니라) 차에 타려고 할 때 배터리가 나간 것을 발견할 것이다. 그 경우 사람들이 보다 쉽게 차에 탈 수 있도록 차를 설계하는 것이 바람직하다. 배터리가 나가 기분도 좋지 않은데 열쇠로 차문을 여는 것까지 불편해서야 되겠는가.

- 차에 급히 타야만 하는 위급한 상황이 발생할 수 있다. 예를 들면 갑자기 강풍이 불어 차에 타지 않으면 목숨이 위태로운 상황처럼 말이다. 갈고리를 들고 있는 정신병자가 쫓아올 경우 당신은 차에 급히 타야할 것이다. 문이 꽉 잠겨 있는데 관절염 혹은 부상으로 열쇠를 돌리기 어려울 수도 있다. 차문을 여느냐 못 여느냐에 따라 살 수도 있고 죽을 수도 있는데, 당신은 열쇠를 돌릴 충분한 힘이 없을 수도 있다. 그럴 때 당신은 보다 편한 방향으로 열쇠를 돌렸을 때 차문이 열리길 바랄 것이다. 반면 밖에서 차문을 잠그는 것은 재산 보호의 문제일 뿐이다. 그것도 열쇠로 차를 잠가야 하는 경우에만.

이 가운데 열쇠를 시계 방향으로 돌렸을 때 차문이 열려야만 하는 절대적인 이유는 없다. 이러한 이유들에는 억지로 짜맞춘 냄새가 난다. 수도꼭지에서 물이 한두 방울씩 떨어질 때 수도꼭지를 어느 방향으로 돌려야 하느냐는 질문에서처럼 이러한 설계 질문에서는 절대적인 이유가 아니라, 바로 이러한 사소한 이유로 인해 지원자에 대한 평가가 달라질 수 있다.

사실 대부분의 자동차 문은 운전자 입장에서 열쇠를 시계 방향으로 돌릴 때 열린다. 반면 승객 입장에서는 시계 반대 방향으로 돌려야 차문이 열린다. 이것은 집의 방문도 마찬가지다. 대부분의 사람들은 무의식적으로 이러한 규칙을 터득한다. 비록 말로 설명할 수는 없지만 말이다. 이것은 제일 먼저 차문을 여는 사람인 운전자가 우선 시계 방향으로 열쇠를 돌리려 할 것이기 때문이라고도 말할 수 있다.

요컨대 운전자 입장에서 차문을 열 때 열쇠를 시계 방향으로 돌려야 하는 것은 관습과 인간공학 양 측면을 반영하고 있다고 할 수 있다. MS 사람들은 인간공학을 중요하게 생각한다. 그리고 모든 사람이 한 가지 기준에 복종하도록 하는 것은 더 중요하게 생각한다.

Q 호텔에서 온수 수도꼭지를 틀면 온수가 즉시 나오는 이유는 무엇입니까?

A 대부분의 가정에서는 온수기가 보통 온수 수도꼭지로부터 약간 떨어진 곳에 설치되어 있다. 그리고 온수 파이프 자체에 난방 장치가 설치되어 있는 것도 아니다. 따라서 물을 사용하지 않을 때 파이프 속의 물은 대기 온도만큼 차가워진다. 그러므로 온수 수도꼭지를 틀면 파이프를 채우고 있던 차가운 물이 먼저 밀려나와 온수를 틀었음에도 불구하고 차가운 물이 어느 정도 나온 뒤에 온수가 나오기 시작한다.

즉시 온수가 나오게 할 방법이 몇 가지 있다. 가능한 한 수도꼭지에 가깝도록 수도꼭지마다 소형 온수기를 다는 것이다. 혹은 온수 파이프를 데우는 난방장치를 다는 것이다. 비록 정답은 아니지만 이 정도면 부정적인 평가는 받지 않을 것이다.

이 문제의 정답은 호텔 및 일부 가정에는 온수 순환 장치가 되어 있다는 것이다. 이것은 펌프를 설치하여 수도꼭지의 물을 온수기로 역류시키는 방법이다. 우선 가장 가까운 온수 수도꼭지에서부터 가장 멀리 위치한 온수 수도꼭지에 이르기까지 각각의 수도꼭지와 온수기를 연결하는 라인을 설치하고 펌프가 그 라인을 통해 천천히 더운물을 역순환시킨다. 그러므로 라인 속의 온수는 계속 따뜻한 상태를 유지할 수 있다. 그러니 수도꼭지를 트는 즉시 온수가 나올 수밖에 없다.

상기 두 가지 방법보다 이 시스템이 좋은 점은 기존의 시설을 완전히 바꾸지 않고 일부만 개선하면 된다는 것이다. 역순환 라인의 경우 많을 물을 수용할 수 있을 정도로 굵을 필요는 없다. 최소의 배관 공사로 쉽게 설치할 수 있는, 가늘고 유연한 플라스틱 튜브 정도로도 충분하다.

Q 그들은 M&M을 어떻게 만듭니까?

A 이 문제의 요지는 대량생산되는 제품 위에 완벽할 정도로 매끈하게 사탕을 덧씌우는 방법을 알아내는 것이다. 단순히 설탕액에 초콜릿을 담그는 것만으로는 충분하지 않다. 초콜릿 위에 설탕액을 입힐 경우 그것이 굳을 때까지 설탕액 입힌 초콜릿을 어딘가에 놓아야 한다. 하지만 그렇게 하면 바닥에 닿았던 면이 눌려 평평하게 될 것이다. 비록 틀린 답이지만 다음과 같은 독창적인 대답을 한 이도 있다. "초콜릿을 끓여 종이처럼 얇게 편다. 땅콩을 얼린다. 얼린 땅콩을 끓는 초콜릿에 통과시킨다. 땅콩이 바닥에 떨어질 즈음 초콜릿은 단단하게 굳어 있을 것이다."

M&M을 만들기 위해 마스 사(Mars Company)에서 실질적으로 사용하고 있는 방법은 간단하고도 독창적이다. 하지만 추측만으로 맞히기는 어

려운 방법이다. 납작한 모양의 M&M의 경우 초콜릿으로 된 가운데 부분은 작은 틀에 넣어 만든다. 그런 다음 이 초콜릿을 시멘트 믹서(cement mixer)처럼 돌아가는 커다란 드럼통에 넣는다. 초콜릿이 드럼통에서 도는 동안 설탕액을 뿌린다. 그러면 초콜릿 표면에 하얀 설탕 껍질이 형성된다. 계속 드럼통을 돌림으로써 설탕을 덧씌운 초콜릿끼리 서로 달라붙는 것을 막고 표면을 매끄럽게 한다. 개념적인 측면에서 돌아가는 드럼통은 보석의 광택을 낼 때 사용되는 드럼통과 다를 바 없다.

그 다음 흰색 설탕액을 바른 초콜릿에 유색 설탕액을 덧바른다. 그러면 흰색의 설탕 껍질 위에 유색 설탕 코팅이 된 초콜릿, M&M이 탄생한다.

M&M 초콜릿의 진짜 수수께끼는 사람의 손을 빌리지 않고 그 조그만 'M'자를 어떻게 초콜릿에 인쇄하느냐 하는 것이다. M자는 항상 초콜릿의 납작한 면 한가운데 인쇄되어 있다. 그러기 위해서는 설탕 코팅된 초콜릿을 M자를 인쇄하는 틀에 일렬로 늘어 세워야 한다. 마스 사는 이를 위해 M&M 모양의 작은 구멍이 수천 개 있는 컨베이어 벨트 위에 설탕 코팅된 초콜릿을 쏟아놓는다. 그러면 각 초콜릿은 평평한 면이 위쪽을 향한 채 그 구멍 속으로 들어가게 된다. 그 때 흰색 잉크 칠된 M자가 딸린 고무 형판으로 M자를 인쇄한다.

이것은 MS의 수수께끼 중 어디서 그리고 언제 유래되었는지 알 수 있는 몇 가지 문제 가운데 하나이다. 즉 엑셀 팀에서 활동했던 조엘 스폴스키가 1990년 이 문제를 생각해 냈다. "내가 기억하는 것은 MS의 다른 프로그램 관리자들과 마찬가지로 인터뷰 때문에 고민하고 있었다는 것입니다. 우리는 서로 '너는 어떤 질문을 하고 싶어?'라고 묻고 있었습니다. 나는 이렇게 말했습니다. '나는 전부터 M&M이 참 신기했어. 그래서 M&M에 대해 물어볼 참이야.' 다른 사람들이 말했습니다. '좋은 생각이 아닌 것 같은데. 알아야 하는 중요한 사항이 너무 많아. 무엇보다도 네가 초콜릿에 대해 많은 것을 알아야 하잖아.'"

스폴스키는 실질적으로 자신이 그 질문을 한 것은 몇 번 안 된다고 했다. 만약 지금 인터뷰를 한다면 지원자들에게 물어볼 더 좋은 질문들이 있다고 말했다. 어쨌든 맨홀 뚜껑 문제처럼 이 문제는 다른 곳에서도 인터뷰 질문으로 널리 이용되고 있다.

'정답'을 알 필요가 없다는 사람들의 이야기는 농담이 아니다. 스폴스키는 자신도 M&M이 어떻게 생산되는지 몰랐다고 말했다. 다른 질문들과 마찬가지로 중요한 것은 지원자가 무엇인가를 설득력 있게 이야기할 수 있느냐 혹은 바보 같은 소리를 하지 않을 수 있느냐 하는 것이다.

Q 배에 타서 서류가방을 배 밖으로 던진다면 수면의 높이가 높아지겠습니까, 아니면 낮아지겠습니까?

A 물에 떠 있는 물체의 배수량은 물체의 무게와 같다는 원리를 알고 있다면 당신은 이 질문에 쉽게 대답할 수 있다. 이 문제의 함정이 바로 그것이다. MS에서 인터뷰를 받고 있는, 기술 교육을 받은 사람들은 대개 어디선가 이 비슷한 이야기를 들을 바 있다. 하지만 대부분의 사람들이 정확하게 기억하지는 못한다. 예를 들면 그들은 물체의 배수량이 물체의 무게와 같은지 아니면 부피와 같은지 헷갈려 한다. 그러나 그것은 그들이 코드를 작성하는 데 필요한 규칙이 아니다.

사실 수학을 이용하지 않고 혼자 힘으로 그 문제를 풀 방법이 있다. 자 그럼 기본적인 사실부터 따져보도록 하자. 무게가 나가는 물건을 배 밖으로 던질 때마다 배는 가벼워지므로 배는 당연히 물 위로 더 떠오르게 될 것이다.

불행히도 이 문제가 묻고 있는 것은 그것이 아니다. 배가 아니라, 수면의 높이가 높아지느냐 아니냐를 묻고 있는 것이다.

보통 당신은 배를 띄울 정도로 많은 양의 물에서 수면의 높이가 어떻게 변하는지 관심을 기울여본 적이 없을 것이다. 배 밖으로 서류가방을 던진다고 호수 혹은 대양의 수면 높이가 눈에 띌 정도로 달라지지는 않을 것이다. 이 질문은 원칙적으로 따졌을 때, 그로 인해 수면의 높이가 달라질 것인지 아닌지를 묻고 있는 것이다.

물에 빠뜨린 물체의 부피가 달라질 경우에만 수면의 높이는 변할 것이다. 이때 우리는 '배수량'이라는 표현을 사용한다. 욕조에 떠 있는 장난감 배를 생각해 보라. 물에 떠 있는 장난감 배의 밑면은 물을 밀어내고 일정 부피를 차지하고 있다. 그 부피가 일명 배의 '배수량'이다. 그것은 배의 총 부피가 아니라 물에 잠겨 있는 부분만의 부피이다.

욕조 수면의 높이는 욕조 속에 떠 있는 혹은 잠겨 있는 장난감 배, 고무 오리, 그리고 여타 물건들의 총 배수량에 따라 달라진다. 욕조에 장난감을 더 집어넣으면 그만큼 배수량이 증가할 것이다. 장난감에 밀려난 물은 어디론가 가야 한다. 그러므로 수면의 높이는 높아진다. 장난감 배를 꺼내면 배수량이 감소하고 그만큼 수면의 높이는 낮아진다.

이 원리는 호수나 대양에도 적용된다. 다만 호수의 바닥이나 해분(海盆)은 모양이 일정하지 않아 그 효과를 눈으로 확인하기 어려울 뿐이다. 어쨌든 대양에서 수면의 높이 변화는 눈으로 확인할 수 없을 정도로 미미하다.

바꾸어 말하면 이 문제는 "서류가방을 배 밖으로 던지면 배수량이 어떻게 달라지겠는가?"라는 문제로 해석할 수 있다. 알다시피 서류가방을 배 밖으로 던지면 배는 그만큼 가벼워질 것이다. 그러면 배는 수면 위로 떠오르게 될 것이고 배의 배수량은 줄어들 것이다. 하지만 서류가방이 물 속으로 들어가면 서류가방으로 인해 배수량은 늘어날 것이다. 그렇다면 서류가방을 배 밖으로 던짐으로써 궁극적으로 배수량은 줄어들까, 늘어날까, 아니면 (줄어들었다가 다시 늘어나니까) 변화가 없을까?

이 문제를 풀려면 우선 배수량과 무게 간의 관계를 확실히 해야 한다. 다음과 같은 물리실험을 한다고 상상해 보자.

비치볼이 욕조의 물 위에 떠 있다. 비치볼은 보통 무게가 거의 나가지 않는다. 얇은 플라스틱 재질로 만들어졌고 그 안에는 공기밖에 들어 있지 않다. 아마도 비치볼은 수면 위에 떠 있으면서 거의 물을 밀어내지 않고 있을 것이다. 무게가 0에 가깝다는 것은 배수량이 0에 가깝다는 것과 다를 바 없다.

이제 비치볼 속에 5파운드짜리 벽돌을 넣는다고 상상해 보자. 벽돌의 무게만큼 비치볼은 물 밑으로 가라앉을 것이고 그만큼 배수량도 증가할 것이다. 무게가 5파운드라는 것은 배수량이 0보다 크다는 것을 의미한다.

이번에는 비치볼 속에 5파운드 무게의 물을 넣었다고 상상해 보자. 그 역시 공기만 들어 있는 비치볼보다 더 밑으로 가라앉을 것이다. 비치볼이 어느 정도 가라앉을 것 같은가? 비치볼은 비치볼 안에 들어 있는 수면의 높이가 비치볼 밖의 수면의 높이와 같아질 때까지 가라앉을 것이다. (나노기술(nanotechnology : 나노미터 정도로 아주 작은 크기의 소자를 만들고 제어하는 기술로 분자와 원자를 다루는 초미세 기술)을 이용해 비치볼을 극히 얇고 강력한 플라스틱으로 만든다면 비치볼 안의 수면의 높이와 비치볼 밖의 수면의 높이는 같아 보일 것이다. 마치 물에 떠 있는 거품처럼 말이다.)

이것이 의미하는 것은 5파운드의 물은 정확히 5파운드의 물을 대신한다는 것이다. 여기서 5파운드가 특별한 의미를 갖고 있는 것은 아니다. 물의 양은 12파운드일 수도 있고 2온스일 수도 있다. 어쨌든 볼에 일정량의 물을 넣으면 비치볼은 물의 양만큼만 비치볼 밖의 물을 밀어낼 것이고 비치볼 안과 밖의 수면의 높이는 일치할 것이다.

비치볼의 모양은 중요하지 않다. 비치볼이 공모양이 아니라, 링 모양으로 한쪽에는 말 머리 장식이 달려 있을 수도 있다. 링에 5파운드의 물을 넣으면 그 역시 5파운드의 물을 밀어낼 만큼 물 밑으로 가라앉을 것이다. 마찬가지로 배의 모양이나 서류가방의 모양은 중요하지 않다. 중요한 것은 비치볼 안에 들어 있는 '물의 무게'뿐이다.

이번에는 5파운드의 물이 들어 있는 비치볼과 5파운드 벽돌이 들어 있는 비치볼이 있다고 상상해 보자. 이 두 개의 비치볼의 배수량이 다를까? 당신은 아마도 '아니오'라고 대답할 것이다. '중력'은 맹인에 비유할 수 있다. 맹인인 중력은 어느 볼에 벽돌이 들어 있는지 어느 볼에 물이 들어 있는지 볼 수 없다. 다만 무게가 5파운드인 물체가 들어 있음을 느낄 뿐이다. 즉 물체가 물에서 어느 정도 가라앉느냐는 전적으로 물체의 무게에 달려 있는 것이다.

결국 물에 떠 있는 물체의 배수량은 물체의 무게에 달려 있다고 할 수 있다. 그래도 의문이 가시지 않는다면 한 가지 실험을 더 할 수 있다. 배 모양의 튜브에 물 5파운드를 담는다. 배 모양 튜브에 담긴 물 가운데 1파운드를 샘소나이트 서류가방 모양의 튜브에 옮겨 담는다. 물을 옮기기 전 5파운드의 물만큼이 배수량이 될 것이고 옮긴 뒤에는 4파운드의 물 더하기 1파운드의 물(즉 5파운드의 물)만큼이 배수량이 될 것이다. 즉 물을 옮기기 전이나 물의 옮긴 뒤나 배수량에는 차이가 없다.

서류가방을 배 밖으로 던져도 총 배수량(혹은 수면의 높이)에는 차이가 없다. 서류가방이 물에 뜬다고 가정할 경우에 말이다.

서류가방이 물이 뜬다는 가정은 중요한 의미를 갖고 있다. 알다시피 서류가방의 밀도는 놀랄 정도로 다양하다. 옷가지와 상당한 양의 공기가 들어 있는 보통 서류가방의 경우에는 물에 뜨겠지만 납 혹은 크리스털로 가득 찬 무거운 서류가방은 가라앉을 것이다.

무거운 서류가방을 배 밖으로 던지기 전, 낚싯줄로 서류가방을 배에 단단히 묶는다고 하자. 서류가방을 배 밖으로 던지면 배는 약간 물 위로 떠오를 것이고 서류가방은 낚싯줄 길이만큼 바닥으로 가라앉을 것이다. 그러면 배는 무거운 서류가방에 끌려 물 밑으로 다소 가라앉을 것이다. 배의 배수량과 서류가방의 배수량의 합은 본래 서류가방을 배 밖으로 던지기 전 배의 배수량과 같다. 배와 서류가방이 하나로 물 위에 떠 있는 한, 총 무게가 같으므로 배수량도 같다. 만약 당신이 낚싯줄을 자르는 바람에 서류가방이 물 밑으로 가라앉는다면 배는 그만큼 물 위로 떠오를 것이다. 이로 인해 총 배수량은 감소하고 전체 수면의 높이는 약간 낮아질 것이다.

이 질문의 정답은 이러하다. 서류가방이 물에 떠 있는 한 서류가방을 배 밖으로 던져도 수면의 높이는 변하지 않는다. 하지만 서류가방이 가라앉으면 수면의 높이는 낮아진다.

Q   이 세상에는 피아노 조율사가 몇 명이나 있습니까?

A   1940년대 그리고 1950년대 노벨물리학상 수상자인 엔리코 페르미 (Enrico Fermi)는 시카고 대학 제자들에게 아무것도 조사하지 말고 특정 대상의 양을 측정하라는 불합리한 요구를 하곤 했다. 물리학 수업 시간에 여전히 이용되고 있지만 '페르미 문제'는 인터뷰 문제로 적합할 것 같다. 페르미 문제 가운데 바보 같은 문제라는 이유만으로 가장 널리 알려진 문제를 꼽으라면, 그것은 시카고에 피아노 조율사가 몇 명인지 측정하라는 문제일 것이다.

페르미 문제를 변형시켜 MS는 지원자들에게 (시카고가 아닌) 이 세상에 피아노 조율사가 몇 명인지 묻는다. 어떤 통계 자료를 조사해도 피아노 조율사가 몇 명인지는 알 수 없다. 이 세상에 피아노가 몇 대인지 알면 피아노 조율사가 몇 명인지 추정할 수 있을 것이다. 하지만 피아노가 몇 대인지 알 수 있는 자료도 존재하지 않는다. 전문 피아니스트들도 이 세상에 피아노가 몇 대 있는지 알지 못한다. 당신은 미국의 인구 그리고 세계의 인구가 몇 명인지는 알 수 있다. 그리고 이런 문제의 경우에는 엇비슷하기만 해도 좋은 평가를 받을 수 있다. 머릿속으로 어림셈을 할 때처럼 말이다. (하지만 이에도 예외는 있다. 당신이 지원한 회사가 회계 업체, 은행, 컨설팅 업체라면 종이와 연필을 주며 소프트웨어 업체와 닷컴 업체들과 달리 정확한 계산을 요구할 수도 있다.)

이 문제는 이렇게 풀어나갈 수 있다. 피아노의 조율사 수는 피아노 조율사의 업무량과 관련이 있다. 다시 말해 피아노 조율사의 수는 피아노 대수와 피아노 조율 빈도에 따라 달라질 수 있다.

그렇다면 이 세상에 피아노가 몇 대나 있을까? 미국의 경우 학교, 교향악단, 교회, 라이브 카페, 녹음실, 박물관, 그리고 여타 많은 장소에 피아노가 있다. 하지만 피아노가 가장 많은 곳은 일반 가정이다.

피아노는 비싸기 때문에 원룸, 기숙사, 혹은 이동주택 같은 곳에는 설치되어 있지 않다. 그리고 피아노가 있는 가정은 보통 중산층 가정이다.

미국의 인구는 약 3억이다. 가구 당 평균 가족 수를 3명이라 할 경우 미국의 가구 수는 약 1억이다. 그리고 그중 절반, 즉 5000만 가구는 부유하다. 피아노 업체들의 주요 고객은 바로 이들이다. 물론 이들 모두가 피아노를 갖고 있는 것은 아니다. 부유한 가구 가운데 피아노를 갖고 있는 가구의 수는 100퍼센트보다는 적겠지만 1퍼센트보다는 많을 것이다. 우선 1퍼센트라 가정해 보자. 그 경우 피아노가 있는 가구 수는 약 500만 가구가 될 것이다. 그럼 500만 가구에 피아노가 한 대씩 있다고 하면 미국에는 총 500만 대의 피아노가 있다고 할 수 있다.

500만 대의 피아노를 조율하려면 피아노 조율사가 얼마나 많아야 할까? 피아노 조율사당 일주일에 평균 40시간 일한다고 가정해 보자. (이것은 소프트웨어 산업이 아니므로 일주일에 70시간씩 일할 수는 없다!) 피아노 한 대 조율하는 데 시간이 얼마나 걸릴까? 1시간이 걸린다고 가정해 보자. 피아노는 조율하기 위해 고객이 가게까지 갖고 올 수 있는 무엇인가가 아니다. 그러므로 직접 고객의 집까지 가야 하므로 조율 시간 1시간 외에 오가는 시간 1시간이 필요하다. 결국 조율사 한 사람당 조율할 수 있는 피아노 대수는 주당 20대(40/2=20)이다. 1년에 50주 일한다고 할 경우 조율사 한 사람이 조율할 수 있는 피아노 대수는 총 1000대이다.

자, 그럼 피아노는 얼마나 자주 조율해 주어야 할까? 피아노에 대해 잘 알지 못하는 사람에게 이것은 난감한 문제일 수 있다. 하지만 가장 그럴 듯한 추측(1년에 한 번 정도?)이 사실에도 가까운 법. (인터넷 검색을 해 보면 새로 구입한 피아노의 경우 첫해에는 4회 조율을 해야 하고 그후에는 1년에 최소 2회 조율을 해야 한다. 하지만 껌을 삼키기 전에 26번 씹어야 한다는 규칙처럼 사람들은 좀처럼 이 규칙을 지키지 않는다. 사실 거실만 차지하고 있지 거의 사용하지 않아 몇 년 동안 한 번도 조율하지 않은 피아노들도 많다.)

만약 1년에 한 번 피아노를 조율하고 피아노 조율사가 1년에 1000번 조율을 할 수 있다고 한다면, 피아노 1000대당 피아노 조율사는 한 명만 있으면 될 것이다. 그리고 미국에 피아노가 500만 대 있다고 한다면 피아노 조율사는 5000명 정도면 될 것이다.

미국이 전세계를 대표하는 전형적인 국가는 아니다. 미국은 부유한 국가이고 유럽풍의 음악적 전통을 갖고 있기 때문에 미국에는 피아노 조율사가 더 많을 수밖에 없다. 세계 인구는 60조가 넘는다. 미국 인구의 20배가 넘는 수치다. 세계 전체 피아노 조율사 수는 미국 피아노 조율사의 몇 배가 될 것이다. 하지만 20배보다 많지는 않을 것이다. 유럽의 경우 피아노 조율사 수가 미국의 두 배는 되고 다른 나라들은 미국 정도 된다고 추정하면 그것은 어느 정도 일리 있는 추정이 될 것이다. 이것은 세계의 피아노 조율사 네 명 가운데 한 명은 미국의 피아노 조율사임을 의미한다. 그러므로 세계의 피아노 조율사 수는 5000명의 네 배, 즉 2만 명이 될 것이다.

바로 이런 식의 추론이 면접관이 찾고 있는 대답이다. 이것이 얼마나 정확한 답일까? 피아노기술자협회는 세계적으로 3500명 이상의 회원을 확보하고 있다. 하지만 피아노 조율사 모두가 회원으로 가입되어 있는 것도 아니고 회원 모두가 피아노 조율 업무만 하는 것도 아니다. 미국 노동 통계청은 1998년 미국에 약 1만 3000명의 '악기 수리 전문가 및 조율사'가 있고 그중 '대부분'이 피아노 조율 일을 하고 있다고 보고했다.

인터넷에서 찾아낸 산업 통계 자료에 따르면 미국에서 세계 피아노의 23퍼센트 가량을 생산하고 있고 세계 피아노 생산량 가운데 27퍼센트를 소화하고 있다고 한다. 미국의 약 1만 명 정도의 피아노 조율사가 세계 전체 조율사의 4분의 1을 차지하고 있다고 한다면 세계적으로 피아노 조율사는 4만 명 정도가 있는 셈이다. 그것은 2만 명보다 두 배나 많은 수치이다. 추론을 통해 구해낸 답이 통계 자료상의 수치보다 적은 것은 대부분의 피아노 조율사들이 조율 업무 이외에 수리, 복구, 그리고 여타 서비스를 함께 제공하고 있기 때문일 수 있다. 즉 추정했던 것보다 일이 많은 만큼 피아노 조율사 수도 많은 것이다.

Q　미국에는 주유소가 얼마나 많이 있습니까?

A　MS의 면접관은 또한 미국에 자동차가 몇 대나 있는지 묻기도 한다. 주

유소 문제를 풀려면 먼저 자동차가 몇 대나 있는지부터 따져보아야 한다. 그러므로 이 두 문제를 함께 생각해 보도록 하자.

대중교통이 발달된 도시에 거주하는 사람, 어린이, 부랑자, 아만파 사람들(The Amish: 17세기에 스위스의 목사 J. 아만이 창시한 메노파의 한 분파로 펜실베이니아에 이주하여 검소한 삶을 살고 있다)은 차가 필요하지 않다. 반면 일부 사람들은 차를 한 대 이상 소유하고 있다. 예를 들면 부자, 구형 고급차 수집가, 영업용 택시뿐 아니라 개인용 차도 갖고 있는 택시 운전기사들이 그렇다.

모든 사람이 차를 한 대씩 갖고 있을까? 그렇지는 않을 것이다. 그럼 두 사람당 한 대는 갖고 있을까? 그것은 보다 합리적인 추정이다. 두 사람당 한 대의 차를 갖고 있다고 할 경우 미국의 인구가 3억이니 미국에는 1억 5000만 대의 자동차가 있다고 할 수 있다.

보통 자동차의 경우 일주일에 한 번 정도 주유를 한다. 그러므로 미국 내의 주유소들이 일주일 동안 주유하는 횟수는 자동차 수와 같은 1억 5000만 번이 될 것이다.

주유소 한 곳에서 일주일 동안 몇 대의 자동차에 주유를 할 수 있을까? 일주일은 24×7시간이다. 하지만 모든 주유소가 24시간 영업을 하는 것은 아니다. 그러므로 일주일에 평균 100시간 영업을 한다고 가정하자. 만약 주유에 걸리는 시간이 대당 6분이라고 하면 주유기 한 대당 1시간 동안 자동차 10대에 주유할 수 있다. 손님이 많은 대형 주유소의 경우 주유기가 여러 대 있을 것이고 한 번에 많은 자동차에 주유할 수 있을 것이다. 반면 몇 시간씩 손님 한 명 없는, 주유기 한 대 있는 소형 주유소도 있을 것이다. 그러므로 평균적으로 시간당 10대에 주유를 한다고 가정하자. 그럼 주유소는 일주일 평균 100×10대, 즉 1000대의 자동차에 주유를 하는 셈이다.

이것은 미국에 15만 개(1억 5000만/1000 =15만)의 주유소가 있다는 것을 의미한다.

미국에 자동차가 몇 대나 되는지, 주유소가 몇 개나 되는지 묻는 질문에 대한 대답으로 이것은 합리적인 대답이다. 미국 교통부의 보고에 따르면 1997년 공식 등록된 '승객용 차량'의 수는 1억 2,974만 8,704대이다. 《석유 마케팅 저널》 1998년 6월 호에 따르면 미국에는 자동차 연료를 취급하는 소매점 수가 18만 7,097개라고 한다.

Q 시간당 얼마나 많은 양의 미시시피 강물이 뉴올리언스를 지납니까?

A 최소 두 가지 접근방식이 있다. 보다 직접적인 방법은 뉴올리언스에서 미시시피 강물의 폭, 깊이, 그리고 속도를 추정하는 것이다. 이 세 가지 요소의 시간당 값(피트/시)을 구할 수만 있다면 그 각각을 곱하여 답(입방피트/시)을 구할 수 있다. 하지만 대부분의 사람들은 이 세 가지 요소의 시간당 값을 구할 수 없다.

두 번째 방법은 배수지역을 이용하는 것이다. 미시시피와 미시시피 지류는 미국 지역 절반(그리고 캐나다 일부 지역)에서 배수되고 있다. 그러므로 배수지역을 추정하고 그 값에 연평균 강수량을 곱한다. 그러면 한 해 동안 그 지역에 비로 내린 '물의 부피'를 구할 수 있다. 실질적으로 그 물 모두가 미시시피로 흘러들고 있다. 하지만 그 가운데 상당량이 수증기로 증발된다. 당신은 미시시피로 흘러드는 물을 추정할 때 그 양을 감안해야 하지만 대부분의 사람들이 얼마나 많은 양의 물이 증발되는지 모른다.

두 번째 방법에 비하면 첫번째 방법이 쉬워 보인다. 첫번째 방법을 이용할 경우 걱정해야 하는 것은 강물의 '폭', '깊이', '속도' 이 세 가지 값뿐이기 때문이다.

뉴올리언스에서 미시시피 강의 폭은 얼마나 될까? 이 지역 지도를 보면 미시시피 하류는 단순히 푸른색이 아니다. (수심이 얕으므로) 옅은 푸른색으로 표시된 그곳은 강이라기보다는 구불구불 흐르는 호수처럼 보인다. 약 2마일 정도로 추정할 수 있다. 피트로 환산하면 약 1만 피트.

미시시피 강물에 막대한 양의 침니(沈泥 : 모래보다 곱고 진흙보다 거친 침적토)가 함께 실려 내려와 미시시피 하류에는 삼각주가 형성되어 있다. 그것은 그만큼 강물의 수심이 얕다는 얘기다. 게다가 역사적으로 오랜 시간이 흘렀음에도 미시시피 하류는 구불구불한 모양을 그대로 유지했다. 수심이 깊었다면 그것은 불가능했을 것이다.

그러므로 미시시피 하류의 수심은 얕다. 그렇다면 얼마나 얕을까? 1피트? 10피트? 100피트? 미시시피의 수심이 1피트밖에 안 된다는 것은 말이 되지 않는다. 그렇게 얕으면 당신은 걸어서도 미시시피를 건널 수 있을 테니 말이다. '위대한' 미시시피의 수심이 단 1피트라는 것은 있을 수 없는 일이다.

10피트도 사실 낮은 것이다. 하지만 터무니없는 추측은 아니다. 프로그램 관리자 직에 지원한 사람들 가운데 영어 전공자들은 '마크 트웨인'이 수심 12피트 정도의 강에서 사용할 수 있는 배의 속된 표현이라는 사실을 들은 바 있을 것이다. 마크 트웨인은 물살이 세지 않은 곳을 건널 수 있는 배이다. 미시시피에는 그보다 수심이 더 얕은 곳들이 많이 있었기 때문에 그런 배가 필요했다. 그러므로 미시시피 수심이 10피트라는 것은 타당한 추리이다.

마지막으로 강물이 흐르는 속도를 추정해야 한다. 다시 강에서 운행되는 배를 생각해 보자. 스팀 엔진이 달린 배라고 해도 그러한 배들은 유람용 운송 수단이다. 그러므로 주와 주를 잇는 고속도로를 달리는 자동차들보다 당연히 느리게 달릴 것이다. 이러한 상황에서는 시간당 10마일 정도의 속도는 합리적인 속도이다. 그러면 시간당 5000피트를 달릴 수 있다. 그러므로 시간당 50억(10,000×10×50,000 = 5,000,000,000) 입방피트의 물이 그곳을 지나게 될 것이다.

미시시피 강의 실질적인 유출량은 측정하기 어렵다. 그리고 계절 및 강수량에 따라 그 수치가 크게 달라질 수 있다. MS의 엔카르타(Encarta) 사전 사이트에서는 초당 59만 3000입방피트의 물이 유출되고 있다고 자신 있게 말하고 있다. 또 다른 유명 웹 사이트에서는 초당 1만 4000입방미터, 즉 49만 입방피트라고 주장하고 있다. 하지만 초당 100만 입방피트(시간당 36억 입방피트)라고 주장하는 이들도 있다.

Q 하키 링크에 있는 얼음의 무게를 모두 합치면 얼마겠습니까?

A 하키 링크의 면적은 보통 100피트(너비)×200피트(길이) 정도이다. 그리고 하키 링크 얼음의 두께는 1인치 정도이다. 단위를 인치로 통일하면 약 200만 입방인치의 얼음(약 1000×2000인치)이 있는 셈이다.

얼음 1입방인치의 무게는 얼마일까? 물 1입방인치보다 약간 덜 나갈 것이다. 인치보다 센티미터로 환산하여 계산하는 것이 더 쉬울 것이다. 물 1입방센티미터의 무게는 1그램이다. 1인치는 약 2.5센티미터이고 1입방인치는 약 15입방센티미터(머릿속으로 계산할 수 있도록 수치를 단순화하면 2×3×2.5 혹은 3×5)이다. 그것은 하키 링크의 얼음 무게는 3000만 입방센티미터(15×200만), 혹은 3000만 그램(즉 3만 킬로그램)임을 의미한다. 파운드로 환산하면 약 6만 파운드이다.

NHL 정식 링크는 타원형으로 너비 85피트, 길이 200피트, 그리고 코너 반지름 28피트이다. 링크의 얼음 두께는 보통 1인치이다. 이 정확한 수치를 사용하여 그 정도 부피의 물의 무게를 계산하면 3만 8,500킬로그램이다. 얼음이 물보다 밀도가 낮다는 사실을 감안하면 얼음의 무게는 약 3만 5,200킬로그램이 될 것이다. 위에서 추론해 낸 값과 비슷하다.

Q 미국의 50개 주 가운데 한 주를 없앤다면 어느 주를 없애겠습니까?

A 일반적인 답변 : 알라스카, 하와이, 노스다코타
부적절한 답변 : 워싱턴
더욱 부적절한 답변 : 모두 없애겠다.

이것은 MS의 비체계적인 문제 가운데 가장 악명 높은 문제이다. 하지만 이것은 좋아하는 색을 묻는 문제와는 다르다. 그들은 당신이 질문을 '재구성하여' 논리적인 측면에서 '정답'이라 할 수 있는 답변을 하길 기대한다.

주의 이름부터 밝힐 필요는 없다. 면접관과 함께 추론한 뒤 최종적으로 어떤 주를 없애겠다고 이야기하면 된다. 여기 이 질문의 답을 구할 효과적인 접근방식이 있다.

이 질문의 핵심은 특정 주를 없앨 경우 그 주에 사는 사람들은 어떻게 하느냐 하는 것이다. 방법 a는 주를 없애고 그곳에 사는 사람들도 모두 죽이는 것이다. 이런 경우에는 사망자를 최소화할 도덕적 의무가 있다.

방법 b는 그 주에 사는 사람들이 모두 사라지는 것이다. 실질적으로 그들이 죽는 것은 아니고 단지 사라지는 것뿐이다. 다시 말해 그 주가 처음 생길 때로 거슬러 올라가 풀 한 포기까지 밟아 없앤 뒤 현실로 되돌아오는 것이다. 그러면 그 주는, 그리고 그 주의 사람들은 처음부터 없었던 주, 처음

부터 존재하지 않았던 사람이 되는 것이다. 미국의 모든 국기에 그려져 있는 별의 개수는 49개이고 사전 어디에도 사라진 주에 대한 이야기는 없다.

방법 c는 사람들은 그대로 있고 부동산만 사라지는 것이다. 집을 잃은 피난민들은 텅 빈 대지 위에 앉아 오늘밤은 어디서 자야 할지 걱정할 것이다. 그들을 이주시키는 데 엄청난 비용이 소요될 것이다. (MS의 입장에서? 아니면 연방 정부의 입장에서?)

방법 d는 '마술처럼' 그들을 모두 이주시키는 것이다. 어느 누구도 경제적인 혹은 감정적인 대가를 치를 필요가 없다. 버튼만 한 번 누르면 사라진 주의 모든 주민들이 나머지 49개 주 가운데 어느 한 곳에서 집과 일자리(기존에 사라진 주에 살던 모든 이가 직업을 갖고 있었다고 가정한다)를 갖게 된다. 하지만 그들로 인해 49개 주에 살고 있는 사람들이 집과 일자리를 잃게 되지는 않는다.

방법 e는 사람도 부동산도 사라지지 않는 것이다. 다만 정치적인 이유로 그 주가 미국 지도 상에서 사라지는 것이다. 미국 지도 상에서 사라진 주는 캐나다 혹은 멕시코의 일부가 될 것이다. 혹은 독립 국가가 될 수도 있다.

방법 a를 선택할 경우 어떤 주를 택해야 할지 이미 답은 나와 있다. 그 주에 살고 있는 사람을 모두 죽여야 하므로 인구가 가장 적은 주를 택하는 것이 최선의 방법이다. 2000년 인구조사에 따르면 인구가 가장 적은 주는 바로 '와이오밍 주'이다.

방법 b는 어려운 요구다. 사람들이 사라진다는 것은 전적으로 가정적인 상황이다. 그것은 전례가 없는 일이다. 하지만 역사를 지워버리는 버튼을 누를 때까지 그들은 살아 숨쉬는 생명체이다. 그렇다면 방법 b 역시 사람들을 죽이는 것이나 다름없다. 그러므로 방법 a와 마찬가지로 인구가 가장 적은 와이오밍 주를 택해야 한다.

방법 c의 딜레마는 와이오밍 주의 자연적인 특성을 고려하여 와이오밍 주보다 인구가 많은 주를 없앨 것인지 아니면 그대로 와이오밍 주를 없앨 것인지 판단하는 것이다. 와이오밍 주는 면적이 넓을 뿐 아니라, 아름다운 자연과 옐로스톤 국립공원이 있다. 그 주를 살리려면 면적은 작고 경치는 덜 아름답지만 인구가 더 많아 이주비가 더 많이 드는 다른 주를 없애야 한다.

2000년 인구조사에 따르면 미국에서 인구가 가장 적은 다섯 개 주는 와이오밍 주, 버몬트 주, 알래스카 주, 노스다코타 주, 그리고 사우스다코타 주이다. 버몬트 주와 알래스카 주 역시 경치가 아름답다. 그리고 알래스카 주는 면적이 매우 넓다. 사우스다코타 주에는 그 유명한 러시모어 산(Mount Rushmore : 큰 바위 얼굴로 유명한 산)이 있다. 노스다코타 주에는 러시모어 산 같은 명소가 없다. 노스다코타는 다른 주에 사는 사람들이 휴가를 즐기려고 일부러 찾는 일이 있을 수 없는 곳이다. (노스다코타 주에 있는 나무 가운데 주 정부 재산에 속하는 나무는 공중전화 전주뿐이라는 농담이 있을 정도다.) 다른 주 가운데도 나무도 볼거리도 없는 곳들이 있다. 하지만 노스다코타처럼 겨울 날씨가 혹독한 곳은 없다. 이곳은 알래스카 주의 주요 거주지들보다도 겨울 날씨가 혹독하다.

방법 c의 경우 누구도 죽일 필요는 없지만 없어지는 주에 살고 있는 주민들을 이주시키기 위해 이주비를 부담해야 한다. 분명 보다 많은 이주비를 부담하더라도 옐로스톤, 버몬트의 스키 휴양시설, 알래스카의 모든 것, 혹은 러시모어 산을 지키는 것은 가치 있는 일이다. 반면 노스다코타에는 높은 이주비를 부담해 가며 지켜야 할 특별한 것이 없다.

방법 d의 경우 이주 자체가 마법처럼 이루어지고 이주비도 들지 않는다. 그러므로 더욱 부담없이 노스다코타를 없앨 수 있다.

마지막으로 방법 e의 경우 사람도 부동산도 사라지지 않는다. 우리는 그저 정치적 측면에서 지도상에 수정을 가하기만 하면 된다. 알래스카나 하와이를 없애는 것이 좋겠다고 판단하는 이도 있을 것이다. 그 두 개 주는 미국 본토와 떨어져 있기 때문이다. 일부 사람들은 그 주들을 식민주의의 유산이라고 말한다. 만약 지도 모양에 특별한 관심을 갖고 있다면 알래스카와 하와이 둘 중 하나를 없애면 될 것이다.

하지만 국회에서 어느 주를 없앨 것인가 논쟁을 벌일 경우 지도 모양 때문에 어떤 주를 없애야 한다고 주장할 이는 없을 것이다. 알래스카의 경우 석유와 미네랄이 풍부하고 하와이는 훌륭한 휴양지이다. 두 곳 모두 전략적으로 중요한 지역이다. 그러므로 국회에 있는 사람들은 그 지역을 다른 나라에 넘겨주고 싶어하지 않을 것이다.

방법 c와 방법 d의 경우와 마찬가지로 국회 사람들은 인구도 적고 천연자원도 적은 주를 넘기고 싶어할 것이다. 그러므로 자연 노스다코타를 택하게 될 것이다. 노스다코타는 캐나다 국경에 접해 있다. 노스다코타를 캐나다에 넘길 수 있다. 만약 캐나다에서 원치 않는다면 노스다코타를 하나의 국가로 독립시킬 수 있다.

Q 남쪽으로 1마일, 동쪽으로 1마일, 그리고 북쪽으로 1마일 걸었을 때 출발점으로 되돌아오는 지점이 이 지구 상에 몇 곳이나 있습니까?

A 이 질문에 대한 각 대답을 MS는 다음과 같이 평가한다.

0곳	불채용
1곳	불채용
무한대 + 1곳	긍정적 평가
무한대×무한대 + 1곳	'정답'

마음으로 지도를 그리기 시작한다. 남쪽으로 1마일, 동쪽으로 1마일, 그리고 북쪽으로 1마일은 사각형의 삼면에 해당된다. 그러므로 당신은 출발한 곳에서 동쪽으로 1마일 떨어진 지점에 도달하게 될 것이다. 남쪽으로 1마일, 동쪽으로 1마일, 그리고 북쪽으로 1마일 갔는데 출발 지점에 도달한다는 것은 불가능해 보인다. 따라서 당신은 0곳이라 대답할 수도 있다.

다시 생각해 보자. 상황을 이해하려면 나침반의 방향은 지구표면에 적용되고 있는 방향과 관련이 있다는 사실을 상기해야 한다. 예를 들어 북극에서는 모든 방향이 남쪽이다. 정확히 북극에서 출발하는 한, 어느 방향으로 1마일을 걷든 당신은 남쪽으로 1마일을 걷게 될 것이다. 그런 다음 나침반이 가리키는 대로 정확히 동쪽으로 1마일 가려면 당신은 지속적으로 조금씩 방향을 틀어야 할 것이다. 그러므로 당신이 동쪽으로 1마일 걸어온 길은 직선이 아니라 곡선을 그리게 될 것이다. 북극을 중심으로 그린 원 위를 걷는 것처럼 말이다. 마지막으로 북쪽으로 1마일을 걸으면 당신은 출발점인 북극에 도달하게 될 것이다. 당신이 지나온 길을 그림으로 그리면 '한쪽이 트인 사각형' 모양이 아니라, '파이 조각' 모양이 될 것이다.

하지만 남극에서는 이런 상황이 일어나지 않는다. 남극에서는 어느 방향으로 가든 북쪽으로 가는 것이 될 터이기 때문이다. 그러므로 남극에서는 남쪽으로 1마일 간다는 것이 불가능하다.

그렇다면 당신은 1곳이라 대답할 수도 있다. 하지만 그것은 틀린 답이다. 남극 근처에서도 그와 같은 상황이 발생할 수 있기 때문이다. 남극에서 1마일 이상 떨어진 지점에서 출발한다고 상상해 보자. 정확히 남쪽으로 1마일 걸어간 다음 남극을 중심으로 원주가 1마일인 원을 따라 정동쪽으로 1마일 가서 북쪽으로 1마일 가면 출발지점으로 되돌아오게 된다.

이런 상황을 연출할 수 있는 지점은 한 곳이 아니라 무한히 많다. 남극에서 '특정 거리'만큼 떨어져 있는 모든 지점에서 출발하면 당신은 이와 같은 상황을 연출할 수 있다. 그 모든 지점을 연결하면 남극을 중심으로 하나의 완전한 원이 만들어진다.

그렇다면 '특정 거리'란 몇 마일일까? 원주가 1마일인 원의 반지름은 $1/2\pi$이다. 그리고 출발점에서 1마일 남쪽으로 걸어가야 하므로 출발점은 남극에서부터 $1+1/2\pi$ 마일, 다시 말해 약 1.159마일 떨어진 지점에 있어야 한다.

하지만 이것만으로는 충분하지 않다. 남극에서 약간 더 가까운 지점에서 출발한다고 가정해 보자. 남쪽으로 1마일 걸어가고 남극을 중심으로 원주가 1/2마일인 원을 따라 정동쪽으로 1마일 걸어간다. 그러면 당신은 그 원을 정확히 두 번 돌게 될 것이다. 그리고 북쪽으로 1마일 걸어가면 당신은 출발점으로 되돌아갈 수 있다. 결국 남극으로부터 $1+1/4\pi$ 마일 떨어진 모든 지점 역시 출발점이 될 수 있다.

또한 당신은 남극을 중심으로 그린 원을 세 번, 네 번, 혹은 n번 돎으로써 두 번 돌 때와 마찬가지인 상황을 연출할 수 있다. 다른 것이 있다면 출발점이 남극에서 $1+1/4\pi$ 마일 떨어진 지점이 아니라, 남극에서 $1+1/2n\pi$ 마일 떨어진 지점이 된다는 것이다. 남극에서 $1+1/2n\pi$ 마일 떨어진 지점들을 연결하면 무한히 많은 완전한 원이 만들어질 것이다. 그리고 각각의 원에는 무한히 많은 출발점이 있게 될 것이다.

이 문제는 가장 유명한 수수께끼 문제에서 파생된 문제이다. 한 탐험가가 남쪽으로 1마일, 동쪽으로 1마일, 그리고 북쪽으로 1마일 가면 출발점으로 되돌아오는 지역을 여행하다가 곰을 만났다. 그는 곰을 쏴 죽였다. 그 곰은 무슨 색 곰이었을까? 이 문제의 답은 흰색이었다. 왜냐하면 북극 근처에 사는 곰은 북극곰밖에 없기 때문이다. 1950년대 말 마틴 가드너는 이렇게 적었다. "얼마 전 누군가 이 오래된 수수께끼에서 북극만이 출발점으로 되돌아오는 유일한 지점이 아니라는 사실을 발견했다.” 그러한 발견이 오래된 수수께끼를 망치지는 않았다. 왜냐하면 남극에는 포유동물 자체가 살지 않기 때문이다.

Q　시계의 분침과 시침은 하루에 몇 회 겹쳐집니까?

A　대부분의 사람들은 답이 24회 ‘전후’가 될 것임을 즉시 알 것이다. 따라서 이 문제에서 중요한 것은 ‘전후’가 정확히 몇 회인지 밝혀내는 것이다.

우선 시침과 분침은 일정 속도로 움직이기 때문에 시침과 분침은 일정한 시간 간격을 두고 지속적으로 겹치게 된다.

그리고 여기서 ‘일정한 시간 간격’이란 적어도 1시간은 넘을 것이다. 자정에 시침과 분침은 완전히 겹쳐져 있다. 분침이 한 바퀴를 돌아 제자리로 오는데 1시간이 걸린다. 그 시간 동안 시침은 1/12바퀴를 돌아 숫자 1까지 이동한다. 그런 다음 분침이 느림보처럼 기어가는 시침을 따라잡는데 추가로 5분이 걸린다.

제논의 패러독스(Zeno's Paradox)를 거론하지 않고도 분침과 시침이 한 번 겹쳐졌다가 다시 겹쳐지는 데 걸리는 시간은 60분이 조금 넘는다. 또한 우리는 24시간 동안 계속 분침과 시침이 정확히 그 시간 간격을 두고 다시 겹쳐진다는 것을 알고 있다. 그러므로 그 시간 간격을 24시간으로 나누면 분침과 시침이 몇 번 만나는지 구할 수 있다. 사실 그 시간 간격을 12시간으로 나누고 그에 2를 곱할 수도 있다. 오후 12시간 동안, 시침과 분침은 오전 12시간 동안 움직인 그대로를 반복하기 때문이다.

자정에서부터 정오까지만, 즉 오전 12시간만 생각해 보자. 그 시간 동안 시침과 분침이 12번 겹쳐질 수는 없다. 만약 그렇다면 그것은 시침과 분침이 다시 만나는 시간 간격이 12/12, 즉 정확히 1시간이 되어야 한다는 의미이기 때문이다. 하지만 당신도 알다시피 시침과 분침이 다시 겹쳐지는 데는 1시간이 조금 더 걸린다. 그러므로 12시간 동안 시침과 분침이 겹쳐지는 횟수는 11회가 되어야 한다. 즉 시침과 분침이 겹쳐지는 시간 간격은 12/11시간, 즉 65.45분이다. 정확히 65.45분마다 시침과 분침은 다시 겹쳐진다.

11회에 2를 곱하면 22회, 즉 24시간 동안 시침과 분침이 겹쳐지는 횟수는 22회이다. 그러므로 정답은 22회이다. 하지만 만약 하루가 시작되는 자정에 시침과 분침이 겹쳐지는 것뿐 아니라, 하루가 끝나는 자정에 시침과 분침이 겹쳐지는 것까지 횟수에 포함시킨다면 정답은 23회가 될 것이다.

Q 마이크와 토드는 합쳐서 21달러를 갖고 있습니다. 마이크는 토드보다 20달러 더 많이 갖고 있습니다. 그들은 각각 얼마를 갖고 있겠습니까? 하지만 대답 시 소수점을 이용할 수 없습니다.

A 이것은 단순한 함정 문제가 아니다. 이것은 일종의 '도전' 테스트이다. 이 문제가 갖고 있는 문제점은 분명하다. 당신은 마이크는 21달러, 토드는 1달러 갖고 있다고 대답하고 싶을 수도 있다. 하지만 그렇게 되면 두 사람이 갖고 있는 돈의 합은 21달러가 아니라, 22달러가 된다. 이 문제의 정답은 마이크 20.50달러, 토드 0.50달러이다. 답이 의심스럽다면 당신은 방정식을 이용할 수도 있다. 또한 당신은 이 문제의 답이 이 하나뿐임을 증명할 수도 있다. 하지만 면접관은 대답 시 소수점을 이용하지 말 것을 요구하고 있다.

면접관이 불합리한 요구를 하고 있는 것이다. 그것이 아니라면 소수점을 이용하지 말라는 요구 뒤에 달러를 '센트'로 전환하면 소수점을 사용할 필요가 없다는 기술적 함정이 숨겨져 있는 것이다. 따라서 당신은 자신의 주장을 굽혀서는 안 된다. '20.50달러/0.50달러'가 답일 수밖에 없는 이유를 논리적으로 설명해야 한다. 사실 거대 조직에서는 그런 일이 일상처럼 빈번히 일어난다.

Q 맨해튼의 전화번호부를 평균 몇 번이나 펼쳐보아야 원하는 이름을 찾을 수 있겠습니까?

A 여기서 전화번호부를 펼쳐본다는 것은 알파벳을 보고 이름이 있을 만한 부분을 펼친다는 의미가 아니라, 무작위로 전화번호부를 펼친다는 의미이다. 전화번호부를 펼쳤을 때 펼쳐진 두 페이지 가운데 어느 한 페이지에 찾는 이름이 적혀 있다면 당신은 원하는 이름을 찾은 것이다.

이 문제에는 간단한 답과 보다 복잡한 답 이렇게 두 가지 답이 있다. 먼저 간단한 답부터 보도록 하자. 맨해튼 전화번호부의 분량이 1000페이지라 가정하자. (2001년 판 맨해튼 전화번호부의 분량은 1138페이지였으므로 1000페이지라는 가정은 합당하다. 그리고 양면 가운데 한쪽 면에는 전화번호가 적혀 있지 않은 부분도 있다는 사실까지 감안하면 문제가 너무 복잡해지므로 그것은 무시한다.) 전화번호부를 한 번 펼쳤을 때 두 페이지가 펼쳐지므로 전화번호부 분량이 1000페이지라는 것은 500번 펼치는 것이 가능하다는 얘기다. 그러므로 처음 전화번호부를 펼쳤을 때 당신이 찾는 이름을 발견할 확률은 약 500분의 1이다. 다시 말해 평균 500번 정도 무작위로 책을 펼쳐야 원하는 이름을 찾을 수 있다는 얘기다.

전화번호부의 분량이라는 가장 '불충분한' 정보를 이용하여 즉석에서 답을 구했다는 사실을 감안한다면 이것도 그런대로 괜찮은 답이라 할 수 있다.

그럼 보다 복잡한 답을 보도록 하자. 특정 이름을 찾아내는 것이 중요한 상황이라면 당신은 몇 번이나 전화번호부를 펼쳐야 원하는 이름을 찾을 수 있는지 확실히 알고 싶을 것이다. 만약 90퍼센트 확실하게 이름을 찾길 원한다고 해보자. 그렇다면 당신은 몇 번이나 전화번호부를 펼쳐야 할까?

무작위로 책을 펼치는 것이기 때문에 결과를 보장할 수는 없다. 운이 좋으면 한 번에 원하는 이름을 찾을 수도 있다. 하지만 운이 나쁘면 백만 번 펼쳐도 원하는 이름을 찾지 못할 것이다. 100퍼센트 확실하게 원하는 이름을 찾으려 한다면 오히려 그 답은 간단하다. '불가능하다'가 답이기 때문이다. 당신이 아무리 여러 번 전화번호부를 펼쳐도 100퍼센트 확실하게 원하는 이름을 찾을 수는 없다.

일반적으로 원하는 이름을 찾지 못하면 당신은 계속 전화번호부를 펼칠 것이다. 그러므로 원하는 이름이 적혀 있지 않은 페이지를 펼칠 확률을 생각해 보아야 한다.

전화번호부가 1000페이지라고 가정할 경우 당신은 총 500번 책을 펼칠 수 있다. 그러므로 한 번 책을 펼쳤을 때 '틀린' 페이지를 펼칠 가능성은 500번에 499번이다. 그러므로 n번 책을 펼쳐 틀린 페이지를 펼칠 확률, 즉 실패할 확률은 $(499/500)^n$이다.

그러므로 n번 책을 펼쳐 성공할 확률은 $1-(499/500)^n$이다.

이 공식을 이용하면 당신은 '옳은' 페이지를 펼치기 위해 몇 번 책을 펼쳐야 하는지 알 수 있다. 스프레드시트에서 이 공식을 실행해 보자. 옳은 페이지를 펼칠 확률이 50퍼센트가 되려면 347번 책을 펼쳐야 한다는 것을 알 수 있다. 즉 347번 펼칠 때 비로소 옳은 페이지를 펼칠 확률이 반, 틀린 페이지를 펼칠 확률이 반이 되는 것이다.

347번 책을 펼칠 경우 성공할 확률과 실패할 확률은 50대 50이다. 첫번째 구한 간단한 답에 의하면 500번 책을 펼치면 옳은 페이지를 찾을 수 있었다. 하지만 이 공식대로라면 500번 책을 펼쳐 옳은 페이지를 펼칠 확률은 65퍼센트이다. 그리고 90퍼센트 확실하게 옳은 페이지를 펼치려면 당신은 1150번 책을 펼쳐야 한다.

Q 직사각형 모양의 케이크가 있습니다. 누군가가 직사각형 모양으로 케이크 한 조각을 베어냈습니다. 어떻게 하면 남은 케이크를 정확히 둘로 나눌 수 있겠습니까? 이미 베어낸 케이크 조각의 크기는 마음대로 정할 수 있습니다. 그리고 일직선으로 단 한 번만 케이크를 자를 수 있습니다.

A 이 질문에는 두 개의 정답이 있다. 최고의 평가를 원한다면 두 개의 답을 모두 찾아내야 한다. 많은 이들이 두 개의 정답 가운데 더 어려운 답은 맞추면서 보다 쉬운 답은 흔히 간과한다.

직사각형을 둘로 나누는 것은 쉬운 일이다. 직사각형의 중심점을 지나도록 하여 일직선으로 자르기만 하면 되기 때문이다. 중심점을 지나기만 하면 어떤 각도에서 자르든 상관없다.

여기 두 개의 직사각형이 있다. 하나는 케이크이고 다른 하나는 케이크에서 베어낸 조각이다. 두 직사각형의 중심점이 있는 곳을 정한다. 이 두 지점을 일직선으로 잇는 선을 그린다. 그리고 그 선을 따라 케이크를 자르면 케이크를 정확히 둘로 나눌 수 있다.

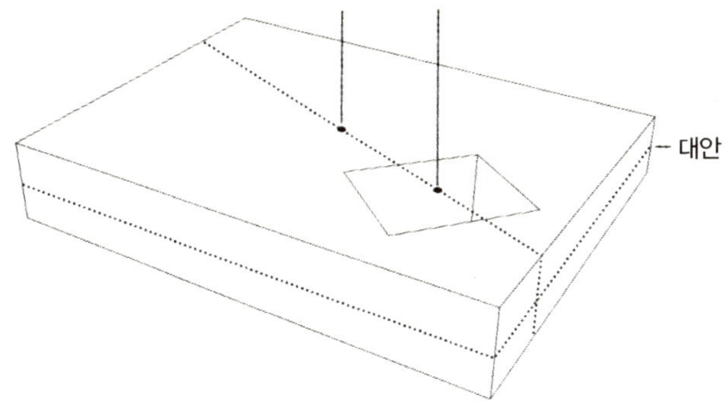

이렇게 일직선으로 자르면 두 개의 직사각형 모두 반으로 잘라지기 때문에 각각의 조각은 본래의 케이크 1/2조각에서 베어낸 케이크 1/2조각을 뺀 것과 같아진다. 비록 모양이 다르더라도 이 사실에는 변함이 없다.

두 개의 직사각형의 중심점이 같은 경우 당신은 어떤 각도에서든 자를 수 있다. 물론 중심점을 지나도록 해서 말이다.

또 한 가지 방법은 케이크를 수평으로 둘로 나누는 것이다. 각 조각의 두께는 본래 케이크 두께의 절반이 될 것이고 각 조각에는 직사각형으로 케이크를 배어낸 자국이 남게 될 것이다. 아이스크림 케이크일 경우에는 이 방법이 효과가 없을 수도 있다.

Q 당신이라면 빌 게이츠의 욕실을 어떤 식으로 설계하겠습니까?

A 이 문제를 풀 때는 두 가지 중요한 사항이 있다. 첫째는 빌 게이츠는 자신이 원하는 것을 갖는다는 것이다. 둘째는 게이츠가 좋아할 만한 아이디어, 하지만 게이츠가 생각하지 못한 아이디어를 적어도 몇 개는 제시해야

한다는 것이다. (만약 그렇지 않다면 무엇 때문에 그가 자신의 욕실을 설계하
도록 당신을 고용하겠는가?)

우선 빌 게이츠와 마주 앉아 그가 어떤 욕실을 원하는지 이야기를 들어
야 할 것이다. 당신은 예산을 세우고 필요한 시간을 계산할 것이다. 당신
은 갖가지 아이디어를 제시한 뒤, 그중 어떤 아이디어를 게이츠가 마음에
들어 할지 따져볼 것이다. 그런 다음 당신은 계획서를 작성하여 게이츠에
게 보여주며 피드백을 요구할 것이다. 계획서는 수차례 수정 과정을 거치
게 될 것이다. 그 과정에서 당신은 예산을 맞출 수 있는지 완공날짜를 지
킬 수 있는지 확인하게 될 것이다. 모든 설계 문제에는 이러한 일련의 과
정이 포함되어야 한다.

아이디어를 제시할 때, 당신은 한 가지 기억할 점이 있다. 현실보다 나
은 기능을 갖춘 욕실을 설계하는 일이 결코 쉽지 않을 것이란 점이다. 게
이츠의 욕실에는 물의 온도를 조절하여 원하는 온도의 물을 욕조에 받되,
그것을 차에서 컨트롤할 수 있는 장치가 갖추어져 있다. 정말이다.

MS 사람들은 욕실을 포함하여 집안 전체에 컴퓨터 기술을 응용할 방법
을 진지하게 고민한다. MS의 리서치 부서들은 약이 떨어졌음을, 혹은 휴
지가 떨어졌음을 알려주는, '스마트한' 의약품 진열장 및 찬장 같은 것들
을 찾고 있다. MSN 인터넷 액세스(MSN Internet Access) 부사장 테드 커
머트(Ted Kummert)는 이렇게 말했다. "이런 가구 시나리오 가운데 감탄
을 자아내는 것도 있습니다. 당신도 알다시피 화장실이 화학 반응 검사를
위한 견본을 채취하여 가족들의 건강 상태를 모니터하고 의약품 진열대는
아빠가 베티 포드 센터(Betty Ford Center : 알코올 혹은 약물 중독자를 치
료하는 미국의 민간 시설)에 다녀왔는지 체크하고 차고에 넣은 차를 잠글
수 있습니다."

전기로 따뜻하게 데워지는 화장실 같은 이야기로는 MS의 면접관에게

강한 인상을 줄 수 없다. 여기 그들이 찾고 있는 몇 가지 아이디어가 있다. (이것은 미래에나 실현 가능한 일이다. 하지만 돈이 얼마가 들든 상관하지 않는 소비자라면 지금도 가능하다.)

- 아이 혼자 욕실에 들어왔을 때 자동으로 의약품 진열장 혹은 가정에서 사용하는 화학품이 들어 있는 찬장을 잠그는 기능. 게이츠의 집에는 이미 누군가 방에 들어온 것을 감지하고 그가 누구인지 확인하는 장치가 되어 있다. 적외선 스캔 장치에 대한 논의도 이루어지고 있다. 만약 그것이 완성된다면 누군지 보다 정확히 그리고 보다 비밀리에 확인할 수 있게 될 것이다. 어린이가 들어오면 의약품 진열대가 저절로 잠기도록 하는 것은 아이의 생명을 구한다는 측면에서 바람직한 장치라 할 것이다.

- 핸즈프리 노트패드. 모든 이들이 욕실에서 기발한 아이디어를 얻는다. 당신은 젖은 손으로 PDA(개인 휴대용 단말기)를 사용하고 싶지는 않을 것이다. 그리고 욕실에는 보통 PC가 설치되어 있지 않다. 그러므로 '빌의 메모' 같은 명령어를 말한 뒤 하고 싶은 이야기를 하면 그것이 기록되도록 하는 목소리 인식 장치가 설치되어 있으면 편리할 것이다. 또한 그 장치는 기록된 메시지를 당신의 이메일 주소로 자동으로 전송할 것이다. 나중에 일하면서 볼 수 있도록 말이다.

- 좌우대칭으로 보이지 않는 거울. 그것은 다른 사람이 당신을 보는 방식대로 당신의 이미지를 보여준다. 그것은 보이지 않는 곳에 카메라가 설치된 일종의 비디오 스크린이다. 산발이 된 머리카락을 다듬기 위해 가위를 사용할 때 이것은 매우 편리하다. 이러한 사소한 편익 때문에 부서지지도 않고 소프트웨어 업데이트도 필요하지 않으며 정전 동안에도 얼마든지 사용할 수 있는 비기술 제품들을 대체할 새로

운 무엇인가를 개발할 필요가 있을까 하는 의문이 들 수도 있다. 만약 그런 의문이 든다면 당신은 자신이 정말로 MS에서 일하고 싶은지부터 짚어보아야 한다. (게이츠는 본래 비디오를 사용하지 않을 때 비디오 스크린이 나뭇결무늬가 들어간 목재 공예품처럼 보이도록 할 생각이었다. 하지만 생각대로 되지 않자 그는 목수를 불러 비디오 스크린을 덮을 얇은 목재판을 만들도록 했다.)

다른 소프트웨어 기업들은 때때로 이와 유사한 질문을 한다. 그들은 종종 대상의 성별 및 '허리둘레'를 바꾸어 질문을 한다. 예를 들면 "체중이 300파운드인 부유한 숙모의 화장실을 어떻게 설계하겠습니까?"처럼 말이다.

Q 당신이라면 컴퓨터로 조정하는 마이크로웨이브 오븐을 어떤 식으로 설계하겠습니까?

A 마이크로웨이브 오븐과 컴퓨터의 결합이 탁월한 결합이 아님은 쉽게 알 수 있다. 많은 설계 문제들이 이와 같은 특징을 갖고 있다. 즉 효능이 의심스런 부분이 있기는 하지만 그렇다고 완전히 터무니없는 생각은 아니라는 특징 말이다.

지금 우리는 아주 간단한 방법으로 마이크로웨이브 오븐을 작동할 수 있다. 소비자는 마이크로웨이브 오븐 작동을 보다 복잡하게 만들 무엇인가를 원치 않는다. (하지만 이를 평가하기 위해 소비자들을 대상으로 설문조사를 실시할 것이라 말해야 한다. 설계 문제에서 그것은 필수적인 과정이다.) MS의 면접관이 제시하는 힌트를 토대로 '스마트한 패키징'을 생각할 수 있다. 가전제품 및 찬장에다가 소비재에 적혀 있는 라벨 혹은 코드를 탐지하여 읽는 센서를 부착할 수 있다. 마이크로웨이브에 센서를 달 경우 당신이 마이크로웨이브에 냉동 라자냐를 넣으면 마이크로웨이브가 코드 및 조리방법을 읽고 지시에 맞게 온도와 시간을 자동으로 조절하게 된다. 당신이 별도로 시간 혹은 온도 버튼을 누를 필요가 없다.

적절히 패키징하면 마이크로웨이브 사용기록이 계속 저장되도록 할 수 있다. 이것은 언급할 가치가 있는 부분이다. MS에서는 사용기록을 조사하여 상업화할 만한 정보를 찾아내는 것을 중요하게 생각하기 때문이다. 소비자 입장에서 사용기록은 쇼핑목록을 작성하는 데 도움이 될 수 있다. 혹은 다이어트 하는 사람의 경우 어느 정도의 칼로리를 소비해야 하는지 계산할 때 사용기록을 참고할 수 있다.

또 한 가지 훌륭한 답변은 음성 인식 소프트웨어로 마이크로웨이브의 키패드를 대체할 수 있다는 것이다. 그렇게 되면 키를 손으로 누르는 대신 마이크로웨이브에 무엇인가(야채 혹은 생선처럼 조리 설명서가 부착되어 있지 않은 제품)를 몇 분 동안 조리하라고 이야기하거나 마이크로웨이브가 알아서 조리 시간을 결정할 수 있도록 무슨 요리를 할 것인지 이야기하면 된다.

Q 당신이라면 VCR 조정 장치를 어떤 식으로 설계하겠습니까?

A 업계의 유명 설계자들도 이 문제로 오랫동안 고심해 왔다. 따라서 당신이 15분 내에 탁월한 대안을 제시하기는 어렵다. 면접관도 당신이 탁월한 대안을 제시하리라 기대하지 않는다. 따라서 이 문제에 접근하는 최선의 방법은 당신이 적어도 다음 두 가지 요소 간의 균형을 중요하게 생각하고 있다는 사실을 보여주는 것이다.

우리는 항공사에서 맛없는 음식을 제공한다고 혹은 음식을 아예 제공하지 않는다고 불평하듯 VCR 작동 방법을 놓고 많은 불평을 한다. 그렇다면 우리는 보다 좋은 제품을 얻기 위해 보다 많은 돈을 지불할 용의가 있는 것일까? 대부분의 사람들은 비행기를 이용할 때 가장 싼 좌석을 구입한 후에 음식이 나쁘다고 혹은 음식을 제공하지 않는다고 불평한다. 항공사들도 그러한 사실을 알고 있다. 그들이 고객들에게 땅콩을 서비스하는 것도 그 때문이다. VCR 시장에서도 비슷한 현상이 벌어지고 있다. 사람들은 VCR을 구입할 때 무엇보다도 가격과 기능을 따져본다. 그러고는 나중에 사용하기 어렵다며 불평한다.

그렇다면 누가 돈을 더 주더라도 사용하기 쉬운 VCR을 구입하려 할까? 만약 그 사람이 시각에 이상이 있는 부유한 퇴직자라면 VCR은 사용 과정 전체를 말로 설명해 줄 수 있어야 한다. 만약 그 사람이 자기 방에 텔레비전이 설치되어 있고 간단히 사용할 수 있는 자신만의 VCR을 원하는 여덟 살짜리 꼬마라면 이 역시 여기서 논할 바가 아닐 것이다. 돈을 더 주고 사용하기 쉬운 VCR을 구입할 의사가 있는 사람을 한 사람도 찾지 못한다면 우리는 이 계획 자체를 백지화해야 할 것이다.

당신은 버튼 하나 달린 VCR을 설계할 수 있다. 버튼을 누르면 녹화가 시작되고 또 한 번 누르면 녹화가 중지되도록 말이다. 만약 그런 VCR을 만든다면 모두가 쉽게 VCR을 이용할 수 있을 것이다.

하지만 당신이 집에 없을 때 특정 프로그램을 예약 녹화하고 싶다면 당신은 다른 기능을 필요로 할 것이다. 단순히 사용하기 쉽다는 이유만으로 버튼 하나 달린 VCR을 선택할 사람은 없을 것이다. 오늘날 제조업체들은 조정 장치에 수많은 기능을 추가하기 위해 조정 장치가 '모드'에 따라 다른 기능 수행이 가능하도록 만들고 있다. 따라서 단 한 번 시간 버튼을 누르는 것만으로는 녹화를 시작할 수 없다. 당신은 여러 번 버튼을 누르며 주일, 날짜, 오전 혹은 오후, 몇 시, 몇 분을 맞춰야 한다. VCR을 사용하는 것이 어려운 것은 이 때문이다.

논쟁이 가능하도록, 소비자 조사 결과 비싸더라도 쉽게 사용할 수 있는 VCR을 구입할 의사가 있는 소비자층을 찾아냈다고 가정해 보자. 이 잠재 소비자들이 대부분의 VCR이 제공하는 모든 기능을 실질적으로 사용하고 있는지 없는지 알아본다. 사람들이 일주일 전에 녹화 예약을 하는 경우가 얼마나 잦은가? 24시간 전에 녹화 예약을 하는 경우는? 자주 사용하지 않는 기능들을 제외시킬수록 VCR 사용법은 간단해진다.

여기 사용하기 쉬우면서 어느 정도 필요한 기능을 갖춘 VCR 조정 장치를 설계하는 방법을 대략적으로 소개하면 이러하다. VCR 본체에 다섯 개의 버튼 즉 재생, 정지, 빨리감기, 되감기, 꺼냄 이렇게 다섯 개의 버튼만 설치한다. 이것은 리모컨이 소파 뒤로 떨어졌을 때 테이프를 재생할 수 있도록 마련된 일종의 예비 장치이다. VCR 본체에는 그 외에 다른 조정 버튼은 없다. 이것은 돈을 절약하기 위한 방편이다. VCR은 전적으로 스크린 상의 메뉴와 리모컨으로만 조정된다. 리모컨에는 버튼 한 개와 '조이스틱' 한 개가 달려 있다. 리모컨의 조이스틱은 일부 모니터에 혹은 일부 랩톱 키보드에 달려 있는 조이스틱과 같다. 조이스틱 자체에 버튼을 하나 이상 설치하기는 어렵다. 스크린 상의 커서를 컨트롤하기 위해 당신은 조이스틱을 모든 방향으로 움직일 수 있다. 조이스틱의 버튼은 선택 기능을 갖고 있다. 기본적으로 이 리모컨은 마우스와 같다고 생각하면 된다.

VCR을 사용하고 싶다면 당신은 리모컨을 들고 조이스틱을 움직이거나 버튼을 누르면 된다. 그러면 (꺼져 있던) VCR이 '깨어날' 것이고 텔레비전 스크린 상에 메뉴/마법사/컨트롤 기능이 뜰 것이다. 이 인터페이스를 이용해 당신은 테이프를 재생하고 프로그램을 녹화하고 시간을 설정한다. (어떤 이유로 그 과정이 자동으로 일괄 진행될 수 없을 경우에 말이다.) VCR에서 그래픽으로 텔레비전 방송 시간표를 다운로드하여 조이스틱으로 당신이 녹화하고 싶은 프로그램으로 커서를 옮기고 버튼을 클릭한다.

이 VCR을 구입하는 최대 이유는 '투 버튼' 작동(보다 정확히 말하면 '원 버튼'과 '원 조이스틱')이라는 간편함이기 때문에 리모컨에 많은 관심이 쏠릴 것이다. 따라서 그것은 다른 리모컨과 같아 보여서는 안 된다. 젊은 사람들이 주요 고객이라면 그것은 아이맥처럼 '참신해' 보여야 한다. 은퇴한 사람들이 주요 고객이라면 조이스틱과 버튼이 달린 리모컨은 움직임이 둔한, 나이 많은 사람들도 사용하기 쉽도록 설계되어 있어야 한다.

 베니션 블라인드의 리모컨을 설계하시오.

 일반 베니션 블라인드에는 두 가지 컨트롤 기능이 있다. 하나는 블라인드를 올리고 내리는 기능, 다른 하나는 슬릿(날개)의 각도를 조절하는 기능이다. 그러므로 리모컨은 이 두 가지 기능을 수행할 수 있어야 한다. 아마도 로커 스위치 두 개만으로도 이것은 가능할 것이다.

블라인드 개폐를 자동화하는 경우, (두 개의 로커 스위치 외에) 당신이 블라인드를 조절할 수 있는 장치를 추가하는 것이 바람직하다. 사람들이 특별한 이유 없이 블라인드를 열거나 닫는 경우는 거의 없다. 첫째 빛이 너무 많이 들어올 때 블라인드를 열고, 둘째 직사광선에 눈이 부실 때 혹은 직사광선으로 카펫의 빛이 바랠 우려가 있을 때 블라인드를 닫고, 셋째

밤중에 사생활 보호를 위해 블라인드를 닫는다.

부분적으로 블라인드도 VCR처럼 '사용편의 대 기능' 간의 딜레마를 갖고 있다. 당신은 VCR처럼 블라인드를 프로그램할 필요가 있을까? 예를 들면 아침 7시 30분이면 블라인드가 열리고, 늦은 오후 직사광선으로 눈이 부시는 일이 없도록 오후 4시 45분에서 5시 5분 사이에 슬릿의 각도가 변하고, 오후 7시 45분에는 닫히도록 말이다. 아마도 그렇지는 않을 것이다. 어느 누구도 그 정확한 시간을 알 수 없기 때문이다. 그 시간은 계절에 따라 달라질 수도 있고 날씨에 따라 변할 수도 있기 때문이다. 예를 들어 날씨가 흐린 날에는 가능한 빛이 많이 들어올 수 있도록 블라인드를 계속 열어놓고 싶을 수도 있다.

가장 좋은 방법은 블라인드에 광전지를 설치하는 것이다. 빛이 특정 조도를 초과하면(낮시간) 자동으로 열리고 특정 조도 이하로 떨어지면(밤시간) 자동으로 닫히도록 말이다. 그리고 빛이 슬릿과 평행이 되도록 들어오면(직사광선) 슬릿을 부분적으로 닫도록 말이다. 리모컨에 회전 다이얼을 설치하면 당신은 조도에 따라 블라인드가 열리고 닫히는 정도를 조정할 수 있다. (또한 휴가를 떠날 경우 이 다이얼로 광전지의 작동을 중단시킬 수도 있다.) 그러므로 세 가지 조정 기능을 갖춘 리모컨을 설계할 수 있다. 특정 조도에 따라 블라인드의 슬릿을 조정하는 다이얼, 그리고 처음에 설명한 두 가지 기능을 수행하는 로커 스위치 이렇게 세 가지 조정 기능 말이다.

Q 맹인을 위한 양념 수납 선반을 설계하시오.

A 당신은 스마트하게 문제를 재정의할 수 있다. 우리는 양념을 저장할 뿐 아니라 필요할 때마다 양념을 꺼내어 쓰는 맹인을 위한 양념 수납 선반을 만들어야 한다. 맹인을 위한 양념 수납 선반을 설계하라는 요구에 사람들

모두 공통적으로 거론하는 특징이 있다면 그것은 '점자 라벨'이다. 일부 사람들은 점자를 양념병 뚜껑에 써야 한다고 말한다. 대부분의 양념병은 원통 모양이다. 둥근 면에 쓰인 점자를 읽는 것보다는 평평한 면에 쓰인 점자를 읽는 것이 보다 쉽기 때문이다. 그렇게 하면 일렬로 놓여 있는 뚜껑들 위를 손으로 더듬어 원하는 양념을 찾아낼 수 있다.

하지만 이 접근방식은 몇 가지 문제점을 갖고 있다. 우선 점자를 쉽게 읽으려면 양념을 사용하고 뚜껑을 닫아 양념병을 선반 위에 올려놓을 때 점자가 거꾸로 놓여지지 않도록 각별한 주의를 기울여야만 한다. 만약 그러지 않을 경우 점자가 거꾸로 또는 옆으로 돌아가 읽기 어려워지기 때문이다.

두 번째 문제는 요리하느라 뚜껑을 열어놓았다가 양념병과 뚜껑이 따로 돌아다니는 일이 빈번히 일어난다는 것이다. 세 번째 문제는 양념을 새로 사온 경우 양념 선반에 맞는 특정 양념병과 뚜껑에 양념을 옮겨 담아야 한다는 것이다.

그럼 양념병에 점자를 쓰면 어떨까? 그러면 뚜껑이 바뀔 염려를 하지 않아도 될 것이다. 하지만 이미 언급했던 것처럼 둥그런 면에 쓰인 점자를 읽는 것이 쉽지 않다. 그리고 점자가 적힌 면이 뒤나 옆으로 돌아가 있을 수도 있다.

양념병을 사각형으로 만들고 사면에 점자를 씀으로써 이 문제를 해결할 수 있다. 이 경우 양념병을 넣는 양념 선반의 홈도 이에 맞게 사각형으로 디자인해야 한다. 또 점자가 적힌 옆면을 손으로 만질 수 있게끔 양념 수납 선반의 옆 부분에도 구멍을 만들어야 한다. 그래야 일렬로 늘어서 있는 병들을 손으로 더듬으며 필요한 양념병을 찾을 수 있다.

종이로 만든 점자 라벨의 경우 점자의 볼록 튀어나온 면이 조리 시 발생하는 습기로 인해 혹은 지속적인 사용으로 인해 닳을 수 있다. 그러므로 양념병에 점자를 새기는 것이 보다 실용적이다. 하지만 그렇게 하려면 일반적으로 유통되는 양념병을 사용할 수 없다. 그렇다고 양념병을 주문 제작하려면 비용이 너무 많이 든다. 따라서 보다 좋은 방법은 내구성과 유연성이 있는 플라스틱으로 만들어진 접착식 라벨을 사용하는 것이다. 이것은 어떤 병에든 쉽게 붙을 것이다.

당신은 특수 병이 필요할까? 여러 가지 측면에서 슈퍼마켓에서 일반적으로 판매하는 병을 구입하여 그것을 양념 수납 선반에 넣을 방법을 궁리하는 것이 간단할 것이다. 양념 수납 선반에 양념병을 담을 수 있는 구멍 혹은 홈이 여러 개 있다고 가정하자. 양념 선반의 사면 가운데 정면 판에 점자 라벨을 일렬로 붙일 수 있다. 이때 라벨은 인간공학적인 측면에서 읽기 쉬운 각도에 붙인다. 그리고 그 바로 뒤에 양념 라벨에 맞는 양념병을 놓는다. 그러면 양념 선반 정면 판에 붙어 있는 일련의 라벨을 손으로 더듬어 원하는 양념 라벨을 찾았을 때 그 뒤에 있는 양념병을 집어들면 원하는 양념을 꺼낼 수 있다.

뚜껑에 라벨을 붙이는 방법, 병에 라벨을 붙이는 방법, 선반에 라벨을 붙이는 방법, 이렇게 세 가지 방법 가운데 간단하고 가장 좋은 방법은 세 번째 방법이다. 하지만 몇 가지 기능을 추가할 경우에는 선택이 달라질 수 있다. 사실 양념 선반을 이용할 경우 계량스푼 사용이 불가피하다. 그러나 맹인의 입장에서 계량스푼을 사용한다는 것은 쉬운 일이 아니다. 티스푼으로 양념을 뜰 경우 정확히 한 스푼이 떠졌는지 아니면 한 스푼 수북이 떠졌는지 어떻게 알 수 있을까? 이것을 알려면 당신은 손가락으로 스푼 윗부분을 만져보아야 한다. 이 경우 스푼에 담겨 있던 양념을 흘릴 수 있다. 만약 한 스푼 수북이 양념을 뜨고 싶었다면 다시 양념을 떠야 하는 수고를 해야 할 것이다. 그리고 이러한 행동을 할 때는 두 손이 필요하다. 바꾸어 말하면 손가락으로 스푼을 만져보는 동안 병과 뚜껑을 어딘가에 내려놓아야 한다는 얘기다. 당신은 뚜껑이 어디에 있는지 찾다가 뜨거운 가스레인지를 더듬는 불상사를 원치 않을 것이다.

따라서 버튼을 누르면 일정량의 양념이 나오는 양념병을 생각할 수 있다. 이 방법을 사용하면 여러 가지 문제점을 해결할 수 있다. (양념을 채워 넣을 때를 제외하고) 뚜껑을 열 필요가 없으므로 뚜껑을 찾다가 손을 데는 일도 그만큼 줄어들 것이다. 계량스푼을 찾을 필요도, 스푼 안에 양념이 얼마큼 있는지 추측할 필요도, 스푼 사용 후 스푼을 씻을 필요도 없다. 이러한 혜택을 누릴 수 있다면 슈퍼마켓에서 양념을 사왔을 때 양념을 양념병으로 옮기는 번거로움 정도는 참을 수 있을 것이다. 이것은 맹인뿐 아니라, 정상인에게도 귀가 솔깃한 기능일 수 있다.

양념병을 사각형으로 만들고 내구성 있는 플라스틱으로 된 접착식 점자 라벨을 각 면에 붙인다면 보다 합리적인 설계가 될 것이다. 그리고 라벨을 손가락으로 편히 만질 수 있는 위치에 선반을 달아야 할 것이다. 보통의 경우 양념 선반은 양념병에 적힌 작은 글자를 읽을 수 있도록 눈높이에 맞춰 설치되어 있다. 하지만 맹인들의 경우에는 라벨이 눈높이보다는 테이블 높이에 있는 것이 더 좋다. 그리고 선반을 약간 뒤로 경사지게 설치하여 양념병이 약간 뒤로 기댈 수 있도록 하는 것이 좋다. 그러면 양념병이 떨어지지 않도록 선반 앞에 별도의 난간을 댈 필요가 없다. 난간이 없으면 보다 쉽게 양념병을 꺼낼 수 있다.

Q 당신이라면 소금병(saltshaker: 뚜껑에 작은 구멍이 있어 흔들면 구멍을 통해 조금씩 소금이 나오도록 만들어진 병)을 어떻게 테스트하겠습니까? (토스터기는? 차주전자는? 엘리베이터는?)

A 테스트 문제의 경우 소비자의 의견을 듣는 과정이 포함되어야 한다. 그

리고 면접관이 요구하고 있는 것을 어떻게 테스트할 것인가 생각해야 한다. 이런 문제에서는 심오한 답변이 반드시 훌륭한 답변인 것은 아니다. 그저 가장 단순한 상품을 평가하는 데도 여러 가지 기준이 적용될 수 있다는 것을 당신이 알고 있다는 사실을 면접관에게 보여주기만 하면 된다.

먼저 이 상품을 이용할 때 어떤 문제가 발생할 수 있는지부터 상상해 본다. 엘리베이터의 경우에는 어떤 고장이 일어날 수 있는지 쉽게 상상할 수 있다. 하지만 소금병에 어떤 문제가 있을 수 있는지 상상하는 일은 조금 어려운 일이다.

우선 소금병에 소금이 아니라 설탕이 들어 있을 수 있다. 삼류 분식점이라면 있을 수 있는 일이다. 혹은 소금병 뚜껑이 꽉 닫혀 있지 않아 소금을 뿌리려 소금병을 흔드는 순간 소금이 한꺼번에 쏟아질 수 있다. 기반이 확실히 다져져 있는 산업에서 디자인은 매출을 좌우하는 중요한 요소이다. 소금병과 관련해 사람들이 자주 토로하는 첫번째 불만은 구멍 크기가 적당하지 않다는 것이다. 구멍이 너무 커서 소금이 많이 나오거나 구멍이 너무 작아 소금이 제대로 나오지 않는다는 것이다. 둘째 (하나는 강아지 모양, 다른 하나는 소화기 모양인 윤기 나는 작은 도자기 세트에 소금과 후추가 각각 들어 있는 경우처럼) 소금병과 후추병을 구분하기 어렵다는 것이다. 셋째 소금병에 소금을 채워넣는 것이 어렵다는 것이다.

소금병을 테스트하는 합리적인 방법은 우선 접시 위에 소금을 뿌려 소금이 한꺼번에 쏟아지지 않는지, 병에 들어 있는 것이 소금이 맞는지 확인한다. 그런 다음 그것을 포커스 그룹(focus group: 테스트할 상품에 관하여 토의하는 소비자 그룹)에게 건넨다. 그들이 현실에서 소금병을 사용해 보고 다른 소금병과 비교해 보도록 한다. 위에 제시된 문제점 및 여타 다른 문제점들에 대한 그들의 의견을 듣는다.

토스터기의 경우 빵을 얼마나 정확히 원하는 만큼 구울 수 있는지, 냉동 와플 혹은 베이글을 얼마나 효과적으로 조리할 수 있는지, 빵 부스러기를 얼마나 쉽게 청소할 수 있는지, 얼마나 에너지 효율적인지, 토스터기가 공간을 어느 정도 차지하는지, 디자인이 얼마나 매력적인지, 얼마나 안전한지(토스터기 속에 커피를 쏟는다면? 혹은 포크로 토스터기 속에 있는 무엇인가를 꺼내려한다면?) 등을 이야기해야 한다.

차주전자의 경우 다음과 같은 사항들이 평가에 포함되어야 한다. 한번에 몇 잔 분량의 물을 끓일 수 있는지, 일정량의 물을 끓이는 데 어느 정도 시간이 소요되는지, 주전자에서 소리가 날 때 물의 온도는 어느 정도 되는지(예를 들면, 물이 끓어야 주전자에서 소리가 나는지, 아니면 끓지 않고 어느 정도 뜨겁기만 하면 소리가 나는지), 다른 방에 있어도 주전자에서 나는 소리를 쉽게 들을 수 있는지, 손잡이는 어느 정도 뜨거워지는지 등을 평가해야 한다.

엘리베이터의 경우 가장 중요한 문제는 '안전'이다. (그러므로 안전 검사 시행 계획을 구체적으로 언급해야 한다.) 그 다음 중요한 문제는 속력이다. 속력은 디자인적인 문제라기보다는 운송 패턴상의 문제이다. 건물에 존재하는 다른 운송 패턴들과 엘리베이터가 얼마나 잘 어울리느냐에 따라 사람들의 만족도가 달라질 수 있다. 당신은 버튼을 누르고 엘리베이터를 타기까지 어느 정도 시간이 걸리는지, 하루에 몇 차례 각층을 돌아다니는 데 어느 정도 시간이 걸리는지 측정해야 한다.

Q 당신이라면 대형 도서관에서 특정 도서를 어떻게 찾겠습니까? 단, 당신을 도와줄 사서도, 색인목록도 없습니다.

A 　도서들이 무질서하게 꽂혀 있다고 가정할 경우 당신이 아는 것은 원하는 도서가 무엇이냐는 것뿐이다. 그런 경우 당신이 할 수 있는 것은 도서가 꽂혀 있는 선반을 차례대로 훑는 것이다. 그것은 적어도 아무 계획 없이 여기저기 찾는 것보다는 나은 방법이다. 보통 도서관의 절반 정도를 훑으면 당신은 원하는 도서를 손에 넣게 될 것이다.

　하지만 도서들이 무작위로 꽂혀 있을 가능성은 희박하다. 대형 도서관들은 쉽게 원하는 도서를 찾을 수 있도록 특정 도서 분류법에 따라 도서를 정리해 놓는다. 당신의 문제는 특정 도서 분류법에 따라 도서가 분류되어 있지 않다는 것이 아니라, 그 도서관에서 어떤 도서 분류법을 사용하고 있는지 모른다는 것이다.

　대부분의 도서관에서는 도서에 적혀 있는 색인 번호대로 도서를 정리한다. 미국 도서관에서 가장 많이 사용하고 있는 도서 색인법인, 듀이십진분류법과 미국의회도서관 분류법은 공통점이 없을 정도로 서로 다르다. 희귀도서만을 소장하고 있는 도서관들의 경우에는 출간날짜대로 도서를 정리하기도 한다. 상당히 이색적인 방법으로 도서를 분류해 놓은 도서관들도 있다. 워버그 연구소(Warburg Institute) 도서관에서는 주제가 다른 책들을 나란히 정리해 놓고 있다. 상이한 학문 간의 뜻밖의 관련성을 찾아낼 기회를 확대시키기 위해서이다. 창립자인 애비 워버그는 정신병원에 입원하기 전까지 이 분류법을 체계화하려는 노력을 기울였다.

　가장 좋은 방법은 어떤 분류법이 이용되고 있는지 알아내고 그 방식을 이용해 원하는 책을 찾는 것이다. 이때 필요한 것은 도서관 지도이다. 하지만 당신에게는 도서관 지도가 없기 때문에 당신이 직접 지도를 만들어야 한다. 우선 도서 선반을 무작위로 추출·조사한다. 당신은 책장을 스무 개 건너 하나씩 조사할 수 있다. 스무 개 건너 있는 책장마다 왼쪽 최상단 선반에 꽂혀 있는 책 몇 권을 살펴본다. 중요한 것은 어떤 '색깔'의 도서가 꽂혀 있는지 전체적으로 파악해야지 도서들을 일일이 살피느라 계속 한 선반에 매달려 있어서는 안 된다는 것이다.

선반을 무작위로 추출·조사할 때 당신은 어떤 도서가 있느냐뿐 아니라, 선반에 도서가 어떤 식으로 정리되어 있는지에도 관심을 기울여야 한다. 가까운 위치에 꽂혀 있는 도서들은 주제도 서로 비슷한가? (아마도 그럴 것이다. 그리고 만약 그렇다면 그것은 알아야 하는 중요한 정보이다.) 도서들이 아무 순서 없이 정리되어 있는가? (그렇지 않기를 바란다. 하지만 그것 역시 알아야 하는 중요한 정보이다.) 도서들이 (작가, 제목, 혹은 주제를 기준으로) 알파벳순으로 정리되어 있는가? 일반 도서보다 크기가 커서 (다른 일반 책장에는 들어가지 않아) 이 선반에 꽂혀 있는 것은 아닌가? 조사하는 곳마다 도서가 동일한 방식으로 정리되어 있는가 아니면 다양한 방식으로 정리되어 있는가?

당신이 찾고 있는 책이 『시애틀 주니어 리그 마이크로웨이브 요리책 (*The Seattle Junior League Microwave Cookbook*)』이라 가정해 보자. 운이 좋다면 당신은 요리책이 정리되어 있는 선반을 발견할 수도 있을 것이다. 당신이 찾는 책은 아마도 그 선반 주변 어딘가에 있을 것이다. 도서관에 소장되어 있는 책이 얼마 되지 않는다면 지도는 필요하지 않을 것이다. 바로 요리책이 정리되어 있는 선반들을 훑어보면 될 테니 말이다. 하지만 요리책이 굉장히 많을 경우 당신은 지도 만들기를 계속해야 할 것이다. 요리책들이 꽂혀 있는 선반들을 몇 차례 무작위 추출·조사하다 보면 당신은 어디에 어떤 종류의 요리책이 있는지 알 수 있을 것이다. 예를 들면 이쪽에는 미국식 요리법 관련 도서, 이쪽에는 마이크로웨이브 요리법 관련 도서, 그리고 저쪽에는 북서태평양 요리법 관련 도서처럼 말이다.

도서관을 한 번 훑어보았는데 어떤 요리책도 발견하지 못한다면, 혹은 요리와 관련된 어떤 것도 발견하지 못한다면 어떻게 할 것인가? 그런 경우에는 다시 도서관 전체를 훑어보되 더욱 세밀히 조사해야 한다. 즉 처음에 책장을 스무 개 건너 하나씩 살폈다면 다음에는 책장을 열 개 건너 하나씩 혹은 다섯 개 건너 하나씩 살펴야 한다. 필요하다면 찾고자 하는 책과 같은 부류의 책을 찾을 때까지 계속 훑어보는 책장의 간격을 좁혀가며 도서관 전체를 조사해야 한다.

책을 찾는 과정에서 발생할 수 있는 문제는 찾고자 하는 책과 비슷한 부류의 책을 찾지 못하는 것뿐이 아니다. 대형 도서관의 경우 사람들이 자주 찾는 요리책은 참고 도서 코너에, 새로 출간된 책은 '신간' 코너에, 매우 오래된 요리책은 희귀도서 코너에, 외국어로 쓰인 요리책은 동일 외국어 서적 코너에, 점자로 쓰인 요리책은 점자책 코너에, 어린이용 요리책은 아동도서 코너에 진열되어 있을 수도 있다. 그리고 요리책의 상당수가 책장에 꽂혀 있지 않고 일반인들이 즐겨 찾는 다양한 일반 교양서들을 진열해 놓는 서가에 진열되어 있는 경우도 많다. 도서관의 이러한 코너는 다른 장소에 별도로 마련되어 있다. 그러므로 요리책 섹션을 샅샅이 뒤진다고 반드시 원하는 책을 찾을 수 있는 것은 아니다.

따라서 원하는 도서를 찾기 위해 당신이 구사할 전략을 전체적으로 설명하면 이러하다. 원하는 책과 비슷한 부류의 책을 찾을 때까지 조사 간격을 점진적으로 좁혀 가며 체계적으로 선반을 추출·조사한다. 일단 비슷한 부류의 책을 찾으면 그곳을 집중적으로 탐색한다. 원하는 책이 가장 있음직한 곳을 체계적으로 뒤져도 그 책이 없다면 책은 그곳에 없을 수도 있다. 만약 그런 판단이 서면 다음으로 있음직한 곳으로 자리를 옮겨 찾기를 계속한다. 더 이상 있음직한 곳이 없을 경우 도서관 전체를 다시 살핀다. 그 책이 있음직한 또 다른 곳을 찾아낼 때까지 말이다.

MS의 면접관들이 원하는 대답은 바로 이러한 대답이다. 에이스더인터뷰닷컴(acetheinterview.com)의 웹 사이트에 보다 간단한 해결책(?)이 소개되었다. "도서관을 나선다. 이 질문을 만든 사람을 찾아가 욕설을 퍼붓는다."

 당신이 국세청 직원이 되었다고 합시다. 당신의 첫번째 임무는 베이비시터 알선 기관의 탈세 의혹을 밝히는 것입니다. 어떻게 밝히겠습니까?

 기업들의 탈세 방법에는 크게 두 가지가 있다. 지출을 확대 신고하거나 수입을 축소 신고하는 것이다. 베이비시터 알선 기관들의 세금 신고서를 보면 그들이 신고한 수입과 지출을 알 수 있다. 당신은 그들이 올바로 신고한 것인지 허위로 신고한 것인지 독자적으로 판단할 방법을 알고 싶다. 허위 신고를 했다고 판단되면 보다 세밀한 조사를 요청하게 될 것이다.

베이비시터 알선 기관이 신고한 지출이 합당한지 판단하는 것은 그리 어렵지 않다. 국세청은 일반적으로 특정 업종에 종사하는 특정 규모의 기업이 전화요금, 사무실 임대료, 임금, 광고비, 웹 사이트 운영비로 얼마를 쓰는지, 심지어는 스태플러 구입비로 얼마를 쓰는지까지 알고 있다. 만약 의심스러운 점이 있을 경우에는 사업장을 한 번 둘러보면 임금, 그리고 사무실 임대료가 합리적으로 신고되었는지 확인할 수 있다.

하지만 수입의 경우에는 문제가 그렇게 간단하지 않다. 베이비시터 알선 기관은 베이비시터들을 가정에 소개시켜주고 가정으로부터 소개료를 받는다. 그러므로 베이비시터는 베이비시터를 사용하는 가정의 고용인이다. 그렇다면 베이비시터를 고용함으로써 발생하는 세금 문제는 가정과 베이비시터의 책임이지 알선 기관의 책임이 아니다. 베이비시터를 사용하는 가정은 W-2 양식을 작성하고 고용에 따른 세금을 부담해야 한다.

여기서 국세청에 이미 들어와 있는 자료를 이용하여 베이비시터 알선 기관의 수입을 체크할 한 가지 방법을 찾을 수 있다. 국세청은 W-2 양식과 1014를 이용해 특정 지역에서 일하는 베이비시터 리스트를 만들 수 있다. 국세청은 그 리스트와 지난 해 W-2 양식과 1040상의 이름을 비교함으로써 한 해 동안 얼마나 많은 새로운 베이비시터가 일자리를 얻었는지 알 수 있다.

새로운 베이비시터들은 대부분 알선 기관이 소개시켜준 사람들이다. 기존의 베이비시터들의 경우에는 사람들의 소개로 이 가정에서 저 가정으로 일자리를 옮겨다닐 수 있다. 사실 할머니나 친척들이 보수를 받고 혹은 무보수로 아이들을 돌보는 경우가 많다. 그리고 그런 경우에는 대부분 국세청에 보고하지 않는다. 하지만 가족이나 친척 중에 아이를 돌봐줄 사람이 없는 경우 혹은 친구로부터 좋은 베이비시터를 소개받지 못하는 경우 부모들은 대부분 알선 업체를 이용하게 된다. 신원을 알 수 없는 낯선 사람에게는 아이를 믿고 맡길 수 없기 때문이다.

그러므로 이 직종에 새로이 뛰어드는 사람이 늘어나는 만큼 베이비시터 알선 기관이 받는 소개료도 늘어난다고 할 수 있다. 그 지역에 베이비시터 알선 기관이 한 곳뿐이라면 그곳에서 소개료 수입의 대부분을 챙길 것이다. 그 지역에 베이비시터 알선 기관이 한 곳 이상이라면 알선 기관들이 소개료 수입을 나누어 갖게 될 것이다. (이 경우에는 경쟁 업체들의 자료를 수집하여 그것을 토대로 각 알선 기관들이 어느 정도의 소개료를 챙기고 있는지 추정해야 한다.)

가정과 베이비시터는 정직하게 세금을 신고한다는 가정 하에 이 방법을 사용하면 당신은 베이비시터 알선 기관의 수입을 독자적으로 체크할 수 있다. 만약 가정과 베이비시터가 정직하게 세금 신고를 하지 않는다면 어떻게 될까?

그들이 얼마나 정직하게 세금을 신고하고 있는지 알아내는 것 역시 국세청이 할 일이다. 그들이 얼마나 정직하게 세금 신고를 하고 있는지 알 수 있는 통계자료가 있을 것이다. 통계자료에 만약 베이비시터의 90퍼센트는 수입 신고를 하고 10퍼센트는 제대로 하지 않는 것으로 나와 있다면 당신은 통계자료를 감안하여 알선 기관의 수입액 추정치를 10퍼센트 상향 조정하면 된다. 당신은 많은 베이비시터와 단 하나의 베이비시터 알선 기관을 상대하고 있다. 그러므로 다수의 법칙에 따라 알선 기관의 보고보다는 베이비시터들의 보고가 옳을 가능성이 더 높다 하겠다.

Q 당구공이 여덟 개 있습니다. 그중 한 개만 '하자 있는' 공입니다. 그 공은 다른 일곱 개의 공보다 더 무겁습니다. 천칭을 두 번 이용하여 '하자 있는' 공을 찾아내려면 어떻게 해야 합니까?

A 천칭은 정의의 여신이 손에 들고 있는 저울처럼, 접시가 두 개 달린 저울이다. 천칭을 이용하면 무게가 얼마인지는 알 수 없지만 두 접시에 담긴 물건 가운데 어느 쪽이 더 무거운지는 알 수 있다. 또한 두 개의 접시에 담긴 물건의 무게가 같은지 아닌지 알 수 있다.

양 접시에 당구공 네 개씩을 올려놓는 간단한 방법으로는 이 문제를 풀 수 없다. 하자 있는 공이 담긴 접시가 당연히 더 무겁겠지만 천칭을 이용할 수 있는 단 한 번의 기회를 이용해 네 개의 공 가운데 무거운 공 한 개를 가려낼 수는 없기 때문이다. 이번에는 여덟 개의 공을 두 개씩 짝을 지어 네 쌍을 만든다. 그리고 두 쌍씩 서로 무게를 비교한다. 이 경우에도 하자 있는 공이 포함되어 있는 접시가 더 무거울 것이다. 하지만 두 쌍씩 공의 무게를 비교하면 벌써 저울을 두 번 사용하게 된다. 그러므로 더 무거운 한 쌍의 공을 찾아낸다고 해도 두 개의 공 가운데 어느 공이 더 무거운지 알 수 없다.

따라서 천칭을 이용하면 양 접시에 담긴 물건의 무게가 같은지 아닌지 확인할 수 있다는 점을 이용한다. 만약 두 개의 접시의 무게가 같다면 당신은 그 어느 접시에도 하자 있는 공이 들어 있지 않다는 사실을 알 수 있다.

첫번째 저울을 사용할 때 각 접시에 공을 세 개씩 올려놓는다. 이 경우 다음 두 가지 결과가 나올 수 있다.

첫째, 저울이 수평을 이룬다. 이것은 두 접시 가운데 어느 쪽에도 하자 있는 공이 포함되어 있지 않다는 애기다. 그러면 나머지 두 개의 공을 저울에 올려놓고 저울을 잴 수 있는 두 번째 기회, 즉 마지막 기회를 이용해 무게를 재면 된다. 저울이 기울어지는 쪽의 접시에 담긴 공이 하자 있는 공이다.

둘째, 각각의 접시에 세 개씩 공을 올려놓았을 때 저울이 한쪽으로 기운다. 기우는 쪽 접시에 담긴 세 개의 공 가운데 한 개가 하자 있는 공이다. 세 개의 공 가운데 두 개를 집어 다시 각각의 접시에 올려놓는다. 한쪽이 기운다면 기우는 쪽 접시에 담긴 공이 하자 있는 공이다. 만약 저울이 수평을 이룬다면 무게를 재지 않은 나머지 공이 하자가 있는 공이다.

이 퍼즐은 세계적으로 널리 알려져 있다. 예를 들어 이 퍼즐은 냉전 시대 소비에트 연방의 베스트셀러 퍼즐 책, 보리스 코뎀스키(Boris Kordemsky)의 『수학적 노하우(*Mathematical Know-How*)』(1956)에도 실린 바 있다.

Q 알약이 들어 있는 다섯 개의 약병이 있습니다. 다섯 개의 약병 가운데 한 약병에는 이물질이 섞인 알약들이 들어 있습니다. 어느 병에 들어 있는 알약이 이물질이 들어간 알약인지 알 수 있는 유일한 방

법은 무게를 측정하는 것입니다. 정상 알약의 무게는 10그램입니다. 이물질이 들어간 알약의 무게는 9그램입니다. 저울이 있고 저울로 단 한 번만 무게를 잴 수 있다면, 어느 약병에 들어 있는 알약이 이물질이 들어간 알약인지 당신은 어떻게 알아내겠습니까?

A 당구공 퍼즐의 천칭과 달리 저울을 이용하면 저울에 단 알약들의 실질적인 무게를 알 수 있다.

일반적인 상황에서는 각 병에 들어 있는 알약들을 한 개씩 꺼내어 9그램짜리 알약을 발견할 때까지 계속 무게를 달아보면 이물질 섞인 알약 병을 찾을 수 있다. 하지만 이 퍼즐의 경우에는 그 방법을 사용할 수 없다. 저울을 단 한 번 사용할 것을 요구하고 있기 때문이다. 다섯 개의 약병 가운데 한 개의 약병에서 알약을 꺼내 무게를 달 경우 정상이 나올 가능성은 5분의 4이다.

이것은 무게를 잴 때 한 개 이상의 약병에서 알약을 꺼내야 함을 의미한다. 가장 간단한 방법은 이러하다. 다섯 개의 약병에서 각각 한 개씩 알약을 꺼내어 다섯 개의 알약의 무게를 잰다. 그 결과는 분명 49그램(10+10+10+10+9 = 49)이 될 것이다. 하지만 무게를 재어보지 않아도 당신은 각각의 약병에서 알약을 한 개씩 꺼내어 다섯 개의 알약의 무게를 재면 49그램이 나온다는 것은 알고 있다. 당신이 모르는 것은 어느 약병에서 나온 알약이 9그램이냐 하는 것이다.

따라서 단 한 번 무게를 재고 어느 약병에서 나온 알약이 9그램인지 알 수 있는 상황을 연출해야 한다. 첫번째 방법은 각각의 병에 번호를 매기는 것이다. 1번 병, 2번 병, 3번 병, 4번 병, 5번 병 이렇게 말이다. 그리고 1번 병에서는 알약 1개, 2번 병에서는 알약 2개, 3번 병에서 알약 3개, 4번 병에서 알약 4개, 그리고 5번 병에서 알약 5개를 꺼낸다. 그리고 한 번에 그 알약들을 모두 저울에 올려놓고 무개를 잰다. 만약 알약이 모두 정상이라면 저울은 150그램(10+20+30+40+50 = 150)을 가리킬 것이다. 하지만 약병한 개에 들어 있는 알약은 9그램이므로 이물질이 섞여 있는 약병의 번호만큼 무게가 덜 나갈 것이다. 만약 무게가 146그램(4그램 부족)이라면 네 번째 약병이 이물질이 섞인 알약, 즉 무게가 덜 나가는 알약이 들어 있는 약병인 것이다.

또다른 방법은 네 개의 약병에서만 알약을 각각 1개, 2개, 3개, 4개를 꺼내는 것이다. 그런 다음 무게를 달았을 때 무게가 100그램 미만이라면 위와 마찬가지로 이물질이 섞인 약병의 번호만큼 무게가 부족할 것이다. 만약 무게가 정확히 100그램이라면 알약을 꺼내지 않은 다섯 번째 약병이 이물질 섞인 알약이 들어 있는 약병이 될 것이다.

이 질문에 대답한 후 당신은 면접관에게 이 알약이 누구 것인지 물어볼 수 있다. 아마도 면접관은 '말'이라고 대답할 것이다. 10그램 알약은 보통 아스피린(325밀리그램)의 30배 크기이기 때문이다.

이 퍼즐은 1950년대 중반 마틴 가드너의 《사이언티픽 아메리칸》 칼럼에 실린 바 있다. (그때는 알약이 아니라 동전의 무게를 측정하는 것이었다.) 가드너는 그것을 무게 측정 퍼즐의 '새롭고도 간단한 변형'이라고 묘사했다.

Q 삼각형의 세 귀퉁이에 세 마리의 개미가 있습니다. 각 개미가 (임의로 택한) 다른 귀퉁이를 향해 일직선으로 움직이기 시작합니다. 개미들이 부딪히지 않을 가능성은 얼마나 됩니까?

A 개미들이 서로 부딪히지 않을 수 있는 방법은 단 두 가지뿐이다. 그들이 모두 시계 방향으로 움직이거나 시계 반대 방향으로 움직이는 것이다. 그

렇지 않으면 그들은 부딪힐 것이다.

세 마리의 개미 가운데 한 마리를 골라 '빌'이라 부르자. 빌이 일단 어느 쪽(시계 방향 혹은 시계 반대 반향)으로 갈 것인지 결정하고 나면 나머지 개미들은 빌과 같은 방향으로 돌아야 충돌을 피할 수 있다. 개미들이 임의적으로 방향을 선택하여 움직이고 있기 때문에 두 번째 개미가 빌과 같은 방향으로 돌 가능성은 2분의 1이다. 그리고 세 번째 개미가 같은 방향으로 돌 가능성도 2분의 1이다. 결국 세 마리의 개미가 부딪히지 않을 가능성은 4분의 1인 셈이다.

Q 개 네 마리가 있습니다. 각각의 개가 커다란 사각형의 각 귀퉁이에 서 있습니다. 각각의 개가 자신의 오른쪽 방향에 있는 개를 쫓기 시작합니다. 모든 개가 동일한 속력으로 달립니다. 개는 오른쪽 방향에 있는 개를 향해 직선으로 달리기 위해 계속 방향을 바꿉니다. 개들이 서로서로를 잡는 데 얼마나 많은 시간이 걸리겠습니까? 그리고 어느 지점에서 이 일이 일어나겠습니까?

A 이해를 돕기 위해 사각형의 한 변의 길이를 1마일이라 가정하고 개는 그레이하운드로 유전자 개량으로 정확히 분당 1마일을 달린다고 하자. 그리고 당신은 1번 개의 등에 타고 있는 벼룩이라고 하자. 당신은 작은 레이더 총을 갖고 있다. 따라서 당신은 자신만의 좌표계를 이용해 좌표계에 잡힌 대상들이 얼마나 빨리 움직이고 있는지 알 수 있다. (여기서 당신의 좌표계는 1번 개의 좌표계이기도 하다. 당신이 다섯 개의 다리로 1번 개의 등을 단단히 붙잡고 있고 나머지 한 다리로는 추적 대상을 레이더 총으로 겨누고 있기 때문이다.) 1번 개는 2번 개를 쫓고 2번 개는 3번 개를, 3번 개는 4번

개를, 그리고 다시 4번 개는 1번 개를 쫓는다. 추격을 시작하며 당신은 레이더로 (당신을 추격하는) 4번 개를 겨눈다. 레이더를 통해 4번 개가 당신을 분당 1마일 속도로 추격하고 있음을 알 수 있다.

잠시 후 당신은 다시 레이더를 겨눈다. 이번에는 레이더에 무엇이 보이겠는가? 이 즈음 네 마리의 개는 모두 약간씩 움직였을 것이다. 모두 서로에게 조금 더 가까이 다가갔을 것이고, 각각이 타깃인 개를 쫓기 위해 약간씩 방향을 틀었을 것이다. 네 마리의 개는 여전히 정사각형 대형을 형성하고 있다. 각각의 개는 여전히 분당 1마일 속도로 타깃인 개를 추격하고 있고 각각의 타깃인 개는 추격하는 개의 직각 위치에 있다. 타깃인 개가 여전히 직각 선상에서 움직이고 있기 때문에 각각의 추격하는 개는 분당 1마일로 타깃인 개를 따라 붙고 있다. 이것은 당신의 레이더 총으로 보면 4번 개가 여전히 분당 1마일 속력으로 당신을 추격하고 있음을 의미한다.

레이더 총으로 보면 4번 개는 당신을 추격하는 내내 그 속력으로 접근할 것이다. 레이더 총과 벼룩 이야기를 꺼낸 것은 개가 동일한 속력으로 목표물을 영원히 쫓는다는 것을 퍼즐 식으로 보다 재미있게 설명하기 위한 것뿐이다.

다른 개들과 관련해 (개의 움직임을 읽는) 당신의 좌표계 자체가 움직이는 것은 중요하지 않다. 중요한 것은 4번 개가 동일한 속력으로 당신을 추격하고 있다는 것뿐이다. 추격 시작 시점에서 4번 개는 당신으로부터 1마일 떨어져 있었고 분당 1마일로 추격하고 있기 때문에 1분 뒤에는 당신을 반드시 붙잡게 될 것이다. 다른 개의 등에 타고 있는 벼룩들도 유사한 결론에 도달할 것이다. 모든 개는 출발 후 1분 뒤에 서로 충돌할 것이다.

그렇다면 어디서 충돌할까? 개는 완전히 대칭적으로 움직이고 있다. 어떤 상황에서도 그 균형상태는 깨어지지 않는다. 따라서 개들이 서로 충돌한다면 충돌점은 정사각형의 한가운데가 될 것이다.

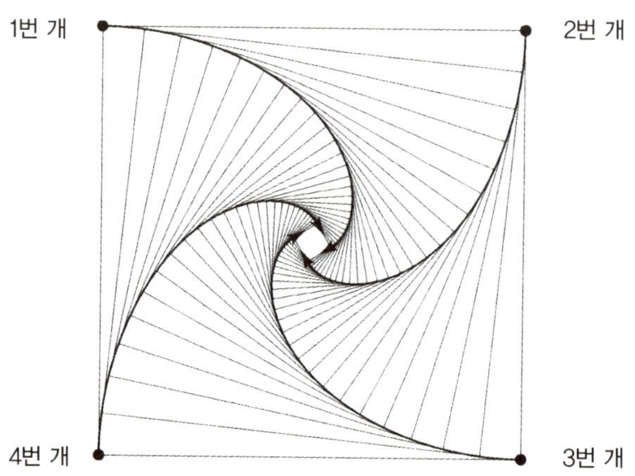

그림에서 알 수 있는 것처럼 각각의 개가 이동한 길은 나선형을 그리고 있다. 퍼즐을 푸는 데 이러한 사실까지 알 필요는 없다. 많은 이들이 생각하는 것처럼 복잡한 계산을 할 필요도 없다. 이 질문은 학교에서 배운 것에 얽매어 당신이 보다 간단한 해결책을 간과하는지 여부를 테스트하고 있다.

이 퍼즐 역시 1950년대 마틴 가드너가 소개한 바 있다.

Q 기차가 시속 15마일로 뉴욕을 향해 로스앤젤레스를 떠납니다. 이와 동시에 또 다른 기차가 동일 노선으로 로스앤젤레스를 향해 뉴욕을 떠납니다. 그 기차는 시속 20마일로 계속 달립니다. 그리고 이와 같은 순간에 새가 로스앤젤레스 기차역을 출발하여 뉴욕을 향해 날아갑니다.

새는 기찻길을 따라 시속 25마일로 날아갑니다. 새는 뉴욕발 기차에 도달하면 즉각 방향을 바꾸어 왔던 길을 되돌아갑니다. 로스앤젤레스발 기차에 닿을 때까지 계속 같은 속력으로 날아갑니다. 그리고 로스앤젤레스발 기차에 닿으면 다시 방향을 바꾸어 왔던 길을 되돌아갑니다.

그 새는 두 기차가 충돌할 때까지 두 기차 사이를 계속 오갑니다. 새가 오고간 거리는 총 얼마이겠습니까?

A 이 퍼즐에서 가장 빠른 것은 새이다. 적어도 새의 행동은 기차에 아무런 영향도 미치지 않는다.

로스앤젤레스발 기차를 '동부행 기차', 뉴욕발 기차를 '서부행 기차'라고 부르자. 새는 동부행 기차에서 출발한다. 새는 동부행 기차보다 빠르기 때문에 동부행 기차가 서부행 기차에 닿기 전에 서부행 기차에 닿게 될 것이다.

새는 서부행 기차에 닿는 순간 방향을 바꾼다. 이제 새는 서부행 기차보다 앞서서 동부행 기차를 향해 날아간다. 새는 다시 서부행 기차보다 먼저 동부행 기차에 닿는다. 그러면 새는 다시 방향을 바꾸어 서부행 기차를 향해 날아간다. 기차가 충돌하기 전까지 이 과정이 계속 반복된다. 이 과정이 한번 되풀이 될 때마다 달라지는 것이 한 가지 있다면 그것은 두 기차 간의 거리이다. 두 기차 간의 거리는 점점 짧아질 것이다. 기차 간의 거리가 얼마나 짧아지든 새는 기차가 충돌하기 전까지는 계속 이 과정을 되풀이 할 것이다. 이것은 새가 두 기차 사이를 무한 번 오갈 것임을 의미한다.

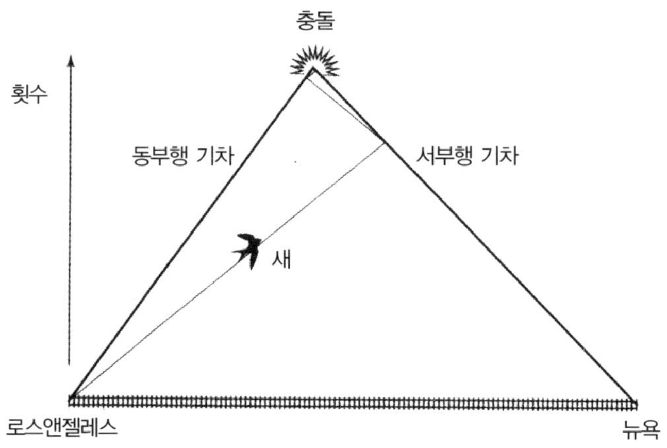

어쨌든 이론적으로는 그러하다. 만약 두 기차가 충돌하기 직전까지 새가 두 기차 사이를 계속 오간다면 결국 새는 두 기차 사이에 끼여 압사할 것이다. 하지만 이런 섬뜩한 세부사항 따위는 흔히 간과된다.

그러나 새가 두 기차 사이를 무한 번 오가기 때문에 이 문제를 풀려면 무한급수 계산이 필요하다는 사실을 간과하기는 어려울 것이다. MS 지원자들 대부분이 학교에서 무한급수의 합을 구하는 방법을 배운 적 있는 사람들이다. 그러나 그들 대부분은 레드몬드에서 인터뷰를 받을 즈음에는 아마도 이 방법을 잊어버렸을 것이다.

하지만 무한급수 계산법을 모른다고 걱정할 필요는 없다. 두 기차 간의 거리는 시간당 35마일(15마일/시 + 20마일/시 = 35마일/시)씩 점점 가까워진다. 뉴욕과 로스앤젤레스 간 철로 길이가 3500마일이라고 하자. 그러면 두 기차는 3500/35시간, 즉 100시간 뒤에 충돌할 것이다.

그 시간동안 새는 계속 시속 25마일로 두 기차 사이를 오갈 것이다. 방향을 바꾸어도 새는 항상 그 속도로 날아간다. 그러므로 새는 2500마일(100시간 × 25마일/시)을 날게 될 것이다. 로스앤젤레스와 뉴욕간의 철로

262

상의 거리를 d마일이라고 하면 충돌은 d/35시간 뒤에 발생할 것이고 새는 그 시간 동안 25d/35마일, 즉 5d/7마일을 날게 될 것이다.

누군가 이 퍼즐을 수학자 존 폰 노이만(John von Newmann, 1903~1957)에게 낸 적 있다. 그는 문제를 듣고 즉각 대답했다. 그러자 친구가 말했다.

"이 퍼즐에 숨어 있는 함정을 알아챘군."

"무슨 함정?" 뉴먼이 물었다. "나는 무한급수의 합을 구하려고 했거든."

Q 스물여섯 개의 상수가 있습니다. 그리고 각 상수에는 A에서 Z까지의 알파벳이 붙어 있습니다. A에 상응하는 값은 1입니다. 다른 상수의 값은 알파벳의 순서(몇 번째 알파벳)에 바로 앞 상수를 제곱한 것입니다. 즉 B(두 번째 알파벳)= 2^A = 2^1 = 2이고 C(세 번째 알파벳)= 3^B = 3^2 = 9입니다. 그렇다면 다음 식의 값을 구하시오.

$(X-A) \times (X-B) \times (X-C) \times \cdots \times (X-Y) \times (X-Z)$

A 영어의 경우 당신은 왼쪽에서 오른쪽으로 문장을 읽는다. 그러므로 왼쪽에서부터 식의 값을 구하는 '함정'에 빠지게 된다. 여기 상수 X의 값은 얼마일까?

X는 스물네 번째 알파벳이다. 그러므로 X의 값은 24의 앞의 상수, 즉 W 제곱이다. 그리고 W는 스물세 번째 알파벳이므로 W의 값은 23의 U제곱이고 U는 스물두 번째 알파벳이므로 22의 T제곱이고 T는 스물한 번째 알파벳이므로 T의 값은 21의 S제곱이고 S는……

여기서 X는 24를 23의 22제곱, 22의 21제곱, 21의 20제곱……, 3의 2제곱, 2의 1제곱한 것이다.

X의 값은 굉장히 크다.

구글 웹 사이트(Google Web)의 구글이라는 이름은 '10의 100제곱 (googol)'으로 정의되는 '구골(googol)'이라는 아주 큰 수에서 따온 것이다. 또한 10을 구골승한 '구골플렉스(googolplex)'라는 훨씬 더 큰 숫자도 있다. 구골과 구골플렉스를 실질적으로 쓰는 일은 없다. 다만 엄청나게 큰 수의 예로 그것들을 인용할 뿐이다. 이 세상에 어떤 것도 구골 개인 것은 없다. 구골플렉스는 너무 큰 수라서 완전히 다 적을 수도 없다. 구골플렉스는 구골승이기 때문에, 그리고 이 우주에 어떤 것도 구골 개인 것은 없기 때문에 종이가 아무리 크다고 해도 혹은 당신이 아무리 작게 쓴다고 해도 그것을 모두 종이에 적을 수는 없다.

$$구골 = 10^{100}$$
$$구골플렉스 = 10^{10^{10}}$$
$$X = 24^{23^{22^{21\cdots3^{2^1}}}}$$

구골플렉스는 MS의 X에 비하면 매우 작은 수이다. 지금까지 인텔에서 만든 어떤 마이크로프로세서도 X값을 구할 수 없다. 무어의 법칙(Moore's Law : 칩의 정보 기억량은 18~24개월 단위로 2배씩 증가하지만 가격은 변하지 않는다는 이론)이 영구히 계속된다고 해도 그리고 당신이 우주 전체를 슈퍼하이퍼 펜티엄칩으로 채운다고 해도 방대한 X값을 구하기는 어려울 것이다.

면접관이 X가 많이 포함되어 있는 식의 정확한 값을 묻는다는 사실 자체가 이 문제에 '함정'이 있음을 말해 주고 있다.

이 식의 정답은 0이다. 상기 26개의 항 중에 (X-X)라는 항이 있기 때문이다. X에서 X를 빼면 당연히 0이다. 그리고 다른 항의 값이 얼마냐는 중요하지 않다. 0에 어떤 수를 곱하든 값은 0이기 때문이다.

함정 문제는 여러 가지 형태를 취할 수 있다. 이것은 '월리를 찾아라' 그림 같은 문제이다. 숨겨진 함정을 찾아내는 것이 쉽지 않다. 월리처럼 어디에나 함정이 있을 수 있기 때문이다. MS의 면접관이 이 문제를 낼 때 이 문제의 함정, (X−X)라는 항은 생략 표시(……) 속에 감추어진다.

지원자가 무의미한 무엇인가에 시간과 체력을 투자하기 전에 '숲'을 보는 사람인지 아닌지를 기업이 알고 싶어하는 것은 당연한 일이다. 하지만 많은 사람들은 나무만 보고 숲을 보지 못하는 사람인지 아닌지 테스트하는 것이 아니라, 망설임 없이 요구에 대처하는지를 보는, 일종의 압박면접을 받고 있다고 생각한다. 선천적으로 문제부터 읽는 경향이 있음에도 불구하고, 혹은 어딘가 함정이 숨어 있다고 추측하면서도 많은 '성실한' 사람들이 문제를 완전히 다 읽기도 전에 계산 속으로 뛰어든다. 대부분의 경우 이들은 왼편에서부터 계산해 나간다. 그리고 간단한 해결책을 찾아내기 전까지 오랜 시간 계속 '틀린' 길을 헤매고 다닌다.

Q 수를 −2진법으로 표현하시오.

A 이것은 MS에서 오랫동안 이용해 온 '불합리한' 문제이다. 실질적으로 −2진법이란 존재하지 않는다. 이것은 누군가에게 스타트랙에 나오는 클링온족의 글을 풀이하라고 요구하는 것이나 마찬가지다.

그럼에도 불구하고 합리적으로 그리고 일관성 있게 −2진 기수법을 만들어낼 수 있다. 그리고 그것이 바로 면접관이 당신에게 바라는 것이다.

보통 숫자는 10진법으로 표기된다. 그것은 각 숫자를 10의 거듭제곱으로 표현하는 것이다. 예를 들어 176은 $1 \times 10^2 + 7 \times 10^1 + 6 \times 10^0$을 의미한다. (약속에 따라 어떤 숫자든 0승은 1을 의미한다.) 10진법의 또다른 특징은 10개의 아라비아 숫자(0, 1, 2, 3, 4, 5, 6, 7, 8, 9)를 사용하고 있다는 것이다.

컴퓨터에는 2진법이 사용된다. 2진법에서는 단 두 개의 아라비아 숫자, 즉 1과 0만이 사용된다. 10010 같은 다자리 숫자에서 각 자리는 2의 거듭제곱으로 표현할 수 있다. 즉 2^0, 2^1, 2^2, 2^3, 2^4, 2^5…… 처럼 말이다. 그러므로 10010 같은 2진수는 $1 \times 2^4 + 0 \times 2^3 + 0 \times 2^2 + 1 \times 2^1 + 0 \times 2^0$이라는 의미이다. 이것을 10진수로 바꾸면 18이다.

일반적으로 진법은 크기가 다른 블록을 쌓는 것과 같다. 10진법의 경우 블록의 크기는 1, 10, 100, 1000…… 이다. 2진법의 경우 블록의 크기는 1, 2, 4, 8, 16…… 이다. 이러한 표준 크기의 블록을 결합하여 원하는 숫자를 창조하는 것이 진법이다.

그렇다면 –2진법은 어떻게 표현할 수 있을까? –2진법은 –2의 거듭제곱으로 표현되어야 한다. 즉 $1[(-2)^0]$, $-2[(-2)^1]$, $4[(-2)^2]$, $-8[(-2)^3]$, $16[(-2)^4]$, $-32[(-2)5]$…… 으로 말이다.

새로운 것은 홀수승은 값이 '–'라는 것이다. 예를 들어 $(-2)^2$는 $(-2) \times (-2)$로 4이지만, $(-2)^3$은 $(-2) \times (-2) \times (-2)$로 –8이다. 그러므로 –2진법으로 숫자를 표기할 때는 플러스 값과 마이너스 값을 나누어 생각해야 한다.

당신은 모든 숫자를 –2진법으로 표현할 수 있을지 궁금할 수도 있다. 그것은 가능하다. 당신은 양수와 음수 모두를 –2진수로 나타낼 수 있다. 다만 보통 2진법으로 표현할 때보다 –2진법으로 표현할 때 자리수가 더 많아진다.

계산을 시작하기 전 생각해 보아야 할 문제가 또 한 가지 있다. –2진수는 어떤 숫자로 표현될 수 있을까 하는 문제 말이다. 2진수와 마찬가지로 0과 1일까? 아니면 0과 –1일까? 그것도 아니면 전혀 다른 무엇일까?

일반적으로는 10마다 자리를 올리는 10진법의 경우에는 10개의 숫자를, 2마다 자리를 올리는 2진법의 경우에는 2개의 숫자를 사용한다. 즉 자리를 올리는 기본 단위만큼 숫자를 사용한다.

이 규칙을 원리원칙대로 지키려 한다면 당신은 -2진법의 경우에는 두 개의 음수를 기본 숫자로 사용해야 한다고 생각할 것이다.

규칙이란 언젠가는 깨지게 되어 있는 법이다. 하지만 규칙을 깨는 데도 두 가지 방법이 있다. 즉 참신한 방법과 어색한 방법. 10진법의 경우 10을 초과할 때마다 자리를 올리는 것처럼 당신은 기본 단위를 초과할 때마다 자리를 올려야 하므로 -2진법에서는 지금까지와는 달리 음수를 기본 숫자로 사용해야 한다고 해석할 수 있다. 그러나 자리를 올리는 기본 단위와 사용할 수 있는 숫자의 개수가 같아야 한다는 규칙을 반드시 -2진수의 기본 숫자로 음수를 써야 한다는 의미로 해석할 필요는 없다.

가장 확실한 방법은 0과 1을 -2진법의 기본 숫자로 사용하는 것이다. 이것은 2진법에서 사용하는 숫자와 같은 숫자이다. 또 한 가지 방법은 0과 -1을 사용하는 것이다. -1은 일종의 상징적인 표시로 이해할 수 있다. 하지만 이것은 다소 어색하다. 그리고 복잡한 표현 방법보다는 간단한 표현 방법이 숫자를 표현하는 방법으로 더 적당할 것이다. 그러므로 -2진법의 기본 숫자로 0와 1을 사용하도록 하자.

그럼 -2진법에서 1은 $1 \times (-2)^0$라는 의미에서 1로 표시된다.

2의 경우는 다소 복잡하다. -2진법에서 10은 $-2[1 \times (-2)^1 + 0(-2)^0 = -2 + 0$ 즉, $-2]$이다.

그럼 111을 보자. 111은 $1 \times (-2)^2 + 1 \times (-2)^1 + 1 \times (-2)^0 = 4 + (-2) + 1 = 3$이다. 그렇다면 1대신 0을 넣자. 그러면 $4 + (-2) + 0 = 2$가 된다. 그러므로 2를 -2진수로 바꾸면 110이다.

3은 -2진수로 111이라는 것은 이미 보았다.

4는 쉽다. 2진법에서와 마찬가지로 세 번째 자리는 $(-2)^2$ 즉, 4이므로 4는 100이라 표시하면 된다.

여기에 1을 더하면 5의 -2진수, 101을 구할 수 있다.

6을 -2진수로 바꾸기 위해 두 번째 혹은 네 번째 자리에 1을 넣는 것은 소용없는 짓이다. 그 자리의 값은 음수이기 때문이다. (즉 두 번째 자리는 -2, 네 번째 자리는 -8이다) 그러므로 다섯 번째 자리로 건너뛰어야 한다. 다섯 번째 자리는 $(-2)^4$이므로 16이다. 즉 -2진수 10000은 16이다. 6을 -2진수로 바꾸어야 하는 상황에서 16은 너무 큰 수이다. 하지만 11000은 16+(-8)=8이다. 그리고 여기서 2를 빼면 6을 구할 수 있다. 그러므로 두 번째 자리에 1을 넣으면 된다. 즉 -2진수 11010이 바로 6이다.

여기에 1을 더하면 7의 -2진수를 구할 수 있다. 즉 -2진수 11011이 7과 같다.

8을 -2진수로 바꾸면 11000이라는 것은 이미 알고 있다.

여기에 1을 더하면 9의 -2진수를 구할 수 있다. 즉 -2진수 11001이 9이다.

10은 더하기, 빼기를 오가야 한다. 8(11000)에서 시작해 보자. 여기서 세 번째 자리에 1을 추가하면(즉 11100) 4가 더해진다. 그런 다음 두 번째 자리에 1을 넣는다(즉 11110). 그러면 2가 차감되어 10이 된다. 즉 10을 -2진수로 바꾸면 11110이다.

1에서 10까지를 -2진수로 바꾸면 이러하다.

1, 110, 111, 100, 101, 11010, 11011, 11000, 11001, 11110.

Q 병 2개와 공깃돌 100개가 있습니다. 그중 50개는 붉은 색이고 50개는 푸른색입니다. 임의적으로 두 개의 병 가운데 하나를 택하여 그 안에 들어 있는 공깃돌 한 개를 꺼냅니다. 어떻게 하면 붉은 공깃돌을 선택할 가능성을 최대화할 수 있겠습니까? (단, 100개의 공깃돌 모두를 병 속에 넣어야 한다.) 이 방법대로라면 붉은 돌을 선택할 확률은

얼마입니까?

A 얼핏 보면 붉은 공깃돌을 선택할 확률을 최대화할 방법이 없어 보인다. 붉은 공깃돌의 개수와 푸른 공깃돌의 개수가 똑같다. 그리고 그들 모두를 사용해야 한다. 결코 푸른 공깃돌 몇 개를 빼놓을 수 없다. 그리고 공깃돌을 꺼낼 때는 '무작위'로 꺼내야 한다. 그러므로 붉은 공깃돌을 꺼낼 가능성은 당연히 50대 50이 아닐까?

붉은 공깃돌을 꺼낼 가능성이 50대 50이 되는 것은 각 병에 같은 색깔의 돌을 25개씩 넣을 때이다. 사실 색깔에 상관없이 각 병에 공깃돌이 50개씩 있을 때 승산은 50대 50이다. A병에 붉은 공깃돌을 모두 넣고 B병에 푸른 공깃돌을 모두 넣는다. 이때 붉은 공깃돌을 꺼낼 확률은 여전히 50퍼센트이다. 왜냐하면 A병을 선택할 확률이 50퍼센트이기 때문이다.

이것은 퍼즐의 답을 말해 준다. 실질적으로 당신은 A병에 붉은 공깃돌 50개를 모두 넣을 필요가 없다. 붉은 공깃돌 하나만 넣어도 결과는 마찬가지이다. 즉 붉은 공깃돌 하나가 들어 있는 A병을 선택할 확률도 여전히 50퍼센트이기 때문이다. 그런 다음 그 병에서 공깃돌을 무작위로 꺼낸다. 공깃돌이 하나밖에 없으니 당연히 붉은 공깃돌을 꺼낼 것이다.

그러면 A병에서 붉은 공깃돌을 꺼낼 확률은 50퍼센트가 될 것이다. 당신은 여전히 49개의 붉은 공깃돌을 가지고 있다. 당신은 나머지 공깃돌을 B병에 넣어야 한다. B병을 선택할 경우 당신이 붉은 돌을 꺼낼 확률도 50퍼센트에 가깝다. (정확히 말하면 99분의 49이다.) 이 경우 붉은 돌을 꺼낼 전체 확률은 거의 75퍼센트가 된다. (50퍼센트 + 1/2×49/99퍼센트는 약 74.74퍼센트)

이것은 선거구를 나눌 때 이용되는 방법이기도 하다.

Q 3쿼트 물통과 5쿼트 물통이 있습니다. 물은 얼마든지 공급됩니다. 어떻게 하면 정확히 4쿼트의 물을 잴 수 있습니까?

A 당신이 뜰 수 있는 물의 양을 생각해 보자. 3쿼트 물통에 물을 가득 담으면 3쿼트의 물이 생긴다. 나머지 물통에 물을 가득 담으면 5쿼트의 물이 생긴다.

3쿼트의 물과 5쿼트의 물밖에 잴 수 없는 상황에서 다른 양의 물을 재려면 당신은 이 문제에 포함되어 있는 모호한 개념들부터 명확히 할 필요가 있다. 당신은 특정 양을 정확히 재려면 무엇을 할 수 있을까?

눈금이 매겨져 있는 실린더가 있다면 당신은 5쿼트의 물통에서 정확히 1쿼트의 물을 덜어낼 수 있을 것이다. 그러면 이 문제를 풀 수 있을 것이다. 하지만 당신은 그렇게 할 수 없다. 그렇게 풀어도 되는 문제라면 이 문제는 퍼즐이 아니다.

당신은 두 개의 물통에 담긴 물을 더할 수도 있다. 3쿼트의 물통에 2쿼트의 물을 담고 5쿼트의 물통에 2쿼트를 담아 3쿼트의 물통에 담긴 물을 5쿼트 물통에 부으면 4쿼트의 물을 얻을 수 있다.

두 개의 물통에 담긴 물을 더하는 것은 소용없는 짓이다. 6쿼트(3쿼트 +3쿼트)의 물을 재어야 할 경우에는 이 방법을 사용할 수도 없다. 5쿼트의 물통에 6쿼트의 물을 담을 수 없기 때문이다. 그렇다면 측정하고자 하는 양의 물을 욕조나 물 빠진 풀장에 부을 생각을 할 수도 있다. 하지만 면접관이 그것을 허락하지 않을 것이다. 당신은 어디를 보아도 바다밖에 없는 행성에 있고 이 세상에 무엇인가를 담을 수 있는 있는 용기라고는 3쿼트 물통과 5쿼트 물통밖에 없다고 생각해야 한다.

덧셈으로 문제를 풀 수 없다면 당신은 뺄셈을 이용할 수밖에 없다. 5쿼트의 물통에 물을 가득 채운다. 5쿼트의 물통에 담긴 물을 비어 있는 3쿼트 물통에 붓는다. 3쿼트 물통을 가득 채운다. 옮겨 부으면서 물을 흘리지 않았다면 5쿼트의 물통에는 2쿼트의 물이 남아 있게 될 것이다.

5쿼트 물통에 담긴 2쿼트의 물을 그대로 둔다. 그런 다음 3쿼트의 물통을 비우고 5쿼트의 물통에 담긴 2쿼트의 물을 3쿼트의 물통에 붓는다.

이제 5쿼트의 물통을 가득 채운다. 조심스럽게 3쿼트의 물통이 가득 찰 때까지 5쿼트 물통에 담긴 물을 3쿼트 물통에 붓는다. 1쿼트의 물을 부으면 3쿼트의 물통은 가득 찰 것이고 5쿼트의 물통에는 4쿼트의 물이 남게 될 것이다.

또다른 방법이 있다. 이것은 한번의 덧셈을 필요로 한다. 3쿼트의 물통을 가득 채운다. 5쿼트의 물통에 그 물을 붓는다. 3쿼트의 물통을 다시 채우고 그 물을 다시 5쿼트의 물통이 가득 찰 때까지 붓는다. 그러면 3쿼트의 물통에는 1쿼트의 물이 남을 것이다. 이제 5쿼트의 물통을 비운다. 3쿼트 물통에 있는 1쿼트의 물을 비어 있는 5쿼트 물통에 붓는다. 다시 3쿼트의 물통을 가득 채우고 그 물을 5쿼트의 물통에 부으면 4쿼트의 물을 얻을 수 있다.

W. W. 루스 볼(W. W. Rouse Ball)은 빅토리아 시대 작품 모음집인『수학 레크리에이션 및 에세이(*Mathematical Recreations and Essays*)』 (1892)에서 이 퍼즐을 소개한 바 있다. 볼은 이 퍼즐이 중세 시대의 산물이라고 믿었다.

루이스 터먼은 최초의 IQ 테스트에 이 문제를 단순화시킨 퍼즐을 실었음에도 불구하고 성인의 3분의 2가량이 주어진 5분 안에 그것을 풀지 못했다고 보고했다. 터먼은 이렇게 적었다. "역사적으로 중요한 발명품들은 대개 처음부터 완벽하게 만들어진 것이 아니라, 지속적인 변화와 발전을 거쳐 완성된 것들임을 기억하라."

터먼의 IQ 테스트에 실린 이 퍼즐은 상대적으로 쉬웠다. 장기적으로 그것은 IQ 평균 점수를 올리려는 경향을 반영한 것이다. 그리고 과거에 사용되었던 일련의 문제로 사람들을 테스트할 때 IQ 평균 점수는 올라가리라 생각했다. 하지만 터먼의 믿음과 반대로 환경에 따라 IQ 점수에 상당한 차이가 나타났다.

이 퍼즐보다 어려운 MS 버전은 1995년 영화 〈다이하드〉에 소개된 바 있다. 그 영화에서 악당은 브루스 윌리스와 사무엘 잭슨이 이 퍼즐을 풀지 못하면 폭탄이 터지도록 장치를 해 놓았다. 그들은 공원 분수대에 있었고 그곳에는 특정 크기의 두 개의 플라스틱 통이 준비되어 있었다. 그들은 일정 양의 물을 통에 담아 저울 위에 올려놓아야 했다. 통에 담긴 물의 무게가 1온스 이상 부족하면 폭탄이 폭발하기 때문에 그들은 어림짐작으로 물의 양을 잴 수는 없었다. 폭탄에 위치 탐지기가 설치되어 있었기 때문에 그들은 다른 곳에 갔다 올 수도 없었다. 윌리스와 잭슨은 적이 동지로 바뀌는 영화에 등장할 법한 대화를 주고받으며("내가 백인이기 때문에 당신은 날 싫어해." / "아니, 당신 때문에 내가 죽게 되어 당신을 싫어하는 거야.") 이 문제를 풀 방법을 찾아냈다.

Q 직원 가운데 한 명이 급료를 매일 금으로 받고 싶어합니다. 금괴 하나의 가치는 직원이 일주일 동안 일한 급료에 해당됩니다. 금괴는 이미 일곱 개의 토막으로 등분되어 있습니다. 당신은 금괴를 두 번 자를 수 있고 매일 퇴근할 때마다 급료를 정산해야 한다면 어떻게 하겠습니까?

A 첫째 날 일한 대가로 직원에게 지불할 금괴 한 토막이 필요하다. 직원에게 지불할 금괴 한 토막을 얻는 가장 확실한 방법은 금괴의 마지막 토막을

자르는 것이다. 이 방법보다 덜 확실한 방법은 금괴의 중간에 있는 어느한 토막을 자르는 것이다. 이 경우 당신은 금괴를 자를 수 있는 두 번의 기회를 모두 쓰게 된다. (다시 한 번 생각할 기회를 가질 수 있도록) 직원에게지불할 금괴 한 토막을 얻는 가장 확실한 방법부터 시도해 보자. 금괴의마지막 토막을 잘라 직원에게 준다.

그러면 여섯 토막짜리 금괴와 금괴를 자를 수 있는 한 번의 기회가 남게된다.

둘째 날 당신은 또다시 금괴의 마지막 토막을 잘라 급료로 줄 수 있다.하지만 그렇게 하면 금괴를 자를 기회는 한 번도 없는 상황에서 금괴는 다섯 토막짜리이므로 셋째 날에는 급료를 지불할 방법이 없게 된다.

또다른 방법은 두 토막을 한꺼번에 자르는 것이다. 둘째 날 당신은 두토막을 직원에게 주고 첫날 지불한 금괴 한 토막을 '거스름돈'으로 받는다. (직원이 첫날 받은 금괴 한 토막을 이미 써버리지 않았길 당신은 기도해야 할 것이다.)

그러면 네 토막짜리 금괴, 그리고 거스름돈으로 받은 한 토막짜리 금괴가 남게 된다. 물론 더 이상 금괴를 자를 기회는 없다. 셋째 날 당신은 한 토막짜리 금괴를 급료로 지불한다. 넷째 날 네 토막짜리 금괴를 지불하고 거스름돈으로 두 토막짜리 금괴와 한 토막짜리 금괴를 받는다. 다섯째, 여섯째, 일곱째 날에는 나머지 금괴 토막들을 이용하여 급료를 지불하면 된다.

Q 상자 b개와 1달러 지폐 n장이 있습니다. 상자를 열지 않고 누군가요구하는 만큼의 돈을 줄 수 있도록 상자 속에 돈을 나누어 담고 상자를 봉합니다. b값과 n값을 정할 때 지켜야 하는 '제한조건'이 있다면 무엇입니까?

이 퍼즐의 기본 원리는 금괴 퍼즐의 원리와 같다. 이 퍼즐을 풀려면 당신은 2진법 체계를 이용해야 한다. 첫번째 상자에 1달러, 두 번째 상자에 2달러, 세 번째 상자에 4달러 이런 식으로 넣는다. 얼마를 요구하든 2의 거듭제곱 값의 총합으로 쪼갤 수 있다.

금괴 퍼즐과 달리 이 퍼즐은 예외 상황에 대처하는 당신의 능력을 테스트하고 있다. 예를 들어 n이 2의 거듭제곱 값의 총합이 아닐 경우도 있을 수 있다. n을 2의 거듭제곱 값으로 나누고 일부 돈이 '남을' 수 있기 때문이다. 이 때문에 보다 큰 액수의 돈을 요구할 경우 돈을 지급하는 방법이 달라질 수 있다. 그리고 또 한 가지 문제는 당신이 갖고 있는 상자의 수가 충분하지 않을 수도 있다는 것이다.

가령 100달러를 갖고 있다고 하자. 상자에 1달러, 2달러, 4달러, 8달러, 16달러, 32달러를 넣는다. 일곱 번째 상자에 64달러를 넣으려고 하니 돈이 37달러(앞의 여섯 개의 상자에 넣은 돈의 총합이 $1+2+4+8+16+32=63$달러이기 때문이다)밖에 남아 있지 않다. 일곱 번째 상자에 넣을 수 있는 37달러는 2의 거듭제곱 값이 아니다.

0달러에서 100달러 사이의 돈을 요구할 경우 당신은 어떤 식으로 돈을 지급할 수 있을까? 처음 여섯 개의 상자를 이용하면 당신은 0달러에서 63달러 사이의 금액을 지급할 수 있다. (0달러를 요구할 경우에는 상자를 한 개도 건네지 않으면 된다.)

만약 64달러가 필요하다면 어떻게 해야 할까? 우선 37달러가 들어 있는 일곱 번째 상자를 건넨다. 그럼 64달러에서 37달러를 빼면 27달러이므로 27달러만 더 건네면 된다. 27달러는 처음 여섯 개의 상자를 이용해 만들 수 있다. 즉 16달러가 들어 있는 상자, 8달러가 들어 있는 상자, 2달러가 들어 있는 상자, 1달러가 들어 있는 상자를 이용하면 된다. 결국 64달러를 주려면 37달러, 16달러, 8달러, 2달러, 그리고 1달러가 각각 들어 있는 상자를 함께 건네면 된다. 이와 같은 방식을 이용해 100달러까지 지급할 수 있다. (100달러를 요구할 경우에는 상자를 모두 건네면 된다.)

면접관이 b값과 n값을 정할 때 어떤 제한이 있는지 묻는다면 그것은 이 계획이 효과를 거두려면 b값과 n값을 정할 때 지켜야 할 규칙이 있는지 묻는 것이다. 예를 들어 1달러 지폐는 백만 장 있는데 상자는 한 개뿐이라면 당신은 이 방법을 사용할 수 없을 것이다. 돈을 넣을 상자가 부족하기 때문이다. 하지만 반대의 경우라면 문제가 되지 않는다. 즉 특정 양의 돈을 넣는데 필요한 상자보다 많은 상자를 갖고 있는 것은 문제가 안 된다.

따라서 당신은 b와 n과의 관계를 정의하는 식이 필요하다. 위의 방법을 이용했을 때 상자가 1개에서 4개일 경우 각각 몇 달러까지 담을 수 있는지 따져보도록 하자.

b	n
1개	1장까지
2개	3장까지 (2+1=3)
3개	7장까지 (4+2+1=7)
4개	15장까지 (8+4+2+1=15)

상자를 한 개 추가할 때마다 상자에 담을 수 있는 1달러 지폐의 수가 거의 배가 된다는 것을 알 수 있다. 상자가 두 개일 경우 3달러까지 넣을 수 있고 상자가 세 개일 경우에는 7달러까지 넣을 수 있기에 하는 말이다. 다시 말해 상자가 b개인 경우 2^b-1달러까지 넣을 수 있다. 그러므로 이 방법이 효과를 거두려면 n은 2^b-1과 같거나 작아야 한다. ($n \leq 2^b-1$)

이것이 정확한 답이다. 양변에 각각 1을 더하면 $n+1 \leq 2^b$가 된다. 그리고 이것은 $n < 2^b$와 같다.

이 문제는 디지털 시대의 정신을 반영하고 있다. 하지만 이 문제는 르네상스시대 이래 여러 가지 형태로 세상에 존재해 왔다. 클로드 개스퍼 바쉐(Calude Gaspar Bachet)가 『즐겁고 유쾌한 문제(*Problemes Plaisans et delectables*)』(1612)에서 소개한 이래 이 문제는 바쉐의 웨이트 문제라고 불렸다. 바쉐는 1파운드에서 40파운드까지 측정하는 데 필요한 최소한의 웨이트 세트에 대해 물었다. 바쉐가 이 문제를 소개하기 훨씬 전인 1556년 니콜로 타르탈리아는 사람이 논문(베네치아)에 이와 유사한 문제를 실은 바 있다. 그 문제에도 웨이트가 등장했다. 이 문제의 답은 '1, 2, 4, 8, 16, 그리고 32파운드짜리 웨이트'이다. 물론 당시의 베네치아 사람들은 이 문제를 풀 때 2의 거듭제곱을 사용해야 한다는 사실을 21세기의 MS 지원자들만큼 명확히 이해하지는 못했을 것이다.

Q 빨강, 초록, 파랑 이렇게 세 가지 색깔의 젤리빈이 들어 있는 통이 있습니다. 눈을 감고 젤리빈 통에 손을 넣어 동일한 색깔의 젤리빈을 두 개 꺼내야 합니다. 반드시 동일한 색깔의 젤리빈을 두 개 꺼내려면 당신은 얼마나 많은 젤리빈을 집어야 합니까?

A 4개. 젤리빈(jellybean : 젤리의 일종으로 콩 모양의 젤리)을 세 개 집으면 색깔이 각기 다른 젤리빈을 한 개씩 집을 수 있다. 젤리빈을 네 개 집으면 최소 두 개의 젤리빈은 색깔이 동일하다.

이것은 어두운 밤에 서랍에서 짝이 맞는 양말 한 켤레를 꺼내려면 양말을 몇 개나 꺼내야 할지 묻는 전통적인 문제를 마이크로소프트 식으로 변형시킨 문제이다. 뱅커스 트러스트의 경우에는 지원자에게 양말 퍼즐을 묻는다. 양말의 색깔이 두 종류라면 물론 답은 세 개이다.

Q 과일이 가득 들어 있는 피크닉 바구니가 세 개 있습니다. 하나에는 사과, 또 하나에는 오렌지, 나머지 하나에는 사과와 오렌지가 같이 담겨 있습니다. 당신은 바구니 안의 과일을 볼 수 없습니다. 각 바구니에는 라벨이 붙어 있습니다. 하지만 각 라벨이 해당 바구니가 아닌 다른 바구니에 붙어 있습니다. 당신은 눈을 감고 한 바구니에서 과일을 한 개 꺼낸 뒤 그것을 볼 수 있습니다. 각 바구니에 어떤 과일이 들어 있는지 어떻게 알 수 있습니까?

A '사과'라는 라벨이 붙은 바구니에서 과일을 한 개 꺼낸다고 하자. 당신은 그로부터 무엇을 알 수 있을까? 바구니에서 꺼낸 과일이 오렌지인지 사과인지 정확히 알 수 있을 것이다. 가령 사과라고 하자. 그리고 라벨이 잘못 붙어 있다고 했으니 '사과'라는 라벨이 붙어 있는 이 바구니에 사과만 들어 있어서는 안 된다. 즉 사과라는 라벨이 붙어 있는 바구니에서 꺼낸 과일이 사과면 그 바구니는 사과와 오렌지가 섞여 있는 바구니임에 틀림없다. 그러면 '오렌지'라는 라벨이 붙어 있는 바구니와 '사과와 오렌지'라는 라벨이 붙어 있는 바구니 이렇게 두 개의 바구니가 남게 된다. 라벨이 잘못 붙어 있어야 하므로 '오렌지'라는 라벨이 붙어 있는 바구니에 오렌지가 들어 있을 수 없다. 그리고 이미 사과를 꺼낸 바구니가 사과와 오렌지가 섞여 있는 바구니라는 확신을 갖고 있기 때문에 그 바구니에는 오렌지와 사과가 섞여 있을 수도 없다. 그러므로 그 바구니는 사과 바구니임에 틀림없다. 그러면 '오렌지와 사과'라는 라벨이 붙어 있는 바구니만 남게 된다. 사과가 들어 있는 바구니와 오렌지와 사과가 섞인 바구니는 찾았으니 그 바구니에는 당연히 오렌지만 담겨 있을 것이다.

이것으로 이 퍼즐을 다 풀었다고 할 수 있을까? 아니다. '사과'라는 라벨이 붙은 바구니에서 꺼낸 과일이 다행히도 사과이어서 바로 사과와 오렌지가 섞인 바구니라는 결론을 도출할 수 있는 경우도 있지만 바구니에서 꺼낸 과일이 오렌지여서 그 바구니가 오렌지 바구니인지 아니면 사과와 오렌지가 섞인 바구니인지 알 수 없는 경우도 있다.

바구니에서 과일을 한 개 꺼내어 본 뒤 바구니에 어떤 과일이 들어 있는지 분명하게 말할 수 있는 유일한 방법은 '오렌지와 사과'라는 라벨이 붙어 있는 바구니에서 과일을 한 개 꺼내는 것이다. 라벨이 잘못 붙어 있기 때문에 이 바구니에는 한 종류의 과일만 들어 있어야 한다. 그리고 당신은 바구니에서 꺼낸 과일을 보고 그 과일이 무엇인지 바로 알 수 있다. 만약 그것이 오렌지라면 그 바구니에 있는 과일은 모두 오렌지여야 한다. 그럼 '사과' 라벨이 붙은 바구니와 '오렌지' 라벨이 붙은 바구니만 남게 된다. 이 두 개의 바구니 중 한 개는 사과 바구니이고 다른 한 개는 사과와 오렌지가 섞인 바구니이다. 다시 한 번 이야기하지만 라벨이 모두 잘못 붙어 있어야 하므로 '사과' 라벨이 붙어 있는 바구니에 사과가 들어 있을 수는 없다. 그러므로 '오렌지'라는 라벨이 붙어 있는 바구니에 사과가 들어 있을 수밖에 없다. 그것은 '사과' 라벨이 붙어 있는 바구니가 오렌지와 사과가 섞여 있는 바구니임을 말해 준다. '오렌지와 사과' 라벨이 붙어 있는 바구니에서 꺼낸 과일이 사과인 경우에는 반대로 이 추리를 적용하면 된다.

 한 마을에 50쌍의 부부가 살고 있습니다. 그리고 남편들 모두가 바람을 피우고 있습니다. 마을의 모든 여성은 남편이 아닌 남자가 바람을 피우는 때는 알지만 남편이 바람을 피우는 때는 알지 못합니다. 마을의 간통 금지법에 따르면 남편이 바람을 피우고 있는 것을 입증할 수 있는 여자는 남편이 바람을 피운 사실을 알게 된 바로 그날 남편을 죽여야 합니다. 어떤 여자도 이 법을 어길 수 없습니다.

어느 날 정확한 것으로 유명한 여왕이 마을을 방문합니다. 여왕은 최소한 한 명의 남편은 부정을 저질렀다고 발표합니다. 어떤 일이 벌어지겠습니까?

A 여왕의 발표 전 마을에서 벌어지고 있는 상황부터 짚어보자. 모든 남자가 바람을 피우고 있다. 법에 따르면 여성은 바람피운 남편을 죽여야 한다. 그리고 여성들은 간통이 마을에 만연하고 있다는 사실을 알고 있다. 그렇다면 모든 여성이 남편을 죽이면 되지 않을까?

부정한 남편의 아내만이 남편을 죽이도록 되어 있다. 각각의 여성들은 마을에 살고 있는 다른 49명의 남자들이 바람을 피우는 것을 알고 있다. 하지만 자신의 남편이 바람을 피우는 것은 알지 못한다. 그리고 예의상 누구도 아내에게 남편의 부정을 말해 주지 않는다.

그것은 '별스런' 상황이다. 하지만 그것이 우리가 처해 있는 상황이다. 그러던 어느 날 여왕이 마을을 방문한다. 여왕은 적어도 한 명의 남편은 부정을 저질렀다고 발표한다. 그러면 상황이 어떻게 달라질까?

상황은 달라지지 않는다. 적어도 하루 동안은. 아내들은 분명 생각할 것이다. 그들은 각자가 갖고 있는 49명의 부정을 저지른 남편들 명단을 살펴볼 것이다. 하지만 여왕의 발표에서 어떤 이도 새로운 사실을 얻어내지는 못한다.

이 부분에서 많은 지원자들은 벽에 부딪힌다. 여왕의 발표에 어떤 새로운 정보도 들어 있지 않기 때문에 여왕의 발표 때문에 여성들이 남편을 죽이지는 않을 것이다. 그러므로 아무 일도 일어나지 않는다고 생각한다.

실질적으로 여왕의 발표 당일에는 아무 일도 일어나지 않는다.

그리고 다음날도 아무 일도 일어나지 않는다. 또한 그 다음날도.

여왕 발표 후 49일째 되는 날에는 어떨까? 그 마을에 에드나라는 여성이 있다고 해보자. 에드나는 바람을 피운 49명의 남자를 알고 있다. 그들 가운데에 맥스라는 남자가 있다. 맥스는 에드나의 친구, 모니카의 남편이다. 소문이 돌고 돈다고 하면 에드나 역시 모니카가 부정을 저지른 남자를 적어도 48명을 알고 있을 것이라 확신한다. 에드나가 알고 있는 49명에서 자신(모니카)의 남편 맥스를 뺀 48명을 말이다. 아무도 모니카에게 그녀의 남편인 맥스가 부정을 저지른 사실을 말해 주지는 않았을 테니 말이다.

여기서 우리는 생각해 볼 필요가 있다. 여왕 발표 후 49일째 되는 날 에드나는 모니카가 맥스가 부정을 저질렀다는 결론을 도출해 내리라 생각한다. 물론 모니카 역시 에드나와 같은 추리를 할 것이다. 왜냐하면 그 전날까지 아무도 죽지 않았기 때문이다.

마을에 부정을 저지른 사람이 단 한 명이라면 그 사람의 아내는 여왕의 발표 당일 남편을 죽였을 것이다. 그런 경우 부정을 저지른 남자의 아내를 제외하고 모든 여성들은 부정을 저지른 남자를 알고 있지만 그 남자의 아내는 부정을 저지른 남자를 단 한 명도 알지 못하기 때문에 여왕의 발표에서 그녀는 갑작스런 깨달음을 얻게 될 것이기 때문이다. 즉 자신이 알고 있는 남자 가운데 부정을 저지른 사람이 한 명도 없는데 여왕이 적어도 한 명은 부정을 저질렀다고 말한다면 부정을 저지른 남편은 바로 자신의 남편이라는 말이 되기 때문이다. 그녀는 법에 따라 여왕의 발표 당일 남편을 죽일 것이다. 부정을 저지른 남자가 단 한 명이라면 이와 같은 상황이 발생할 것이다.

하지만 아무도 죽지 않고 다음날이 밝는다면 이것은 이 마을에 부정을 저지른 남자가 단 한 명이 아님을 의미한다. 이것은 부정을 저지른 남자가 적어도 두 명은 된다는 얘기다.

만약 정확히 2명이라면 그들의 아내는 2일째 되는 날 남편을 죽였을 것이다. 만약 3명이라면 그들의 아내들은 3일째 되는 날 남편을 죽였을 것이다.…… 그리고 48명이라면 48명의 아내가 48일째 되는 날 남편을 죽였을 것이다.

이제 여왕 발표 후 49일째 되는 날이다. 에드나의 분석에 따르면, (부정을 저지른 48명의 남자를 알고 있는) 모니카는 전날까지 아무도 죽지 않은 이유를 이상하게 생각해야 한다. 모니카 입장에서 전날까지 아무도 죽지 않았다는 것은 모니카 자신의 남편이 바로 49번째 간통자라는 의미가 될 터이기 때문이다.

그러므로 에드나는 '완전히 논리적인' 모니카가 49일째 되는 날 밤 맥스를 죽일 것이라 생각한다. 에드나는 마을에 있는 다른 모든 여자들에 대해서도 같은 결론을 내릴 것이다. 따라서 에드나는 49일째 되는 날 밤 마을은 피바다가 될 것이라 생각한다.

그런 다음 50일째 날이 밝는다. 그런데 여전히 아무 일도 일어나지 않았다. 이때 가능한 설명은 모니카(그리고 마을의 다른 모든 여성)가 49번째 부정을 저지른 남자를 알고 있었다는 것뿐이다. 49번째 남자는 맥스일 수 없다. 49번째 남자가 될 수 있는 사람은 에드나의 남편, 에드가뿐이다.

그러므로 50일째 되는 날 에드나는 자신의 남편이 바람을 피우고 있다는 결론을 내리게 된다. 물론 마을의 다른 모든 여성들도 동일한 결론을 내리게 된다.

따라서 이 퍼즐의 정답은 '49일 동안은 아무 일도 일어나지 않고 50일째 되는 날 50명의 여성 모두가 남편을 죽인다'가 된다.

이 퍼즐은 논리 퍼즐의 진수라 할 수 있다. 비록 이 퍼즐이 직원 채용 수단으로 좋은지 아닌지는 여전히 의심스럽긴 하지만 말이다. 이 퍼즐이 처음 활자화된 것은 1958년의 일이다. 1958년 이 퍼즐은 물리학자 조지 가모프(George Gamow)와 수학자 마빈 스턴(Marvin Stern)의 『퍼즐수학』에 소개되었다. 그때는 바람을 피우는 사람이 남편이 아니라 아내였다. 그 후

이 퍼즐은 여러 곳에 모습을 드러냈다. 1980년대 바람을 피우는 사람이 아내에서 남편으로 바뀌었다. 이 퍼즐은 IBM 연구소 기술 시험의 주제가 되기도 했다. 존 앨런 파울로스(John Allen Paulos)가 『옛적에 수가 있었다(*Once upon a Number*)』(1998)에서 소개한 이 퍼즐은 남편이 바람을 피우는 내용으로 MS의 인터뷰 퍼즐과 매우 흡사하다. 따라서 MS가 거기서 이 퍼즐을 차용한 것이 아닌가 하는 생각이 든다.

상기 책들을 읽은 독자들은 일반적으로 이 퍼즐을 보고 잠시 생각하다가 아무런 결론도 도출하지 못한 상태에서 정답을 펴보았을 것이다. 그리고 이렇게 말했을 것이다. "와! 정말 기발한 퍼즐이야." 아마도 그들은 몇몇 친구에게 이 문제를 냈을 것이다. 그리고 그들 역시 이 문제를 풀지 못했을 것이다. 하지만 답을 듣고 나면 그들 역시 기발한 퍼즐이라 생각했을 것이다. 사실 로직 퍼즐의 인기와 사람들이 실질적으로 그 문제를 풀었느냐는 아무런 상관도 없다.

하지만 누군가 구직자를 테스트하기 위해 이 문제를 사용할 경우에는 문제를 풀었느냐 못 풀었느냐가 무엇보다 중요하다. '순환적(recursive)' 로직은 부분적으로 부호화 문제들과 비슷하다. 이 퍼즐을 풀 때 인간의 행동 차원에서 추론하는 사람들은 궁지에 몰릴 수밖에 없다. 사람들이 이 문제를 풀지 못하는 것은 그들 대부분이 여왕의 발표 직후 아무 일도 일어나지 않는다는 올바른 결론을 내리지만, 시간이 지날수록 극적인 사건이 일어날 가능성이 줄어든다는 (현실적인) 사실까지 생각하기 때문이다. 사실 로직 퍼즐 밖의 정상적인 상황에서라면 그것이 합리적인 추론일 것이다.

Q 악마가 마구잡이로 난쟁이들을 잡아들입니다. 새로 난쟁이를 붙잡을 때마다 면담 시간을 갖습니다. 악마는 면담 때 난쟁이 이마에 붉은색

혹은 초록색 보석을 붙입니다. 악마는 새로 붙잡은 난쟁이에게 이마에 제거 불가능한 초록색 혹은 붉은색 보석을 붙였다고 말합니다. 하지만 무슨 색 보석을 붙였는지 이야기하지는 않습니다. 그리고 다른 어느 누구도 그들에게 그것을 말해 주지 않습니다. (난쟁이는 보석에 대해 일절 말할 수 없습니다.) 두 가지 색깔 중 하나는 스파이임을 의미하고 다른 하나는 스파이가 아니라 운이 나빠서 붙잡힌 포로임을 의미합니다. 악마는 어느 색깔이 어느 의미인지 말하지 않습니다. 그리고 앞으로도 말하지 않을 것입니다. 이렇게 면담은 끝납니다. 매일 악마는 난쟁이들을 줄지어 세워놓고 점호를 합니다. 도망간 녀석이 없는지 알기 위해서 말입니다.

어느 날 악마는 난쟁이에 싫증이 나서 그들을 없애기로 마음먹습니다. 그는 이마의 보석이 무슨 색깔인지 난쟁이들 모두가 맞히면 놓아주겠다고 말합니다. 악마는 적어도 한 명의 난쟁이의 이마에는 붉은색 보석이 있고 적어도 한 명의 난쟁이의 이마에는 초록색 보석이 있다는 힌트를 줍니다. 풀려나려면 난쟁이들은 매일 점호 때 말없이 신호를 주고받아야 합니다. 붉은 보석을 가진 난쟁이는 모두 한 발 앞으로 나와 서고 초록색 보석을 가진 난쟁이는 뒤에 그대로 남아 있어야 합니다. 만약 맞히면 난쟁이들 모두 풀려나 광산에 있는 집으로 돌아가게 될 것이고, 틀리면 그 자리에서 몰살당할 것입니다.

난쟁이들은 자신이 갖고 있는 보석이 무슨 색인지 생각할 충분한 시간을 갖고 있습니다. 그들은 모두 완벽하게 논리적이고 또 모두 집으로 돌아가길 원합니다. 그들은 어떻게 해야 합니까?

A 완벽하게 논리적인 난쟁이는 이 상황에서 어떤 추론을 할 수 있을까? 아마도 아무것도 추론할 수 없을 것이다. 대부분의 난쟁이는 몇몇 동료 난

쟁이는 초록색 보석을 갖고 있고 나머지 동료들은 붉은색 보석을 갖고 있는 것을 볼 것이다. 하지만 난쟁이는 여전히 자신이 어떤 보석을 갖고 있는지는 모를 것이다.

만약 다른 난쟁이들의 이마를 보았을 때 초록색 혹은 붉은색 보석밖에 보이지 않는 난쟁이가 있다면 어떻게 될까? 악마가 붉은색 보석이 적어도 한 개는 있다고 말했기 때문에 초록색 보석밖에 보이지 않는다면 그 난쟁이는 자신이 붉은색 보석을 갖고 있다는 결론을 내릴 것이다. 그리고 반대의 경우도 마찬가지이다. 즉 붉은색 보석밖에 보이지 않는 난쟁이가 있다면 그는 자신이 초록색 보석을 가진 유일한 난쟁이라는 결론을 내릴 것이다.

초록색 보석밖에 보이지 않는 난쟁이를 생각해 보자. 그는 자신이 붉은색 보석을 갖고 있다는 사실을 알고 있다. 이때 그 난쟁이가 할 일은 악마의 발표 후 첫번째 점호 때 한 발 앞으로 나와 서는 것이다. 그는 초록색 보석을 가진 자신의 논리적인 동료 난쟁이들이 줄에 그대로 남아 있을 것임을 확신할 수 있다. 그리고 이것이 악마가 요구했던 정답이 될 것이다.

당신은 다른 난쟁이들이 줄에 그대로 남아 있는 이유를 의아해 할 수도 있다. 그들은 자신이 초록색 보석을 갖고 있다는 것을 알고 있었을까? 아니다. 그 난쟁이들은 (한 발 앞으로 나와 선 동료 난쟁이의 이마에서) 한 개의 붉은색 보석과 (나머지 동료 난쟁이의 이마에서) 많은 초록색 보석을 볼 것이다. 하지만 그들은 그것만으로 자신이 갖고 있는 보석이 무슨 색인지 추론할 수는 없다. 각각의 색깔이 적어도 한 개씩은 있어야 하는 상황에서 그들은 각 색깔의 보석을 적어도 한 개씩은 보고 있기 때문이다. 따라서 그들이 갖고 있는 보석은 초록색일 수도 있고 붉은색일 수도 있다.

이 난쟁이들은 자신의 보석이 무슨 색인지 알 수 있는 단서가 없다. 따라서 줄에 그대로 서 있는 것이다. 만약 한 명이라도 틀리게 움직이면 모두가 죽는다는 사실을 알고 있다. 난쟁이들 모두가 논리적이기 때문에 가장 안전한 방법은 자신이 붉은색 보석을 갖고 있다는 확신이 설 때까지 줄에 그대로 서 있는 것이다.

이것으로 문제가 풀리지는 않는다. 이것은 분석하기 쉽게 하기 위한 하나의 예일 뿐, 퍼즐 속의 실질적인 상황은 아니다.

첫번째 신호 때 상기 시나리오대로 되지 않는다면 모든 난쟁이들은 각 색깔의 보석이 적어도 두 개는 있다는 결론을 내릴 것이다. 처음부터 난쟁이들은 이러한 사실을 명백히 알고 있을 수도 있다. (만약 모든 난쟁이들이 각 색깔의 보석이 많이 있는 것을 본다면 말이다.) 하지만 (붉은색이든 초록색이든) 특정 색의 보석이 단 한 개밖에 보이지 않는 난쟁이가 있다면 두 번째 점호 때 그는 자신이 그 색깔과 같은 색의 보석을 갖고 있다는 결론을 내릴 수 있다. (동일한 추론을 한) 그와 같은 색의 보석을 가진 난쟁이와 그는 두 번째 점호 때 앞으로 한 발 나와 설 것이다. 붉은색 보석과 초록색 보석 가운데 개수가 더 적은 보석을 가진 난쟁이들의 실질적인 인원수와 점호 횟수가 일치할 때까지 이런 식의 추론은 계속될 것이다. 그리고 그 두 요소가 일치하는 당일 개수가 더 적은 보석을 가진 난쟁이들은 모두 앞으로 한 발 나와 설 것이고 (악마가 약속을 지킨다면) 난쟁이들은 모두 자유를 얻게 될 것이다.

컴퓨터학 전공자라면 알론조 처치(Alonzo Church)라는 이름을 기억할 것이다. 1930년대 처치는 인공지능의 초석이 된 처치 튜링(Chuch Turing) 이론을 정립했다. (이 이론의 논점은 인간이 하는 어떤 것을 컴퓨터가 하도록 컴퓨터를 프로그램화할 수 있다는 것이다.) 처치는 또한 세계적인 로직 퍼즐 작가로 인정받는 사람이다. 이 이론을 체계화했을 즈음 그는 정원사 퍼즐을 소개했다. 퍼즐의 내용인즉 세 명의 정원사가 있고 그들의 이마에는 흙이 묻어 있다. 누군가 그들을 보고 적어도 한 명의 이마에는 흙이 묻어 있다고 말한다. 그들은 다른 사람의 행동을 보고 자신의 이마에 흙이 묻어 있는지 아닌지 추론해야 한다.

이 퍼즐에서 사람들이 자신이 쓰고 있는 모자의 색깔을 혹은 자신의 이마에 붙은 우표의 색깔을 추론하는 퍼즐들이 파생되었다. 최근 들어 레이몬드 스멀리언(Raymond Smullyan)은 이 퍼즐을 스마트하게 변형시킨 다양한 퍼즐들을 소개했다. 하지만 퍼즐의 내용이 어떤 식으로 바뀌든 그런 퍼즐의 해결책에는 완전히 논리적인 존재들이 완전히 논리적인 동료들이 결론을 도출해 내지 못하는 것으로부터 결론을 도출해 내는 과정이 포함되어 있다.

간통 마을 퍼즐은 가장 별스런 퍼즐이다. 악마와 난쟁이 퍼즐은 당신이 참가자 가운데 한 명의 입장이 되어 생각하고 전략을 세워야 한다는 점에서 간통 마을 퍼즐과는 다르다. 나는 다른 어떤 퍼즐에서도 이런 식의 줄거리를 본 적이 없다. 이것은 MS처럼 (피라미드식 구조가 아니라) 평면적인 조직 구조를 가진 거대 조직에서 살아남기 위해 사람들이 얼마나 악착같이 일하고 있는지 보여주는 단적인 예이다.

Q 밤중에 네 명의 여행자가 낡은 다리를 건너야 합니다. 다리 곳곳이 부서져 있습니다. 그리고 한 번에 두 명만 다리 위에 서 있을 수 있습니다. (만약 세 명 이상이 다리 위에 서면 다리는 무너집니다.) 다리를 건너려면 여행자들은 손전등을 이용해야 합니다. 그렇지 않으면 부서진 부분을 밟아 떨어져 죽을 것입니다. 손전등은 단 하나뿐입니다. 네 명의 여행자는 각각 다른 속도로 움직입니다. 애덤은 1분 만에 다리를 건널 수 있습니다. 래리는 다리를 건너는 데 2분, 에지는 5분, 가장 느린 보노는 10분이 필요합니다. 다리는 정확히 17분 뒤

면 무너질 것입니다. 네 명 모두 무사히 다리를 건너려면 어떻게 해야 합니까?

A 왜 U2 회원들의 이름을 따서 여행자들의 이름을 지었는지는 모른다.

손전등이 하나밖에 없기 때문에, 그리고 다리는 건너는 데 손전등이 반드시 필요하기 때문에 계속해서 사람들이 다리를 건널 수 있는 유일한 방법은 두 명이 함께 다리를 건넌 다음 한 명이 손전등을 갖고 출발점으로 돌아오는 것이다. 결국 다리를 한번 오감으로써 얻을 수 있는 순효과는 '한 사람 운반'이다.

두 사람이 함께 다리를 건널 때 그들은 더 느린 사람의 속력대로 움직이게 된다. 만약 애덤이 보노와 함께 다리를 건넌다면 애덤은 속력을 낮춰 보노와 보조를 맞춰야 한다. 그러므로 그들이 다리는 건너는 데는 10분이 걸릴 것이다.

네 사람이 모두 건너려면 네 번 다리를 '왕복'을 해야 한다고 생각할 수도 있다. 하지만 다행히도 그렇지 않다. 마지막에는 다리를 건너기만 하면 되기 때문이다. 그리고 마지막에는 두 사람이 한 번에 다리를 건널 수 있다. 다시 말해 네 사람이 다리를 건너는 데 필요한 총 왕복 횟수는 두 번 반, 즉 두 번 다리를 왔다갔다 하고 마지막에는 두 사람이 한꺼번에 다리를 건너면 된다는 얘기다.

얼핏 보면 1분 만에 다리를 건널 수 있는 애덤이 계속 자신보다 느린 사람들을 건네주고 손전등을 갖고 출발점으로 되돌아오는 것이 가장 좋은 방법인 것처럼 보인다.

처음 다리를 건널 때 애덤이 가장 느린 여행자 보노와 다리를 건넌다고 하자. 다리를 건너는 데 10분이 걸린다.

그런 다음 애덤이 손전등을 갖고 다시 다리를 건너온다. 1분이 걸린다.

애덤이 두 번째로 느린 에지와 다리를 건넌다. 5분이 걸린다. 애덤이 손전등을 갖고 다시 다리를 건너온다. 1분이 걸린다.

마지막으로 애덤과 래리가 함께 다리를 건넌다. 2분이 걸린다. 그럼 네 명이 다리를 건너는 데 총 19분(10+1+5+1+2 = 19)이 걸린다. 다리는 17분 뒤면 무너질 것이기 때문에 이 방법은 사용할 수 없다.

현실에서 이런 상황이 벌어진다면 대부분의 사람들은 도리가 없다고 생각할 것이다. 따라서 그들은 제비를 뽑거나 가장 느린 보노를 제외시킬 것이다. 하지만 당신도 알다시피 이것은 퍼즐이다. 따라서 이 상황을 해결할 방법이 반드시 있다.

우선 이 퍼즐에서 생각할 수 있는 모든 가정을 적어보자. 가장 기본적인 가정은 누군가는 출발점으로 돌아가야 한다는 것이다. 그런데 출발점에서 기다리고 있는 사람들에게 반드시 누군가가 손전등을 갖고 돌아가야만 할까?

손전등을 갖고 돌아가지 않을 방법을 찾아내기는 어렵다. 어느 누구도 손전등 없이는 다리를 건널 수 없다고 분명히 명시되어 있기 때문이다. (손전등을 다리 건너편으로 던진다거나 손전등에 끈을 묶어놓았다가 다리를 건넌 뒤 끈을 당긴다거나 하는 트릭을 사용한다면 당신은 속임수를 썼다는 비난을 면치 못할 것이다.)

우리는 또 '두 사람'이 함께 다리를 건너고 '한 사람'만 손전등을 갖고 되돌아온다는 가정을 하고 있다. 다리를 오가는 사람의 수를 달리해 보는 것은 어떨까?

다리를 건너는 사람의 수가 0명인 것은 다리를 건너는 것이라 볼 수 없으므로 다리를 건너는 사람의 수가 0명인 경우는 생각할 필요도 없다. 그리고 문제에 분명히 3명 이상이 다리에 함께 올라설 수 없다고 규정하고 있다. 그러므로 다리를 건너는 사람의 수는 한 명 아니면 두 명, 이 두 가

지 경우밖에 없다. 만약 다리를 오갈 때 가정과 반대로 혼자서 다리를 건
넌 뒤 이미 다리를 건넌 사람과 함께 되돌아온다면 상황은 더욱 어려워질
것이다. 그러므로 우리가 처음 가정했던 것처럼 건널 때는 두 사람이 건너
고 돌아올 때는 한 사람이 돌아와야 한다.

만약 가장 느린 두 사람이 함께 다리를 건너면 어떻게 될까? 보노 혼자
다리를 건너는 데도 주어진 시간, 17분이 거의 다 소요될 것이다. 보노가
다리를 건널 때 에지를 딸려보낼 경우 최소한 돌 한 개로 두 마리의 새를
잡는 효과를 거둘 수 있다. 그 경우 에지 때문에 누군가 다리를 건너는 속
도가 느려지지는 않을 것이다.

여기에 바로 이 문제를 푸는 열쇠가 있다. 이 순간 당신은 이렇게 말할
수도 있다. "나도 그 생각을 했었어. 하지만 소용없었어."

이 좋은 아이디어를 사람들이 간과하는 것도 그 때문이다. 대부분의 사
람들이 보노와 에지가 첫번째로 다리를 건너는 것에서부터 추론을 시작한
다. 그럼 어떻게 될까?

다리 건너편에 느린 두 사람만이 있게 된다. 따라서 둘 중 한 사람(아마
도 에지가 될 것이다)이 손전등을 갖고 다리를 다시 건너와야 한다. 이에
걸리는 시간은 총 15분. 이제 출발점에 에지를 포함하여 세 사람이 남게
된다. 에지로 인해 17분 안에 다리를 건너는 것은 불가능하다.

일부 사람들은 여기서 포기한다. 여기서 사람들은 기본적인 생각이 틀
렸기 때문에 성공하지 못했다고 여긴다. 따라서 사람들은 (처음이 아니라)
마지막에 보노와 에지가 다리를 건너가게 할 방법을 연구한다. 마지막에
는 어느 누구도 손전등을 갖고 되돌아올 필요가 없기 때문이다.

하지만 이 방법 역시 효과가 없다. 다른 사람은 없이 에지와 보노만이
출발점에 있고 그들 손에 손전등이 있다는 것은 결국 그들 중 한 사람(아
마도 에지가 될 것이다)이 이미 손전등을 갖고 다리를 건너왔다는 의미가

되기 때문이다. 다시 말하면 이것은 이미 최소 10분(에지가 다리를 건너는 데 5분, 전등을 갖고 돌아오는 데 5분)이 소요되었다는 얘기다. 그리고 이들이 마지막으로 함께 건너려면 적어도 10분이 필요하기 때문에 앞의 경우에서와 마찬가지로 부족한 시간이 문제가 된다.

여기서 많은 이들이 기권을 한다. 그들은 두 가지 극단적인 경우(느린 두 사람이 짝을 지어 처음 건너는 경우, 느린 두 사람이 짝을 지어 마지막에 건너는 경우)를 생각해 보았고 그 두 가지 경우 모두 소용이 없었다.

하지만 극단적인 경우가 이 두 가지만 있는 것은 아니다. 즉 느린 두 사람이 '중간'에 건널 수도 있다는 얘기다. 그리고 그것이 바로 이 문제를 해결하는 방법이다.

제일 먼저 가장 빠른 두 사람, 즉 애덤과 래리가 다리를 건넌다. 2분이 걸린다. 그들 중 한 명(애덤이라고 하자. 하지만 애덤이 되든 래리가 되든 상관없다)이 손전등을 갖고 즉시 되돌아온다. 1분이 걸린다. 결국 총 3분이 소요된다.

두 번째는 제일 느린 두 사람, 즉 에지와 보노가 다리를 건넌다. 10분이 걸린다. 그들이 다리 건너편에 도착하는 순간 그들의 모험은 끝이 난다. 그들은 이미 그곳에 도착해 있는 보다 빠른 사람에게 손전등을 건넨다. (애덤이 손전등을 갖고 되돌아갔다고 한다면 느린 두 사람으로부터 손전등을 건네받는 이는 래리가 될 것이다.) 래리가 손전등을 갖고 출발점으로 되돌아간다. 2분이 걸린다. 총 15분이 소요된다.

가장 빠른 두 사람이 출발점에서 다시 만난다. 두 번째이자, 마지막으로 이 두 사람이 다시 다리를 건넌다. 2분이 걸린다. 총 17분이 소요된다.

이 퍼즐은 중세 시대에서 비롯된 것이다. 애보트 알퀸(Abbot Alcuin, 735~804)이 퍼즐 모음집을 집필했다. 그 모음집에는 우리들이 잘 알고 있는 이 퍼즐의 초기 버전, 한 남자와 양배추와 염소와 늑대 퍼즐이 포함되어 있었다. 퍼즐의 내용인즉 한 남자가 양배추 한 바구니, 염소, 늑대를 데리고 강을 건너야 한다. 하지만 그는 (늑대가 염소를 잡아먹을 것이므로) 늑대와 염소만을 남겨놓아서도 안 되고 (염소가 양배추를 먹어치울 것이므로) 염소와 양배추 바구니만 남겨놓아서도 안 된다. 지난 몇 십 년 동안 이 퍼즐을 변형시킨 다양한 퍼즐이 소개되었다. 그 과정에서 강이 붕괴 위험이 있는 다리로 혹은 탑에서 도망칠 때 사람들이 사용할 도르레와 양동이로 바뀌었다. 그리고 시간 제약, 무게 제약, 보호자 제약(즉 보호자 없이는 나갈 수 없는 숙녀), 그리고 약육강식 제약(앞에서 언급했던 것처럼 강자에게 약자가 잡아먹히지 않도록 약자를 보호해야 하는 상황)이 적용되었다. 식인종과 선교사 퍼즐—식인종과 선교사가 2인승 배로 강을 건너야 하는데, 식인종의 수가 선교사의 수보다 많아서는 안 된다. 그렇게 되면 식인종이 선교사를 잡아먹기 때문이다—의 경우에는 초기 인공지능 연구에 중요한 역할을 했다. 초기 인공지능 프로그램은 그 문제의 해결책을 찾아낼 수 있었다.

MS의 퍼즐은 이와 유사한 퍼즐들 가운데 가장 어렵다. MS의 퍼즐은 이메일을 통해 수차례 전달되는 과정에서 완성되었다. 이메일에는 이렇게 적혀 있었다. "한 사람이 C프로그램을 사용하여 그 문제를 풀었다. 17분이 걸리긴 했지만 말이다. 또 다른 사람은 3분 만에 그 문제를 풀었다. 50명의 모토로라 사람들 가운데 그 문제를 푼 사람은 한 명도 없었다.…… 주 (註): MS에서는 당신이 그 문제를 5분 내에 풀길 바란다."

Q 당신 앞에 두 개의 문이 있습니다. 하나는 면접실로 들어가는 문이고 다른 하나는 밖으로 나가는 문입니다. 문 옆에는 컨설턴트가 한 명 있습니다. 그는 당사 사람일 수도 있고 경쟁사 사람일 수도 있습

니다. 당사 컨설턴트는 항상 진실을 말합니다. 경쟁사 컨설턴트는 항상 거짓말을 합니다. 당신은 어느 문이 면접실로 들어가는 문인지 알아내기 위해 컨설턴트에게 한 가지 질문을 할 수 있습니다. 당신이라면 어떤 질문을 하겠습니까?

A 컨설턴트가 당신에게 사실을 말할지 안 할지 알 방법이 없기 때문에 "이 문이 면접실로 가는 문입니까?" 혹은 "당신은 여기서 일합니까?" 같은 질문을 하는 것은 소용없는 짓이다. 당신이 컨설턴트에게 어떤 대답을 들었을 때 그것이 옳은 대답인지 아닌지 알 수 없기 때문이다. 따라서 단 한 번 질문할 수 있는 기회를 그런 식으로 써버리면 당신은 어느 쪽이 면접실로 가는 문인지 판단할 수 없다.

대신 당신은 컨설턴트가 진실을 말하든 거짓을 말하든 상관이 없는 질문을 생각해 내야 한다. 그러려면 당신은 '(부정에 부정은 긍정임에 착안하여) 이중 부정'을 사용한 질문을 고안해 내야 한다. 일례로 한 문(그것이 면접실로 가는 문이든 출구로 나가는 문이든 상관없다)을 가리키며 이렇게 물을 수 있다. "이 문이 면접실로 가는 문인지 묻는다면 당신은 그 문이 면접실로 가는 문이라 대답하겠습니까?"

'완벽한' 거짓말쟁이라면 당신이 그에게 "이 문이 면접실로 가는 문입니까?"라고 솔직하게 물을 경우 정말로 면접실로 가는 문이라면 "아니오"라고 대답할 것이다. 하지만 그는 완벽한 거짓말쟁이이므로 자신이 어떻게 대답할지 사실대로 말해선 안 되므로 "예"라고 대답할 것이다. 반대로 "이 문이 면접실로 가는 문입니까?"라는 질문에 면접실로 가는 문이 아니라면 그는 "예"라고 대답할 것이다. 이 경우에도 마찬가지로 그는 자신이 어떻게 대답할지 사실대로 말하지 않을 것이므로 "아니오"라고 말할 것이다. 결국 부정의 부정, 즉 이중 부정으로 인해 완벽한 거짓말쟁이는 면접실로

가는 문이면 "예"라고 대답하고 면접실로 가는 문이 아니면 "아니오"라고
대답하게 될 것이다. 그리고 진실을 말하는 컨설턴트의 경우에는 진실을
말해야 하므로 당연히 면접실로 가는 문이 맞으면 "예", 틀리면 "아니오"
라고 대답할 것이다. 따라서 당신은 그 컨설턴트가 거짓말쟁이 컨설턴트
인지 진실을 말하는 컨설턴트인지 알 수는 없지만 어느 문이 면접실로 가
는 문인지는 알 수 있다.

이와 같은 질문은 얼마든지 만들 수 있다. 예를 들면 "경쟁사의 컨설턴
트에게 이 문이 인터뷰실로 들어가는 문이냐고 묻는다면 그는 그렇다고
대답하겠습니까?"라고 물을 수 있다. 이런 질문들은 모두 컨설턴트가 문
제를 분석하여 결국 문제의 의도대로 대답하도록 만든다. 하지만 그런 질
문들은 거짓말쟁이가 질문 속에 함정이 들어 있음을 알아차릴 위험을 갖
고 있다. 그리고 그런 문제가 효과를 거두려면 거짓말쟁이가 로직 퍼즐에
서나 볼 수 있는 그런 '완벽한 거짓말쟁이'여야 한다. 거짓말쟁이가 덜 기
계적이라면, 그리고 사람들이 잘못된 판단을 하도록 만들 궁리만 한다면
그는 (이중부정이 포함된 질문을 한) 당신의 의도를 파악하고 당신의 기대
에 반하는 대답을 함으로써 전세를 역전시킬 것이다.

그런 위험을 피할 방법이 있다. 한 문을 가리키며 이렇게 말하는 것이
다. "실례지만 당신의 회사에서 인터뷰를 받으려 합니다. 이 문으로 들어
가면 됩니까?"

이중 부정의 속임수가 포함되어 있는 것은 마찬가지이다. 하지만 이것
은 훨씬 자연스런 질문이다. 이 질문의 경우 거짓말쟁이는 여러 차례 분석
의 과정을 거치지 않고 바로 거짓말을 할 수 있다. 그것은 당신이 거짓말
을 하고 있기 때문이다. (하지만 이것은 당신이 거짓말쟁이에게 이야기하고
있을 경우에만 그렇다.) 당신은 거짓말쟁이 회사에서의 인터뷰를 받으려는
것이 아니다. 그러므로 당신이 출구(그것은 실질적으로 출구 밖 어딘가에

있는, 거짓말쟁이의 회사로 가는 길이 될 것이다)를 가리키고 있다면 거짓말쟁이는 거짓말을 할 것이므로 이렇게 말할 것이다. "아니오, 틀린 문입니다." 만약 당신이 진실을 말하는 회사의 면접실로 들어가는 문(다시 말해 그 문은 거짓말쟁이의 회사의 면접실로 이어지는 문이 아니다)을 가리키고 있다면 컨설턴트는 거짓말을 해야 하므로 "예, 맞는 문입니다"라고 대답할 것이다.

이와 같은 정직한 사람과 거짓말쟁이 퍼즐은 1950년대에 시작된 것이다. 1950년대 퍼즐에서는 외딴 섬에 정직한 부족과 거짓말쟁이 부족이 살고 있는 것으로 되어 있다. 인터넷상에 이와 유사한 가짜 'MS 인터뷰 문제'가 떠돌고 있다. 그 문제에서는 상황이 한 단계 더 복잡하다. 문제인즉 당신은 갈림길에 서 있다. 한쪽 길로 가면 MS로 가는 길이고 다른 쪽 길은 유토피아로 가는 길이다. 당신은 유토피아로 가고 싶다. 머리 위에 마이크로소프트 윈도우 상자를 이고 있는 한 남자가 있다. 당신은 그가 거짓말쟁이인지, 정직한 사람인지, 혹은 빌 게이츠인지 알지 못한다. 당신은 그에게 한 가지 질문만 할 수 있다. 당신이라면 어떤 질문을 하겠는가?

이 퍼즐이 뉴스그룹 rec.puzzles에 실리자 사람들이 갖가지 익살스런 대답을 올렸다. 그들 중 상당수가 MS의 '안티팬'들이었다. 만약 당신이 빌 게이츠는 진실을 알 수 없는 복잡한 사람이라고 생각한다면 퍼즐을 푸는 것은 절대 불가능하다. 그것은 "당신은 맨해튼이라는 섬에 있고 그곳에서 만나는 사람들 가운데 일부는 거짓말을 하고 일부는 거짓말을 하지 않는다"라는 말이나 다름없기 때문이다. 하지만 (연방정부의 조사를 받는 동안에는 그가 거짓말을 할지 진실을 말할지 알 수 없지만) 길을 물어보는 당신에게 게이츠가 거짓말을 할 이유는 없다고 판단한다면 그는 정직한 사람으로 '간주'될 것이고 동일한 해결책이 적용될 것이다.

rec.puzzles에 올라온 대답들 대부분이 상당히 창의적이었다. 어떤 이는 그에게 "오늘 나는 어디로 가고 싶을까요?"라고 물어보고 그가 알려주는 방향과 반대되는 방향으로 가라고 말했다. (그 이유는 MS 사람들은 여전히 유토피아로 가는 길이 아닌 자사로 가는 길을 선택하는 것이 올바른 선택이라 믿고 있기 때문이다.) 또 어떤 이는 "적이라면 나를 어느 길로 데려가겠습니까?"라고 묻고 그에게 펀치를 날리라고 말했다. 이유인즉 이러했다. "그가 거짓말쟁이라면 혹은 정직한 사람이라면 당신은 유토피아로 가게 될 것입니다. 만약 그가 거짓말쟁이도 정직한 사람도 아니라면 당신은 빌 게이츠에게 펀치를 날려보는 좋은 기회를 갖게 될 것입니다."

  맥주 캔을 가운데 부분은 굵고 양 끝으로 갈수록 가늘게 만든 이유는 무엇입니까?

  당신은 캔을 보다 탄탄하게 만들기 위해서가 아닐까라고 생각할 수 있다. 그것은 틀리지 않은 추측이다. 양끝을 가운데 부분보다 가늘게 만든 것은 '건축적인' 이유 때문이다. 현수교(懸垂橋)처럼 캔은 전체가 균형을 이루고 있다. 캔이 갖고 있는 특정한 특징을 간단하게 설명할 수 없는 것도 종종 그 때문이다.

역사적으로 볼 때 맥주 캔의 양 끝을 가운데 부분보다 가늘게 만들었기 때문에 캔이 더 탄탄해진 것은 아니다. 과거의 맥주 캔도 맥주를 담기에 충분히 탄탄했기에 하는 말이다. 맥주 캔이 맥주를 담을 수 있을 정도로 탄탄하면 되었지 그 이상 탄탄할 이유가 무엇이겠는가? 양 끝을 가운데보다 가늘도록 만든 것은 금속 사용량을 최소화하기 위한 디자인적 조치이다. 양 끝이 가운데보다 가늘게 만든다고 금속 사용량이 크게 줄어들 것 같아 보이지 않을 수도 있다. 하지만 매년 얼마나 많은 캔이 생산되고 재

활용되는지 생각한다면 그것은 결코 적지만은 않을 것이다.

맥주 캔과 탄산음료 캔이 무거운 강철로 제조되던 때가 있었다. 그때는 캔을 위에서 아래로 잘랐을 때 단면의 모양이 거의 직사각형이었다. 강철은 압력 하에서도 캔 안에 들어 있는 탄산음료를 보호하기에 충분히 두꺼웠다. 이러한 캔들은 원형의 윗면과 아랫면, 그리고 윗면과 아랫면에 접어 붙인 원통 모양의 중간면 이렇게 세 부분으로 나뉘어져 있었다.

캔 제조업체들은 비용과 환경에 점점 더 많은 관심을 기울이게 되었고 두꺼운 강철 캔을 보다 얇은 알루미늄 캔으로 교체할 방법들을 생각해 냈다. 하지만 얇은 알루미늄 캔은 그리 탄탄하지 않았다. 오늘날의 캔은 달걀 껍데기처럼 얇으면서도 내용물을 담기에는 충분히 탄탄하다. 이것은 강철에는 필요하지 않았던 '건축학적 기교'가 알루미늄 캔에 적용되었기 때문이다.

캔의 가장 두껍고 탄탄한 부분은 윗면이다. 캔의 윗면은 하나로 연결되어 있는 밑면과 몸체에 접어 붙인 것이다. 윗면은 캔따개를 열 때 가해지는 압력을 견딜 수 있어야 한다. 따라서 윗면에는 보다 두꺼운 금속이 사용되었다. 제조업체는 윗면의 지름을 최소화하면 경비를 절감할 수 있다는 사실을 발견했다. 그러므로 그들은 윗면의 지름을 다소 줄였다. 때문에 캔의 나머지 부분에 캔의 윗면을 붙이려면 윗면의 원주에 맞게 캔의 몸통을 오므려야 했다. (그들은 캔 전체의 지름을 줄일 수는 없었다. 그렇게 하면 캔에 들어갈 수 있는 맥주의 양이 그만큼 줄어들기 때문이었다.) 윗면을 일단 한 번 줄이고 나니 밑면도 줄여야 했다. 캔은 보통 위로 높이 쌓아놓기 때문이었다. 그러므로 맥주 캔의 양 끝이 다른 부분보다 가늘어지게 되었다.

밑면이 다른 부분보다 가는 또다른 이유들이 있다. 한 개의 얇은 알루미늄 판을 압축기로 눌러 캔의 밑면과 가운데면을 만든다. 그러므로 밑면을 캔에 따로 붙이는 공정이 필요하지 않다. 이때 밑면과 가운데면이 정확하게 직각을 이루지 않고 약간 경사져 있어야 보다 쉽게 이 공정을 마칠 수 있다. 또한 캔의 양 끝이 경사져 있어야 캔에 흠집이 덜 생긴다.

이와 유사한 인터뷰 질문이 있다. "코크 캔의 밑면이 오목한 이유는 무엇입니까?"(맥주 캔 역시 밑면이 오목하다.) 그것은 밑면의 금속이 너무 얇으면 변형되기 쉽기 때문이다. 면이 평평한 것보다 오목한 것이 더 탄탄하다. 달걀껍데기가 얇지만 탄탄한 것처럼 말이다. 만약 달걀껍데기의 모양이 정육면체였다면 달걀껍데기는 지금처럼 탄탄하지 않았을 것이다. 물론 밑면이 볼록해도 오목한 것과 마찬가지로 탄탄할 것이다. 하지만 밑면이 볼록하다면 캔을 쌓아놓을 수가 없을 것이다.

Q 후지산을 옮기는 데 시간이 얼마나 걸리겠습니까?

A 이 문제를 처음 만든 곳은 컨설팅업체인 부즈, 앨런 & 해밀턴(Booz, Allen & Hamilton)인 듯하다. 이 문제에 접근하는 방법은 두 가지이다. 첫번째는 후지산을 통째로 옮길 묘안을 찾아내는 것이다. 유럽의 군주들이 기술자들에게 이집트의 오벨리스크를 통째로 수도로 옮기도록 요구했던 것처럼 말이다. 하지만 그런 방법을 찾아내려면 행운이 따라야 할 것이다. 또다른 방법은 페르미(Fermi : 노벨물리학상의 받은 미국의 원자 물리학자) 식 추정 방식을 이용하는 것이다. 당신은 굴착 공사 식으로 후지산을 옮겨야 한다. 그렇게 하려면 후지산의 부피가 트럭 몇 대 분량인지 추정해야 한다.

후지산의 부피를 추정하려면 우선 후지산의 모습을 생각해야 한다. 대부분의 미국인들은 후지산이 밑면의 지름이 높이의 5배 정도 되는 '낮은 원뿔' 모양이라 생각한다. 대부분의 사람들이 후지산의 높이를 잘 알지 못한다. 분명한 것은 후지산은 세계에서 제일 높은 산들에 비할 바가 못 된다는 것이다. (에베레스트 산의 높이는 해발 3만 5000피트 정도이다.) 후지산의 높이는 분명 몇 천 피트 정도일 것이다. 그렇다면 대략 1만 피트라고 가정하자. (실질적으로 후지산의 높이는 해발 1만 2387피트이므로 1만 피트라 하면 훌륭한 가정이다.) (밑면의 지름이 높이의 5배 정도 된다고 했으니) 이것은 후지산이 높이 1만 피트에 밑면의 지름이 5만 피트인 원뿔이라는 의미이다.

후지산이 원뿔 모양이 아니라, 참치캔 같은 원기둥 모양이라면 후지산의 부피는 밑면의 넓이에 높이를 곱하면 된다. 밑면은 지름이 5만 피트인 원이다. 만약 밑면이 한 변의 길이가 5만 피트인 사각형이라면 밑면의 넓이는 5만 피트 × 5만 피트이므로 25억 평방피트가 될 것이다. 하지만 동일한 조건일 때, 원은 정사각형보다 넓이가 $\pi/4$ 혹은 79퍼센트 정도 작으므로 후지산의 밑면의 넓이는 20억 평방피트라 할 수 있다.

이에 높이 1만 피트를 곱하면 원기둥 모양일 때의 후지산의 부피를 구할 수 있다. 즉 20조 입방피트.

하지만 후지산은 원기둥 모양이 아니라, 원뿔 모양에 가깝다. 만약 원뿔의 부피가 동일 조건의 원기둥 부피의 3분의 1이라는 사실을 기억하고 있다면 상기 값에 1/3을 곱하면 된다. 하지만 그러한 사실을 기억하지 못한다고 해도 문제될 것은 없다. 원뿔이 원기둥보다 부피가 작다는 것만은 확실하다. 그리고 지금까지 계속 어림잡아 계산해 왔기에 20조 입방피트보다 부피가 작아야 함으로 10조 입방피트라 가정할 수 있다. 그럼 후지산은 부피 10조 입방피트의 '화산암'이라 할 수 있다.

10조 입방피트는 트럭 몇 대 분량일까? 트럭 한 대로 흙과 암석을 약 10피트×10피트×10피트, 즉 1000큐빅피트 정도는 옮길 수 있을 것이다. 즉 트럭 한 대 분량은 1000큐빅피트. 그렇다면 후지산은 트럭 100억 대 분량이라

할 수 있다.

이 퍼즐에는 보다 상세한 설명을 요하는 부분이 많이 있다. 우리는 후지산을 어디로 옮기는지도 모르고 있다. 면접관이 이러한 정보를 제공할 것인지 아닌지 확인해야 한다. 또한 우리는 흙과 화산암의 비중 역시 알지 못한다. 흙의 비중이 높으면 다행이지만 화산암의 비중이 높으면 다이너마이트를 사용하여 트럭에 실을 수 있게끔 화산암을 쪼개야 할 것이다.

트럭 한 대 분량의 흙과 암석을 파내어 나르는 것은 보통 사람에게는 하루가 걸리는 일이다. 따라서 후지산이 트럭 100억 대 분량이라고 했으므로 후지산을 옮기는 데는 100억 일이 걸릴 것이다.

또한 후지산을 옮기는 데 걸리는 시간은 이 일에 얼마나 많은 인원을 투입하느냐에 따라 달라질 수 있다. 있을 법한 일은 아니지만, 만약 한 명이 그 일을 맡을 경우 100억 일, 약 3000만 년이 걸릴 것이다. (후지산의 역사도 그만큼 오래되지는 않았다. 그리고 3000만 년 뒤에도 후지산이 지금의 모습을 그대로 유지하고 있을지도 의심스럽다. 후지산을 옮기기도 전에 자연의 풍화작용으로 후지산이 사라질 수도 있는 일이다.)

이 역시 있을 법한 일은 아니지만 60억 세계 인구가 모두 이 일에 달려들 경우(물론 이 모두가 일할 수 있는 장비가 갖춰져 있고 서로 상대방에게 방해가 되지 않는다고 가정할 경우에 말이다) 당신은 이틀 정도면 후지산을 옮길 수 있을 것이다.

일본 정부가 후지산을 옮기고 싶어한다고 가정하자. 그리고 그 일에 동원할 수 있는 인력을 보다 현실적으로 생각해 보자. 보통 대기업의 직원 수는 1만 정도이다. 그러므로 동원 가능한 인력을 1만으로 잡으면 큰 무리가 없을 것이다. 후지산을 옮기는 데 1만 명을 동원한다면 100만 일〔100억 (일)/1만(명)＝100만〕 혹은 약 3000년이 걸릴 것이다.

Q 복도에 세 개의 스위치가 달려 있습니다. 그중 한 개는 복도 끝에 있는 방의 전등불을 컨트롤하는 스위치입니다. 그 방의 문이 닫혀 있으면 당신은 전등불이 켜져 있는지 아닌지 알 수 없습니다. 이 세 개의 스위치 가운데 어느 스위치가 그 방의 전등불을 조작하는 스위치인지 찾아내야 합니다. 어떻게 하면 그 방에 단 한 번 가보고 그 방의 전등불을 조작하는 스위치가 어떤 것인지 알 수 있겠습니까?

A 이 문제 역시 설명대로라면 풀 수 없어 보인다. 만약 세 개의 스위치를 모두 '오프(off)'에 놓는다면 전등불 역시 꺼질 것이다. (그러면 방에 가봤자 당신은 아무것도 알 수 없다.) 만약 세 개의 스위치 가운데 한 스위치만 '온(on)'에 놓는다면 방에 가보았을 때 불이 켜져 있을 확률은 3분의 1이 될 것이다. 만약 불이 켜져 있다면 당신은 그 스위치가 바로 그 방의 전등불을 조작하는 스위치임을 알 수 있을 것이다. 반면 불이 켜져 있지 않을 확률은 3분의 2이다. 당신은 나머지 두 개의 스위치 가운데 어느 스위치가 그 방의 전등불을 조작하는 스위치인지 알 수 없다. 두 개의 스위치를 '온'에 놓거나 세 개의 스위치를 '온'에 놓을 경우에도 마찬가지 문제가 발생한다.

달리 말하면 세 개의 스위치 가운데 한 개의 스위치를 찾아내려면 두 개의 정보가 필요하다. 하지만 방에 단 한 번 가볼 수 있다는 것은 정보가 하나뿐이라는 얘기다.

스위치로 불빛 조절이 가능하다면 어느 스위치가 조작 스위치인지 쉽게 알 수 있을 것이다. 한 개의 스위치는 '온' 상태, 또 한 개는 '오프' 상태, 다른 한 개는 50퍼센트 '온' 상태로 놓은 뒤 전구의 상태를 보면 어느 스위치가 조작 스위치인지 알 수 있을 테니 말이다.

이 방법은 효과가 있을 것이다. 물론 이 퍼즐이 스위치로 불빛 조절이

가능하다는 결정적인 사실을 이야기하지 않았을 정도로 어설픈 퍼즐이라면 말이다. 하지만 여기서 우리는 이 문제를 푸는 중요한 열쇠를 찾을 수 있다. 만약 한 스위치를 '(완전히 꺼진 것도 아니고 완전히 켜진 것도 아닌) 중간' 상태에 놓을 방법이 있다면 이 문제를 풀 수 있는 것이다.

이 문제의 해답인즉, 스위치에 1번, 2번, 3번 이렇게 번호를 매긴다. 1번 스위치는 켜고 2번과 3번 스위치는 끈다. 10분 정도 기다린다. 그러고는 1번 스위치는 끄고 2번 스위치는 켠다. 즉시 방으로 달려간다.

만약 불이 켜져 있다면 2번 스위치가 조작 스위치이다. 만약 불이 꺼져 있지만 전등이 따뜻하다면 1번 스위치가 조작 스위치이다. 불도 꺼져 있고 전등도 차갑다면 3번 스위치가 조작 스위치이다.

Q 다른 사람과 이 게임을 합니다. 아무것도 없는 직사각형 모양의 테이블 위에 번갈아가며 동전을 놓습니다. 동전은 무한히 많습니다. 단 동전을 놓을 때 이미 테이블 위에 놓여 있는 동전에 새로 놓는 동전이 닿으면 안 됩니다. 당신과 상대방은 테이블에 동전이 거의 가득 찰 때까지 번갈아가며 계속 동전을 놓습니다. 테이블 위에 이미 놓여져 있는 동전에 닿지 않도록 동전을 놓을 수 없는 사람이 이 게임에서 지게 됩니다.
자, 당신이 먼저 동전을 놓습니다. 당신이라면 어떤 전략으로 이 게임에 임하겠습니까?

A 보통 게임 전략은 복잡하다. 하지만 인터뷰에서 면접관이 질문을 했다는 것은 면접관이 기대하는 대답이 (생각과 달리) 간단하다는 뜻이다. 면접관이 체스에서의 승리 전략처럼 복잡한 답을 요하는 질문을 (시간이 한

정되어 있는) 인터뷰 때 했을 리 없기 때문이다.

처음에 어떤 행동을 취하느냐가 승리에 결정적인 역할을 하는 경우가 종종 있다. '삼목(O, X를 5목처럼 세 개가 이어지도록 놓아야 하는 놀이)'을 둔다면 당신은 당연히 열십자 모양의 '가운데 사각형'에 제일 먼저 동전을 놓고 싶어할 것이다. 당신은 스스로에게 이렇게 물어야 한다. '제일 먼저 동전을 놓음으로써 전략적으로 이득을 얻을 수 있는 유일한 장소가 있는가?'

삼목과 달리 이 게임에는 '가운데 사각형' 같은 유일한 전략적 요충지는 없다. 하지만 첫번째 동전을 놓을 수 있는 곳은 수없이 많다. 테이블의 북서쪽 코너에 첫번째 동전을 놓기로 했다고 하자. 유일한 장소는 아니지만 그곳은 다른 곳과 구분되는 특별한 장소이기 때문이다. 그 장소를 차지함으로써 당신은 전략적으로 어떤 이득을 얻을 수 있을까?

그것은 말하기 어려운 문제이다. 이 게임은 한 수(手)로 끝나는 게임이아니라 많은 수를 두어야 끝나는 게임이기 때문이다. (테이블이 가득 차서 더 이상 동전을 놓을 수 없을 정도가 되려면 굉장히 많은 동전을 놓아야 할 것이다.) 따라서 동전을 먼저 놓음으로써 당신은 우위를 차지할 수도 있다. 하지만 그것은 게임이 끝날 때까지 계속될 수도 있고 아닐 수도 있다. 게임 도중 당신이 몇 수를 잘못 두면 전세가 얼마든지 역전될 수 있기 때문이다.

북서쪽을 차지함으로써 특별히 전략적 우위를 차지할 수 있을 것 같지는 않다. 이것은 (보드워크는 다른 어떤 자산보다 높은 임대료를 받을 수 있는 곳이기 때문에 보드워크 확보가 중요한) 모노폴리 게임이 아니기 때문이다. 여기서 북서쪽의 코너는 나머지 세 코너와 다를 바 없다. 만약 코너를 차지하는 것이 중요하다면 상대편 역시 첫번째 동전을 나머지 세 코너 가운데 한 곳에 놓을 것이다. 그리면 당신은 두 번째 동전을 나머지 두 코너 가운데 한 곳에 놓을 것이고 상대편은 나머지 한 코너에 두 번째 동전을 놓을 것이다. 당신과 상대편이 각각 코너를 두 개씩 확보했으니 두 사람은 동등한 입장에 놓일 것이다. 당신은 또 다시 어딘가에 동전을 놓아야 한다. 요컨대 코너를 차지하는 것은 기본적으로 아무것도 변화시키지 못한다.

당신이 처음에 동전을 어디에 두던 상대편은 당신을 따라할 수 있다. 그녀는 그저 당신이 동전을 놓는 위치에서 (테이블 한가운데를 중심으로) 180도 회전한 위치에 동전을 놓으면 된다. 만약 당신이 북동쪽 코너에 동전을 놓으면 상대편은 남서쪽 코너에 놓으면 된다.

잠깐! 단 한 곳은 예외다. 상대편이 당신을 따라 동전을 놓을 수 없는 유일한 장소가 있다. 바로 테이블의 정중앙. 이 게임에 '가운데 사각형'은 없지만 테이블의 정중앙은 있다. 동전을 정중앙에 놓고 나면 어느 누구도 그 자리를 다시 차지할 수 없다.

이 자체만으로는 중앙이 첫번째 동전을 놓기에 좋은 장소임을 의미하지는 않는다. 그곳은 먼저 동전을 놓는 사람으로서 상대편이 따라할 수 없는 무엇인가를 할 수 있는 유일한 장소일 뿐이다.

잠깐, 이 점을 기억해 두자.

당신이 어떻게 하든 게임 초반에 상대편은 테이블 어디에나 동전을 놓을 수 있다. 만약 당신이 훌륭하고도 '간단한' 전략을 갖고 있다면 상대편이 어떤 수를 두든 그에 대응할 수 있어야 한다.

상기 추론들을 모두 종합하면 이런 결론이 나온다. 먼저 동전을 놓는 사람으로서 당신은 우선 동전을 테이블 정중앙에 놓아야 한다. 그 다음부터는 상대편이 동전을 놓으면 정중앙에 놓인 동전을 중심으로 좌우로 대칭이 되게 동전을 놓으면 된다.

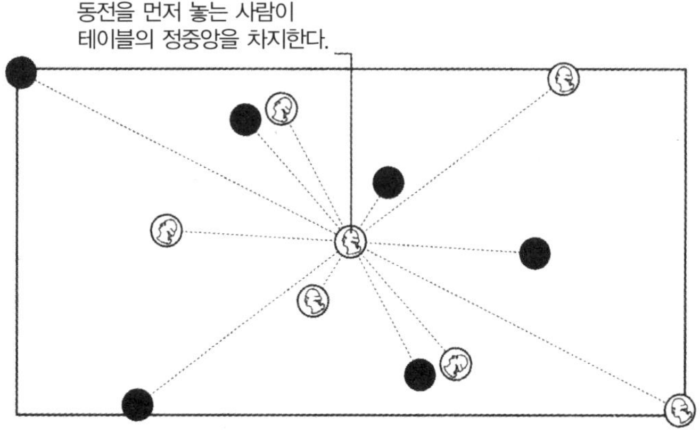

그 다음부터는 상대편의 동전에 (정중앙 동전을 중심으로) 좌우대칭이 되게
동전을 놓는다.

당신은 항상 그렇게 할 수 있다. 당신은 그저 상대편이 하는 행동을 따라하기만 하면 된다. 따라서 상대편은 당신보다 먼저 다른 동전에 닿지 않도록 새로운 동전을 놓을 수 없게 될 것이다.

영국의 퍼즐 전문가 헨리 E. 두드니는 런던의 한 모임에서 이 게임으로 센세이션을 일으켰다. 그때 그는 동전이 아니라, 시가로 이 게임을 했다. 이 게임은 1917년 그의 저서 『수학 속의 즐거움』에 소개되었다. 두드니의 시가 버전은 다른 어떤 버전보다 창의력이 빛났다. 그는 첫 수를 '탁월하게' 두었다. 즉 그는 첫 수를 둘 때 테이블의 정중앙에 한쪽 끝을 평평하게 자른 뒤 시가를 세워놓았던 것이다. 그 다음부터는 '좌우대칭의 원리'를 지키는 한, 시가를 세워놓든 눕혀놓든 상관이 없었다. 두드니의 미국인 라이벌 샘 로이드는 그의 아이디어를 도용하기는 했지만 문제에 자신만의 창의력을 가미했다. 즉 그는 시가 대신 달걀을 사용했고 첫번째 달걀이 테이블 한가운데 설 수 있도록 달걀 밑면에 약간의 흠집을 냈던 것이다.

Q 어떤 섬에서 해적 다섯 명이 약탈한 금화 100개를 나누려 하고 있습니다. 그들은 다음 규칙에 따라 그것을 나눕니다. 가장 나이가 많은 해적이 어떻게 금화를 나눌 것인지 계획을 이야기하고 모두가 찬반 투표를 합니다. 최소한 절반이 그 계획에 찬성을 하면 그 방식대로 동전을 나눕니다. 만약 절반 이상이 찬성하지 않으면 그들은 금화 분배 계획을 이야기한 나이 많은 해적을 죽입니다. 그런 다음 살아남은 해적 가운데 가장 나이가 많은 해적이 다시 금화를 분배할 계획을 말하고 다시 찬반 투표를 합니다. 마찬가지로 절반 이상이 찬성하면 그 계획대로 동전을 나누고 그렇지 않으면 계획을 제시한 해적을 죽입니다. 어떤 한 계획이 통과될 때까지 이 과정은 계속됩니다. 만약 당신이 가장 나이가 많은 해적이라고 한다면 어떤 식으로 금화를 나누겠습니까? (단, 해적들은 모두 ‘완전히 논리적’이고 탐욕스럽습니다. 그리고 모두가 살고 싶어합니다.)

A 우리가 알고 있는 한, 다섯 명의 해적은 금화에 대해 동일한 권리를 갖고 있다. 가장 간단한 방법은 금화를 다섯 등분 하는 것이다. 즉 한 사람당 20개씩 금화를 갖는 것이다. 이것이 틀린 방법인가?

그것이 틀린 방법은 아니다. 하지만 그런 제안을 한다면 당신은 죽게 될 것이다. 똑같이 나누자고 제안해 보라. 그러면 나머지 네 명의 해적들은 20달러도 공정하지만 25달러가 더 ‘공정’하다고 생각할 것이다. 당신의 제안에 반대하여 당신을 없앤다면 동일한 100달러를 네 명이 25달러씩 나누어 가질 수 있기 때문이다.

당신은 금화를 똑같이 나누어 갖는 것이 가장 공정한 방법이라고 얼굴이 파랗게 질릴 정도로 목소리를 높일 수도 있다. 이 퍼즐에서는 해적들이 공정한 사람들이라고 말한 바 없다. 그리고 당신도 알다시피 ‘공정함’은 해적의 특징이 아니다.

똑같이 나누자는 당신의 제안만이 받아들여지지 않는 것이 아니라, 나머지 해적 가운데 누가 그런 제안을 해도 그것은 마찬가지 이유로 거부될 것이다. 금화를 네 명이 나누어 갖는 것보다는 세 명이, 그리고 세 명보다는 두 명이 나누어 갖는 것이 더 낫기 때문이다. 그렇다면 이 위험한 게임은 어디에서 끝날까?

이 퍼즐은 텔레비전 게임 쇼 〈서바이버(Survivor)〉와 같다고 할 수 있다. 그 쇼에서 참석자들은 자신이 상금을 타는 유일한 승자가 되길 바라며 '투표로 서로를 섬에서 추방시킨다.' 서바이버 참가자들은 지지표를 얻기 위해 단기적으로 적과 동맹 관계를 맺는다. 이 퍼즐에서도 마찬가지 방법을 이용할 수 있다. 당신은 목숨을 잃을 위험이 있기 때문에 자신이 제시하는 분배안이 통과될 것이라는 확신을 얻길 원한다.

이 퍼즐에도 순환적 추리가 적용되고 있다. 따라서 이 문제를 해결하려면 n명의 해적이 있는 상황을 (n-1)명의 해적이 있는 상황 차원에서 분석해야 한다. 즉 5명의 해적이 있는 상황을 분석하려면 먼저 4명의 해적이 있는 상황을 알아야 하고, 4명의 해적이 있는 상황을 분석하려면 3명의 해적이 있는 상황을 알아야 하며, 3명의 해적이 있는 상황을 분석하려면 2명의 해적이 있는 상황을 알아야 한다는 얘기다. 그리하여 상황이 명확한 단계, 다시 말해 '기본 상황' 단계에 이르면 기본 상황을 기준으로 그 위 단계들을 차례로 분석해 나가면 된다.

여기서 '기본 상황'이란 단 한 명의 해적이 남는 상황이다. 해적이 한 명만 남게 되면 그는 당연히 혼자 금화 100개를 갖겠다는 제안을 할 것이다. 그리고 이때는 투표고 뭐고 할 필요 없이 제안을 바로 행동으로 옮기면 된다.

만약 해적이 두 명이라면 어떻게 될까? 나이 많은 해적이 분배안을 제시해야 한다. 퍼즐의 규칙에 따르면 '최소한 절반'이 지지해야 제안이 실행된다. 그것은 나이 많은 해적 자신의 표만으로도 자신의 안을 통과시킬 수 있다는 얘기다. 결과적으로 나이 많은 해적은 두려워할 것이 없다. 그는 다른 해적이 무슨 생각을 할지 걱정할 필요도 없다. 그는 탐욕스런 해적이기 때문에 자신이 금화 100개를 모두 갖겠다는 안을 내놓을 것이다. 이 안을 표결에 붙이면 물론 찬성 한 표, 반대 한 표가 나올 것이고 이 안은 통과될 것이다.

이 결과를 놓고 보면 가장 나이가 많은 해적이 항상 모든 것을 다 갖게 될 것처럼 보일 수도 있다. 하지만 그렇지 않다. 해적이 세 명 있을 경우 가장 나이 많은 해적이 동일한 계책을 사용한다고 가정해 보자. 설명하기 쉽도록 나이가 적은 해적부터 나이가 많은 해적 순으로 1, 2, 3번 번호를 매기도록 하자. 나이 많은 해적이 "내가 다 갖고 너희 둘에게는 한 푼도 주지 않겠다"고 제안한다면 2번 해적은 분명 그 제안에 반대표를 던질 것이다. 2번 해적은 3번 해적이 죽으면 (앞에서 살펴보았듯이) 자신이 모든 것을 갖게 된다는 것을 알고 있다. 나이가 가장 어린 1번 해적의 표는 부동표다. 어느 쪽이든 한 푼도 못 받기는 마찬가지이기 때문이다. 즉 3번 해적의 안에 찬성표를 던져도 한 푼도 못 받고, 반대표를 던져 해적이 2명 남게 되어도 한 푼도 못 받기는 마찬가지란 얘기다. 그는 이쪽에도 저쪽에도 투표할 이유가 없다.

그러므로 3번이 스마트한 해적이라면 1번 해적으로부터 지지를 얻어내려 할 것이다. 하지만 3번 해적은 탐욕스런 사람이다. 그는 1번 해적에게 지지를 얻어내기 위해 자신이 주어야 하는 최소한의 금화만을 줄 것이다. 그러므로 3번 해적의 분배안은 1번 해적에게 금화 1개를 주고 2번 해적에게는 한 개도 주지 않고 나머지 99개는 자신이 갖는 것이 될 것이다. 완전히 논리적이기 때문에 1번 해적은 3번 해적의 분배안이 실행된다면 금화

한 개는 건질 수 있다는 사실을 이해할 것이다. 1번 해적은 3번 해적과 함께 그 분배안에 찬성표를 던질 것이고 찬성 2표, 반대 1표로 안은 통과될 것이다. 2번 해적은 럼주를 들이키며 욕설을 퍼부을 것이다.

이제 해적이 네 명인 경우를 생각해 보자. 네 명은 두 명과 마찬가지로 짝수이다. 그것은 나이 많은 해적의 제안이 통과되려면 자신의 표 외에 한 표만 더 얻어내면 된다는 얘기다. 그렇다면 '가장 싼 값'에 찬성표를 얻어 내려면 세 명의 해적 가운데 어떤 해적을 자기편으로 만들어야 할까?

해적이 세 명 있는 경우를 생각해 보자. 2번 해적은 분통이 터져 럼주를 퍼마셨기에 완전히 취해 있다. 만약 4번 해적이 2번 해적에게 금화를 조금이라도 준다는 안을 제시한다면 논리적인 2번 해적은 그의 안에 찬성표를 던질 것이다.

그리고 4번 해적 입장에서는 2번 해적의 지지만 얻어내면 1번 해적과 3번 해적이 무슨 생각을 하던 신경 쓸 필요가 없다. 따라서 4번 해적은 1번과 3번 해적에게는 금화를 한 개도 주지 않고, 2번 해적에게는 금화 한 개를 주고 99개는 자신이 갖는다는 분배안을 내놓을 것이다.

여기서 우리는 한 가지 규칙을 찾을 수 있다. 각각의 경우에서 가장 나이가 많은 해적은 자신이 필요한 만큼의 표를 얻되, 가장 싼 값에 표를 얻고 표를 얻는 데 쓴 금화를 제외한 나머지 금화는 자신이 갖는다는 것이다.

이 규칙을 이 퍼즐이 실질적으로 묻고 있는 것인, 해적이 다섯 명인 경우에도 적용할 수 있다. 당신은 나이가 가장 많은 5번 해적이다. 당신의 안이 통과되려면 찬성표가 세 표 나와야 한다. 여기서 당신의 표를 제외하면 다른 해적들로부터 두 표의 찬성표를 얻어내야 한다. 그러므로 당신은 해적이 네 명일 때 한 푼도 받지 못한 두 명의 해적, 즉 1번과 3번 해적에게 미끼를 던질 것이다. 그들은 당신이 죽어 네 명의 해적이 남게 되면 한 푼도 받지 못할 것임을 알고 있다. 당신이 그들에게 금화를 조금이라도 쥐어준다면 그들은 당신의 안에 찬성할 것이다. 그러므로 당신은 4번 해적과 2번 해적에게는 금화를 한 개도 주지 않고 3번 해적과 1번 해적에게는 금화 한 개씩을 주고 나머지 98개의 금화는 자신이 갖는다는 분배안을 내놓을 것이다.

이것은 상식으로는 이해할 수 없는 해결책이다. 이 해결책을 보면 로직 퍼즐이 얼마나 말도 안 되는 것인지 납득이 간다. 해적들이 서바이버 참여자들처럼 동맹을 맺는다면 이 방법은 전혀 먹히지 않을 것이다. 동맹을 맺지 않는다고 해도 이 방법은 위험하기 그지없다. 당신이 98개의 금화를 갖고 자신들은 한 개를 갖거나 한 개도 가질 수 없는 안이 통과되는 것을 어떤 해적들(혹은 마약상, 마피아, 혹은 현실적으로 보다 자기중심적이라 생각되는 사람들)이 그냥 보고 있겠는가? 네 명의 해적은 나중에 돈을 어떻게 나누든 우선 당신을 죽이고 볼 것이다.

이 문제는 뉴욕의 포그 크리크 소프트웨어에서 사용되었다. 한 뉴스그룹 게시판에 이런 글이 올랐다. "내 장담컨대 포그 크리크의 CEO는 회사 이익의 98퍼센트 독식하고 있음이 틀림없다. 이 문제를 낸 진짜 이유는 수학적 설명을 가장하여 현실 속의 부당함을 참고 견딜 멍청한 인간을 찾으려는 것이다."

Q 한 고등학교에서는 하교 직전에 이 의식을 행합니다. 즉 학생들 모두 강당에 모여 자신의 라커 옆에 섭니다. 첫번째 호각 소리가 나면 학생들은 모두 라커를 엽니다. 두 번째 호각 소리가 나면 학생들은 2의 배수에 해당되는 라커를 닫습니다. 예를 들면 2, 4, 6번 라커를 닫습니다. 세 번째 호각 소리가 나면 3의 배수에 해당되는 라커를 열거나 닫습니다. 여기서 열거나 닫는다는 의미는 열려 있는 라커는

닫고 닫혀 있는 라커는 연다는 의미입니다. 예를 들면 3, 6, 9번에 해당되는 라커를 열거나 닫습니다. 네 번째 호각 소리가 나면 4의 배수에 해당되는 라커를 열거나 닫습니다.

설명하기 쉽도록 이 학교는 작은 학교라 라커가 100개밖에 없다고 합시다. 100번 호각 소리가 나면 100번 라커 옆에 서 있는 학생이 라커를 열거나 닫습니다. 자, 문이 열려 있는 라커는 몇 개이겠습니까?

A 우선 이 퍼즐은 보기보다 간단할 수밖에 없다는 사실을 깨달아야 한다. 면접관은 바쁜 사람이기 때문에 당신이 100번 호각을 부는 경우까지 계산하는 것을 보고 있을 수 없다. 따라서 분명 문제를 단순화시킬 좋은 방법이 있을 것이다. 그리고 해답도 생각만큼 복잡하지 않을 것이다. 100개의 라커가 모두 열려 있거나 모두 닫혀 있거나 아니면 몇 개의 라커가 열려 있는지 쉽게 알 수 있는, 어떤 고차원적인 규칙이 있을 것이다.

바쁜 면접관이라고 해도 호각을 열 번 불 동안 1번 라커에서 10번 라커까지 어떤 일이 일어나는지 생각해 볼 동안은 자리를 지키고 있을 것이다. 우선 1번에서 10번까지 적는다. 각각의 라커가 몇 번 열렸다 닫히는지 따져본다. 예를 들어 처음 호각을 불면 100개의 라커 모두 열릴 것이다. 각 라커 번호 밑에 빗금 표시를 한다.

두 번째 호각을 불면 번호가 짝수인 라커, 즉 2번, 4번, 6번, 8번, 10번 라커에만 빗금 표시를 한다. 이런 식으로 호각을 열 번 불 때까지 계속 빗금 표시를 한다. 열 번 호각을 불 때는 10번 라커 밑에 빗금 표시를 한다. 100번까지 썼다면 당신은 20번, 30번, 40번……100번 라커 밑에도 빗금 표시를 할 것이다. 10번 호각을 불고 나면 각 라커 번호 밑에 다음과 같이 빗금 표시가 있을 것이다.

1	2	3	4	5	6	7	8	9	10
/	//	//	///	//	////	//	/////	///	////

　이 이상의 호각은 10개의 앞 번호 라커에는 아무런 영향도 미치지 못할 것이다. 예를 들면 11번 호각을 불면 11번, 22번, 33번……라커만이 영향을 받을 터이기 때문이다. 그리고 12번 호각을 불면 12번, 24번, 36번……라커만이 영향을 받을 것이기 때문이다. 요컨대 1번부터 10번까지의 라커에는 더 이상 빗금 표시가 되지 않을 것이다. 빗금이 홀수 개 그어져 있는 라커는 문이 열려 있는 라커이다. 반면 빗금이 짝수 개 그어져 있는 라커는 문이 닫혀 있는 라커이다.

　이것은 상기 라커 가운데 1번, 4번, 9번 라커는 열려 있고 나머지 라커는 모두 닫혀 있다는 것을 의미한다. 1, 4, 그리고 9는 '완전제곱' 수이다. 각 수는 다른 정수를 제곱한 값이다. ($1 = 1 \times 1, 4 = 2 \times 2, 9 = 3 \times 3$)

　라커의 번호가 완전제곱수인 경우 라커의 문이 열려 있는 이유는 무엇인가? 호각 부는 횟수가 라커 번호의 '약수'에 해당될 때마다 당신은 라커를 열거나 닫게 된다. 약수는 쌍을 이룬다. 예를 들어 12는 1×12, 2×6, 혹은 3×4로 나눌 수 있다. 12를 두 개의 약수로 나눌 세 가지 방법이 있기 때문에 12에는 총 6가지 약수가 있다. 그것은 12번 라커의 경우에는 여섯 차례 라커를 열거나 닫게 된다는 의미이다. 어떤 숫자가 약수의 개수가 짝수 개가 되지 않을 유일한 방법은 두 개의 약수가 서로 똑같은 것이다. 9의 경우, 1×9, 혹은 3×3이므로 9의 약수는 1, 3, 9 이렇게 세 개이다. 다시 말해 라커의 번호가 완전제곱수일 경우에만 약수의 개수가 홀수 개가 되고 라커 문은 열려 있게 된다.

　100까지의 수 가운데 완전제곱수는 1, 4, 9, 16, 25, 36, 49, 64, 81, 100

이다. 그러므로 이 문제의 답은 10개의 라커 문이 열려 있다가 된다.

Q   두 개의 도화선이 있습니다. 두 개의 도화선 모두 완전히 타는 데 정확히 한 시간이 걸립니다. 하지만 두 개의 도화선이 반드시 똑같은 것은 아니며 계속 똑같은 속도로 타는 것도 아닙니다. 빨리 타는 부분이 있는가 하면 느리게 타는 부분도 있습니다. 도화선과 라이터만을 이용해 정확히 45분을 재려면 어떻게 해야 합니까?

A   이 문제보다 간단한 문제가 있다. 그것은 (45분이 아니라) 30분을 재는 문제이다. 그 문제 역시 인터뷰에 사용되고 있다. 45분보다 30분을 재는 것이 더 간단하므로 그 방법부터 알아보도록 하자.

도화선을 이용할 방법은 그리 많지 않다. 우선 도화선의 양쪽 끝 가운데 한 곳에 불을 붙일 수 있다. 도화선이 다른 한쪽 끝에 도달하면 1시간이 경과된 것이다.

당신은 자 없이도 길이 상으로 도화선의 중간이 되는 지점을 찾을 수 있다. 도화선을 반으로 구부리면 되기 때문이다. 하지만 도화선의 중간 지점에 불을 붙여서는 아무것도 알 수 없다. 왜냐하면 도화선은 동일한 속도로 타지 않기 때문에 한쪽 절반은 느리게 타고 다른 한쪽 절반은 빨리 탈 수 있다. 물론 절반짜리 도화선 두 개가 타는 데 걸린 시간을 합치면 1시간이 될 것이다. 하지만 그것은 30분을 재는 데는 도움이 되지 못한다. 극단적인 경우를 생각해 보자. 도화선의 오른쪽 절반이 초고속으로 타서 오른쪽 끝까지 가는 데 1분이 걸린다고 하자. 그렇다면 도화선의 왼쪽 절반은 초저속으로 타서 왼쪽 끝까지 타는 데 59분이 걸려야 한다. 따라서 30분 혹은 45분이 경과되는 시점을 알 수 없다.

그렇다면 다른 방법이 없을까? 있다. 두 개의 도화선을 X자로 놓는 것이다. 도화선을 X자로 놓되 두 개의 도화선이 길이 상으로 중간이 되는 지점에서 교차되도록 놓는다. 그런 다음 X자로 놓인 도화선의 한 끝에 불을 붙인다. 도화선을 태운 불길이 중간 지점에 도달하면 세 갈래로 갈라질 것이다.

이것은 X자로 놓인 도화선의 중간 지점에 불을 붙이는 것이나 마찬가지이다. (이것은 도화선을 절반으로 접어 불을 붙이는 것과 다를 바 없는 짓이다.) 도화선 한쪽 끝에 붙인 불이 언제 교차 지점에 도착할지 모르기 때문이다.

더 이상 방법이 없는 것일까? 아니, 그렇지 않다. 당신은 도화선 양쪽 끝에 불을 붙일 수 있다.

기본적으로 양쪽 끝에 붙인 불의 연소 속도는 아무것도 의미하지 않는다. 두 개의 불이 도화선 중간에서 만나리라는 보장도 없다. 하지만 그 두 개의 불은 어디선가 반드시 만나게 되어 있다. 그리고 두 개의 불이 만나는 지점이 바로 30분이 경과되는 지점이다. 두 개의 불이 태운 도화선의 길이는 60분 동안 탈 수 있는 분량이기 때문에 각각의 불이 서로 만날 때까지 태운 도화선의 길이는 60분의 절반, 즉 30분 동안 탈 수 있는 분량인 것이다.

좋다! 이것으로 30분을 재는 간단한 문제를 풀었다. 이것은 또한 45분을 재는 복잡한 문제를 푸는 시발점이기도 하다. 한 도화선의 양쪽 끝에 불을 붙임으로써 우리는 30분을 측정할 수 있다. 만약 나머지 도화선으로 15분을 잴 수 있다면 문제는 해결되는 것이다.

현재 우리는 한 개의 도화선 양쪽 끝에 불을 붙임으로써 30분을 잴 수 있다. 만약 30분짜리 도화선을 갖고 있다면 그 도화선의 양쪽 끝에 불을 붙임으로써 15분을 잴 수 있을 것이다. 그러면 총 45분을 잴 수 있을 것이다. 하지만 30분짜리 도화선을 갖고 있지 않다. 어떻게 하면 30분짜리 도화선을 만들 수 있을까? 우리는 첫번째 도화선으로 30분을 재는 한편, 두 번째 도화선의 한쪽 끝에 불을 붙임으로써 30분짜리 도화선을 만들 수 있다.

45분을 재는 전체 과정은 이러하다. 시작 시점에 A 도화선의 양 끝, 그리고 B 도화선의 한쪽 끝에 불을 붙인다. 두 개의 도화선이 결코 서로 닿아서는 안 된다. A 도화선에서 두 개의 불길이 만나는 데 30분이 소요된다. 이때 B 도화선은 정확히 30분 연소 분량의 도화선이 남게 된다. 즉시 여전히 불타고 있는 B 도화선의 다른 한 쪽 끝에 불을 붙인다. 두 개의 불길이 만나는 데 15분이 소요된다. 그러므로 총 45분이 소요된다.

Q 완전히 동그란 호수의 정중앙에 배가 한 척 있고 당신이 그 배에 타 있습니다. 호숫가에는 도깨비가 있습니다. 도깨비는 당신을 괴롭히고 싶어합니다. 도깨비는 수영을 할 줄 모르며 배도 없습니다. 만약 당신이 호숫가에 닿는 데 성공한다면, 그리고 도깨비가 당신을 붙잡으려 그곳에 서 있지 않다면 당신은 육지에서는 도깨비보다 빨리 뛰어 달아날 수 있습니다.

문제는 도깨비는 배의 최고 속력보다 네 배나 빠른 속도로 달릴 수 있다는 것입니다. 도깨비는 시력이 좋고 잠을 자지 않으며 '완전히 논리적'입니다. 그는 당신을 잡기 위해 할 수 있는 모든 것을 할 것입니다. 어떻게 하면 당신은 도깨비에게서 도망칠 수 있겠습니까?

A 당신은 이 퍼즐이 갖고 있는 문제점을 이해할 것이다. 도깨비에게서 도망치는 분명한 방법은 해변의 여러 지점 가운데 도깨비가 현재 서 있는 위치에서 가장 멀리 떨어진 지점을 향해 최단거리로 배를 모는 것이다. 그러

면 상당한 거리상의 이익을 얻을 수 있다. 당신은 원형 호수의 반지름(r)에 해당되는 거리만큼만 배로 달리면 되지만 수영을 할 수 없는 도깨비는 호숫가를 따라 호수 둘레($2\pi r$)의 절반에 해당되는 거리(πr)를 달려야 한다. 요컨대 도깨비는 당신이 움직이는 거리의 π배에 해당되는 거리를 달려야 한다.

π는 3보다 약간 크다. 따라서 도깨비가 당신이 타고 있는 배보다 3배 만큼만 빨리 달릴 수 있다면 당신은 도깨비보다 조금 일찍 해변에 도달할 수 있다. 이 퍼즐에서 도깨비가 배의 최고 속력보다 네 배 빠른 속도로 달릴 수 있다고 규정하고 있는 것도 그 때문이다. 그러므로 당신이 호숫가 어느 지점에 닿든 도깨비는 거기서 당신을 붙잡을 수 있다.

다른 퍼즐에서와 마찬가지로 이 시점에서 당신은 몇 가지 애매한 점을 명확히 할 필요가 있다. 도깨비는 당신과 가장 가까운 거리에 있기 위해 당신이 움직이는 대로 호숫가를 도는, 일종의 생각할 줄 모르는 '자석'일까? 아니면 생각할 줄 아는 존재일까? 도깨비가 '완전히 논리적'이라는 표현은 바로 후자를 의미한다. 즉 도깨비는 생각할 줄 아는 존재인 것이다. 그렇다면 당신은 도깨비를 속일 수 있을까? 하지만 어떤 속임수를 쓰는 것은 불가능하다. 우선 호수에는 숨을 곳이 없기 때문이다. 그리고 '완전히 논리적'인 도깨비는 당신의 입장에서 구사할 수 있는 모든 전략을 고려할 것이기 때문에 속임수를 써서 도깨비의 허를 찌르는 것은 불가능하다.

도깨비가 생각할 줄 모르는 '자석'과 같다고 한 번 생각해 보자. 도깨비는 당신이 움직이는 대로 따라 움직이며 가능한 당신과 가까운 거리에 있으려 할 것이다. 이 경우 도깨비를 흥분시킬 방법이 한 가지 있다. 호수의 한 가운데를 중심으로 작은 원을 그리며 도는 것이다. 당신이 배를 타고 작은 원을 그리며 도는 동안 도깨비는 원을 그리며 호수 전체를 돌아야 할 것이다. 도깨비는 당신이 타고 있는 배를 따라잡을 수 없을 것이다. 그가 돌아야 하는 원이 배가 그리는 원보다 훨씬 크기 때문이다. 이것은 계속 원을 그리며 호수를 돈다면 당신은 호수 한가운데를 중심으로 도깨비로부터 호수의 반지름 길이 이상 떨어진 지점에 이를 수 있다는 의미가 된다.

당신은 여기서 문제 풀이의 열쇠를 찾을 수 있다. 이렇게 스스로에게 물어보라. '도깨비가 나를 계속 따라올 수 있도록 호수 한가운데를 중심으로 동심원을 그리되, 내가 배를 타고 그릴 수 있는 '가장 큰 원'은 무엇인가?'

도깨비가 당신이 타고 있는 배보다 최고 4배까지 빨리 달릴 수 있기 때문에 도깨비는 당신이 움직이는 거리의 최대 4배까지만 커버할 수 있다. 호수의 원둘레가 $2\pi r$이므로 당신이 배를 타고 그릴 수 있는 가장 큰 원의 둘레는 $\frac{1}{2}\pi r$이다. (물론 이 원의 반지름은 $\frac{1}{4}r$이다)

당신이 이 원의 둘레를 시계 방향으로 돈다면 도깨비는 호수 둘레를 시계 방향으로 최고 속력으로 달릴 것이다. 당신이 육지에 닿았을 때 가장 가까운 거리에 계속 있기 위해서 말이다. 당신이 시계 반대 방향으로 돈다면 도깨비 역시 시계 반대 방향으로 돌아야 한다. 만약 당신이 반지름이 $\frac{1}{4}r$ 이하인 원을 그린다면 도깨비는 당신을 따라잡을 수 없을 것이다. 호수 둘레를 돌아야 하는 도깨비는 조금씩 뒤처지게 될 것이다.

이것은 당신이 호수 한가운데를 중심으로 도깨비로부터 $1\frac{1}{4}r$인 위치로 갈 수 있다는 것을 의미한다. 당신은 호수 한가운데에서부터 밖으로 나선을 그리며 반지름이 $\frac{1}{4}r$인 원을 그릴 수 있는 지점으로 다가갈 수 있다. 당신이 반지름이 $\frac{1}{4}r$ 이하인 원을 그리는 한, 도깨비는 당신을 따라잡을 수 없을 것이다. 도깨비가 당신이 있는 곳으로부터 180도 뒤떨어질 때까지 당신은 계속 나선을 그릴 수 있다. 이렇게 되면 호수 한가운데를 중심으로 당신과 도깨비는 반대편에 있게 될 것이고 당신과 도깨비 간의 거리는 $1\frac{1}{4}r$이 될 것이다.

이제 당신은 도망칠 수 있다. 당신은 나선을 그리며 도는 것을 멈추고 즉각 호숫가를 향해 최단거리로 배를 몬다. 이때 당신이 배를 몰아가야 하는 거리는 $\frac{3}{4}r$. 도깨비가 달려야 하는 거리는 πr. 도깨비가 달려야 하는 거리가 $4\pi/3$배 길고 도깨비는 당신이 타고 있는 배보다 4배 더 빠르기 때문에 당신보다 시간이 $\pi/3$(약 1.047)배 더 걸릴 것이다. 모든 것이 이 계획대로 된다면 도깨비가 당신이 상륙한 지점에 도달할 즈음 당신은 이미 상륙하여 달아나고 있을 것이다.

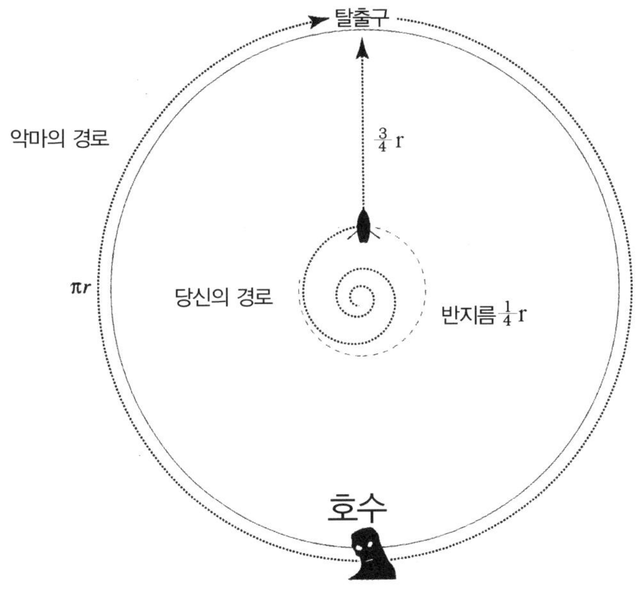

이 방법으로 정말 이 문제를 해결할 수 있을까? 도깨비가 스마트하고 이 계획을 이미 들어 알고 있다면 어떻게 될까? 도깨비는 당신이 무슨 일을 꾀하고 있는지 안다면 당신을 따라 돌 필요가 없다.

하지만 당신이 무슨 일을 꾀하고 있는지 정확히 안다고 해도 도깨비가 달리 취할 수 있는 조치는 없다. 당신은 확성기를 들고 이렇게 소리칠 수 있다. "이봐, 도깨비. 내가 어떻게 할지 잘 들어봐. 반지름의 길이가 이 호수 반지름 길이의 1/4배 미만인 원을 몇 차례 그릴 거야. 자, 네가 계산해 봐! 내가 너로부터 180도 위치에 서는 순간 호숫가를 향해 전속력으로 달릴 거야. 너도 알겠지만 내가 너를 이길 거야. 여기 세 가지 방법이 있어. 쉬운 방법, 힘든 방법, 어리석은 방법 이렇게 세 가지. 내 설명을 듣고 네가 원하는 방법을 하나 골라봐. 쉬운 방법은 네가 어차피 질 수밖에 없는 게임이라는 것을 인정하고 너는 여기 그대로 있는 거야. 나는 네가 있는 반대편으로 배를 몰아가 도망칠 테니. 힘든 방법은 네가 나를 뒤쫓는 거야. 두 사람 모두 힘 좀 써야 할 거야. 결과는 똑같겠지만 말이야. 마지막으로 어리석은 방법이 있어. 그것은 네가 '반대' 전략을 구사하는 거야. 예를 들면 최고 속력으로 달리지 않는다든지, 내가 달리는 방향과 반대되는 방향으로 달린다든지, 시계 방향으로 달리다가 시계 반대 방향으로 달린다든지, 아니면 아예 호숫가 반대 방향으로 달린다든지 하는 전략 말이야. 그런 반대 전략 가운데 한 전략을 구사한다면 나는 네가 있는 위치에서 180도 떨어진 위치에 한결 쉽게 도달할 것이고 여기서 도망치겠지."

여러 회사에서 이 퍼즐을 이용했다. 퍼즐 속 이야기는 회사마다 각기 달랐다. 당신이 호수 대신에 철조망이 둘러쳐진 원형 들판에 있고 밖에는 당신을 붙잡으려 살인견이 어슬렁대고 있는 경우도 있었다. 또 호수 한가운데 있는 오리를 붙잡으려고 여우가 호숫가에서 기다리고 경우도 있었다. (오리가 이런 고차원적인 계산을 하리라 상상하기 어렵겠지만 말이다.)

Q 태양은 항상 동쪽에서 뜹니까?

A 대답은 '아니오'가 되어야 한다. 일부 사람들은 우주의 행성 가운데 지구와 반대 입장에 있는 행성들을 예로 든다. 금성과 천왕성의 경우 지구와

반대 방향으로 회전하고 있다. 그리고 회전하지 않는 우주 정거장에서 보면 태양은 뜨지도 지지도 않는다. 까다로운 면접관은 이러한 대답을 허용하지 않는다. 그리고 질문을 바꾸어 다시 물을 것이다. "지구에서 태양은 항상 동쪽에서 뜹니까?" 그 대답 역시 "아니오"이다. 북극에서는 동쪽이라는 것이 존재하지 않는다. 남쪽만이 존재할 뿐이다. 6개월이라는 북극의 '하루' 동안 태양은 남쪽에서 떠서 남쪽으로 질 것이다. 북쪽만이 존재하는 남극에서는 반대 상황이 벌어질 것이다.

Q   여섯 개의 성냥개비를 이용하여 네 개의 등변 삼각형을 만드시오.

A   면접관이 원하는 답은 여섯 개의 성냥으로 삼각뿔(사면체)을 만드는 것이다. 하지만 대부분의 사람들이 삼차원적인 답을 생각해 내지 못한다.

이차원적인 답도 있다. 한 가지는 세 개의 성냥개비로 각각 삼각형을 만든 다음 그 두 개의 삼각형을 겹쳐 별 모양을 만드는 것이다. 그러면 작은 등변 삼각형 여섯 개와 큰 등변 삼각형 두 개, 총 여덟 개의 등변 삼각형을 만들 수 있다. 완벽주의자라면 성냥개비 가운데 한 개를 옮겨 정확히 작은 등변 삼각형 네 개만 만들 수도 있다.

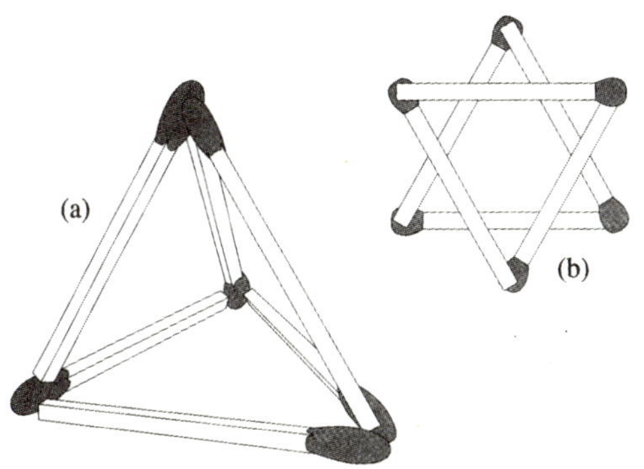

Adler, Robert S., and Ellen R. Pierce. "Encouraging Employers to Abandon Their 'No Comment' Policies Regarding References: A Reform Proposal." *Washington and Lee Law Review* 53, no. 4 (1996): 1,381+.

Auletta, Ken. *World War 3.0: Microsoft and Its Enemies.* New York: Random House, 2002.

Ball, W. W. Rouse, and H. S. M. Coxeter. *Mathematical Recreations and Essays.* 1892. Reprint, New York: Dover, 1997.

Bank, David. *Breaking Windows: How Bill Gates Fumbled the Future of Microsoft.* New York: Free Press, 2001.

Barr, Adam David. *Proudly Serving My Corporate Masters: What I Learned in Ten Years as a Microsoft Programmer.* Lincoln, Nebr.: iUniverse.com, 2000.

Block, N. J., and Gerald Dworkin. *The IQ Controversy.* New York: Pantheon, 1976.

Bruner, J. S., and Leo Postman. "On the Perception of Incongruity: A Paradigm." *Journal of Personality* XVIII (1949): 206–23.

Christensen, Clayton M. *The Innovator's Dilemma.* Rev. ed. New York: HarperCollins, 2000.

Corcoran, Elizabeth, and John Schwartz. "The House That Bill Gates's Money Built." *Washington Post*, August 28, 1997. A01.

Crack, Timothy Falcon. *Heard on the Street: Quantitative Questions from Wall Street Job Interviews.* N.p.: Timothy Falcon Crack, 2001. (Available from Web booksellers or by contacting author at timcrack@alum.mit.edu.)

Dolev, Danny, Joseph Halpern, and Yoram Moses. "Cheating Husbands and Other Stories." *Distributed Computing* 1, no. 3 (1986): 167–76.

Dudeney, Henry Ernest. *Amusements in Mathematics.* 1917. Reprint, New York: Dover, 1970.

Frase-Blunt, Martha. "Games Interviewers Play." *HR Magazine*, January 2001.

Freedman, David H. "Corps Values." *Inc Magazine*, April 1, 1998.

Gamow, George, and Marvin Stern. *Puzzle-Math.* New York: Viking, 1958.

Gardner, Martin. *The Ambidextrous Universe: Left, Right, and the*

Fall of Parity. New York: New American Library, 1969.

————. *Mathematical Puzzles and Diversions.* New York: Simon and Schuster, 1959.

————. *Penrose Tiles to Trapdoor Ciphers.* New York: W. H. Freeman, 1989.

————. *Wheels, Life and Other Mathematical Amusements.* New York: W. H. Freeman, 1983.

Gates, Bill. *Business @ the Speed of Thought.* New York: Warner Books, 1999.

Gates, Bill, Nathan Myrhvold, and Peter M. Rinearson. *The Road Ahead.* Rev. ed. New York: Penguin, 1996.

Gimein, Mark. "Smart Is Not Enough." *Fortune,* January 8, 2001.

Gladwell, Malcolm. "The New-Boy Network." *The New Yorker,* May 29, 2000, 68–86.

Munk, Nina, and Suzanne Oliver. "Think Fast!" *Forbes,* March 24, 1997, 146–51.

Newell, Alan, and Herbert Simon. *Human Problem Solving.* Englewood Cliffs, N.J.: Prentice Hall, 1972.

Paulos, John Allen. *Once upon a Number: The Hidden Mathematical Logic of Stories.* New York: Basic Books, 1998.

Perkins, David. *Archimedes' Bathtub: The Art and Logic of Breakthrough Thinking.* New York: W. W. Norton, 2000.

Perry, Phillip M. "Cut Your Law Practice's Risks When Giving References for Former Support Staff." *Law Practice Management,* September 1994, 54.

Shafir, Eldar. "Uncertainty and the Difficulty of Thinking Through Disjunctions." In *COGNITION on Cognition,* edited by Jacques Mehler and Susana Franck. Cambridge, Mass.: MIT Press, 1995.

Shafir, Eldar, and A. Tversky. "Thinking Through Uncertainty: Nonconsequential Reasoning and Choice." *Cognitive Psychology* 24 (1992): 449–74.

Shurkin, Joel. *Broken Genius: A Biography of William B. Shockley.* Work in progress.

Smith, Rebecca. *The Unofficial Guide to Getting a Job at Microsoft.* New York: McGraw-Hill, 2000.

Spearman, Charles. "General Iintelligence Objectively Determined and Measured." *American Journal of Psychology* 15 (1904): 201–93.

Spolsky, Joel. "The Guerrilla Guide to Hiring," 2000 <http://www.

joelonsoftware.com/articles/fog0000000073.html>.

Sternberg, Robert, and Janet E. Davidson, eds. *The Nature of Insight*. Cambridge, Mass.: MIT Press, 1995.

Tashian, Carl. "The Microsoft Interview," 2001 <http://www.tashian.com/microsoft.html>.

Terman, Lewis M. *The Measurement of Intelligence*. London: Harrap, 1919.

Tversky, Amos, and Eldar Shafir. "The Disjunction Effect in Choice Under Uncertainty." *Psychological Science* 3 (1992): 305–9.

Van Mechelen, Rod. "Sex, Power and Office Politics at Microsoft" <http://www.nwlink.com/~rodvan/msft.html>. (Defunct.)

Weinstein, Bob. "Landing a Job at Microsoft: One Techie's Story of Interviewing for the Software Giant," 2001 <http://home.techies.com/Common/Content/2000/11/2career_landingjobmicrosoft.html>.

후지산을 어떻게 옮길까?

초판 1쇄 2003년 12월 1일
초판 7쇄 2011년 1월 10일

지은이 | 윌리엄 파운드스톤
옮긴이 | 정준희
펴낸이 | 송영석

편집장 | 김수영
책임편집 | 이진숙 **외부교정** | 강소영
기획편집 | 이혜진 · 정낙정 · 박은미
외서기획 | 이숙향
디자인 | 박윤정 · 박정화 · 황선정
제작관리 | 이종우 · 황규성
영업 | 홍용준 · 변영수 · 이영인
총무 | 정미희 · 김정혜

펴낸곳 | (株) 해냄출판사
등록번호 | 제10-229호
등록일자 | 1988년 5월 11일

서울시 마포구 서교동 368-4 해냄빌딩 4 · 5 · 6층
대표전화 | 326-1600 **팩스** | 326-1624
홈페이지 | www.hainaim.com

ISBN 978-89-7337-593-6

값 12,000원

파본은 본사나 구입하신 서점에서 교환하여 드립니다.